Conocí al pastor Daniel De...
En aquel momento, Dios...
arraigar en mi corazón el m... ... la Gran Comisión.
Aquellos primeros años establecieron el patrón y el llamado a las misiones en nuestras vidas y hemos continuado entrenando a otros para que reciban este mismo llamado y vayan por todo el mundo con el mensaje del Evangelio.

—Dr. Dennis Lindsay, Presidente y Director de la Junta de Cristo para las Naciones, Inc. de Dallas Texas. (Dennis Lindsay ha entrenado a más de cincuenta mil estudiantes en todo el mundo para llevar las Buenas Nuevas del Evangelio de Jesucristo)

El pastor Daniel Del Vecchio y su ministerio apostólico han supuesto la más profunda influencia en mi caminar espiritual. En su dedicación a España, hace cuarenta años, Daniel se convirtió para mí en un "padre espiritual", como lo fue para otros cientos de personas de mi generación. Me discipuló con los valores del sacrificio y la fe probada, no sólo de palabra, sino moldeándome en la vida cotidiana. Su fe en acción me inspiró el deseo de hacer yo lo mismo por los demás y así me he convertido en el hombre de fe que soy hoy.

—Dr. Daniel Lucero, Director Global de África y Naciones Francófonas de la Iglesia Internacional del Evangelio Cuadrangular, y Presidente/Fundador de la Iglesia Cuadrangular en Francia

En 1972 viajaba haciendo autostop por Europa cuando, en Rotterdam, un grupo de jóvenes hippies me invitaron a unirme con ellos en un viaje a Marruecos. Tras pasar unas semanas en Marrakech, decidí quedarme en España para las Navidades.

Aunque era creyente e hijo de pastor, me hacía muchas preguntas. Estaba tratando de encontrarme a mí mismo. Acudí al culto de Nochebuena en la Evangelical Community Church de Torremolinos y esa misma noche, Dios dio un giro total a mi vida. Sentado en el banco de atrás, sentí la llamada en mi corazón a dedicar el resto de mi vida al ministerio a tiempo completo. Estoy profundamente agradecido al pastor Del Vecchio por el importante papel que desempeñó en la trayectoria de mi vida y mi ministerio.

—Dr. Wayne Hilsden y su esposa Ann, cofundadores de FIRM (Fellowship of Israel Related Ministries). Se asociaron con otra pareja para fundar la Comunidad Rey de Reyes, la mayor comunidad cristiana en Jerusalén.

LA LLAMA DE DIOS

EL FUEGO DEL ESPÍRITU SANTO

DARLA MILNE

TRADUCIDO POR MAR AGUILAR

LA LLAMA DE DIOS
Título original en inglés: FLAME OF GOD
Copyright© 2023 Darla Milne

Todos los derechos reservados. Esta publicación no pueden ser reproducida, ni total ni parcialmente, o difundida por cualquier medio electrónico o mecánico, incluyendo fotocopias, grabaciones, sistemas de almacenamiento o recuperación, sin autorización expresa por escrito del autor.

Traducción al español: Mar Aguilar.

A menos que se indique lo contrario, las citas de la Biblia son tomadas de las Escrituras Reina-Valera 1960 (RVR1960) © Sociedades Bíblicas en América Latina, 1960. Utilizado con permiso. Las citas de las Escritures marcadas con (NVI) se toman de la Nueva Versión Internacional©1999, 2015 por Bíblica, Inc. Usado con permiso. Las citas de las Escritures marcadas con (RVA-2015) se toman de la Versión Reina Valera Actualizada © 2015 por Editorial Mundo Hispano. Usado con permiso.

El contenido de esta publicación está basado en hechos reales. Algunos nombres han sido cambiados para proteger la privacidad.

Impreso en Canadá.

ISBN: 978-1-4866-2284-9
eBook ISBN: 978-1-4866-2285-6

Word Alive Press
119 De Baets Street, Winnipeg, MB R2J 3R9 Canadá
www.wordalivepress.ca

WORD ALIVE
—PRESS—

MIX
Paper from responsible sources
FSC® C103567

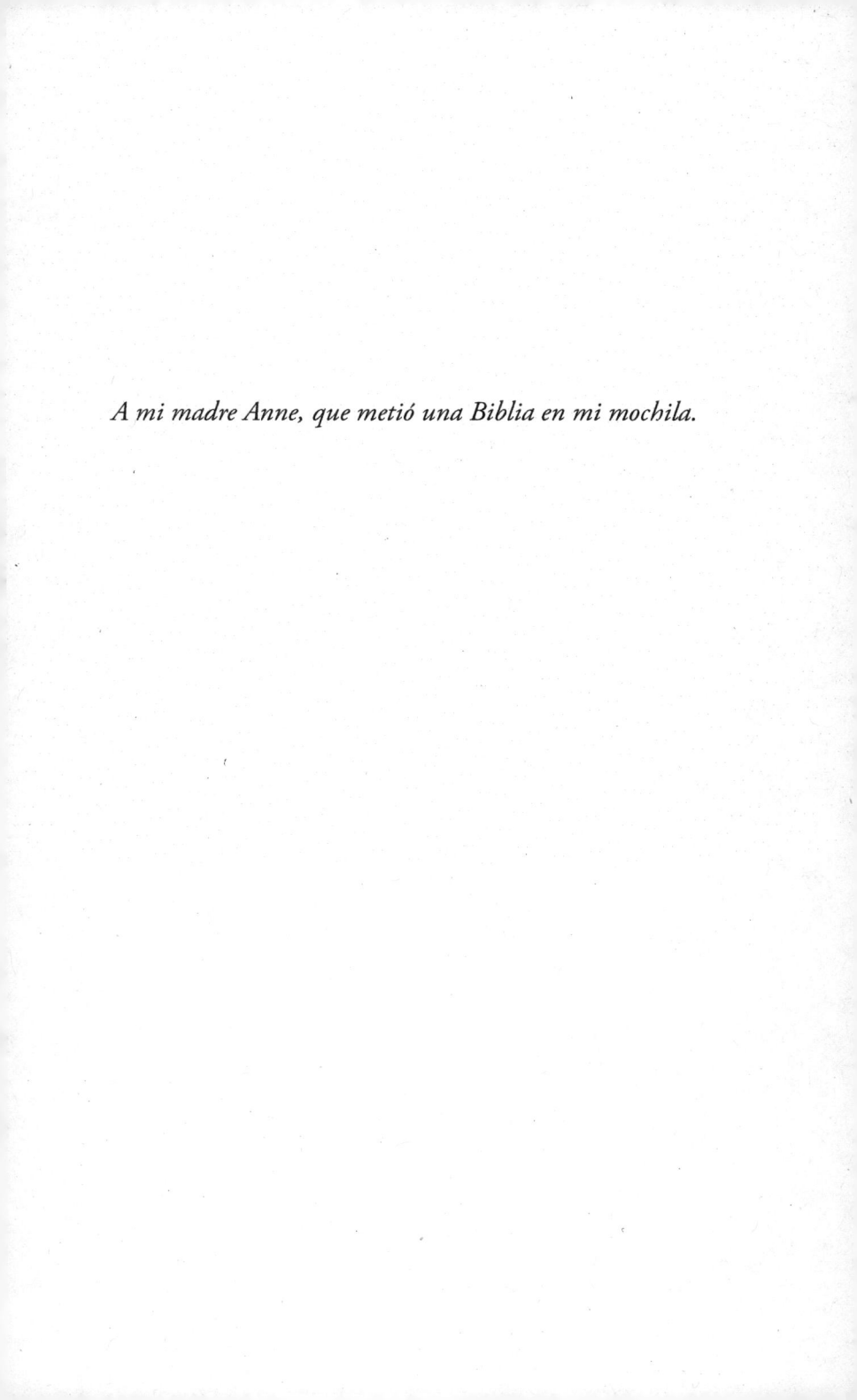

A mi madre Anne, que metió una Biblia en mi mochila.

AGRADECIMIENTOS

Agradezco a todos los que han contribuido en este libro, compartiendo sus vidas a través de entrevistas, grabaciones, correos electrónicos y sesiones de Zoom. En 1985, realicé personalmente varias entrevistas al pastor Daniel Del Vecchio, a su esposa Rhoda y a numerosos miembros de la comunidad, tanto española como internacional. Parte del material es recopilado de las memorias de Barbara Fletcher (publicadas más tarde por su hija, Dawn Bilbe-Smith, bajo el título *Inusual, lo creas o no)* y de la autobiografía en español del Rev. Daniel Del Vecchio, *El Manto de José*. En 2021, actualicé mis notas para incluir los eventos más recientes.

Deseo dar las gracias también a Word Alive Press por su aportación editorial publicando este libro y a Mar Aguilar por traducirlo al español.

NOTA DEL TRADUCTOR

La traducción de este libro ha tenido para mi tanto de privilegio como de responsabilidad. Habiendo buscado en todo momento ser fiel al texto original y esperando, a su vez, ofrecer una lectura sencilla y fluida. No hay exageraciones, ni fantasías, ni presunción en este volumen. He visto y vivido muchos de los hechos milagrosos descritos en él.

Compartí gratamente con la autora una habitación en el Hotel Panorama de Torremolinos, en los años 80, cuando mi propia vida fue transformada radicalmente por el poder de Dios. Celebro que, a través del trabajo perseverante de Darla Milne, tengamos este registro histórico de las vidas de Daniel y Rhoda Del Vecchio que, pagando un alto precio desde muy jóvenes, proclaman valiente y eficazmente el Evangelio de Jesucristo.

NOTA DEL AUTOR

Hace cuarenta y seis años (*¡cuarenta y seis!*), mi hermana y yo estábamos viajando de mochileras por Europa, cuando Dios nos llevó a la Comunidad Cristiana Evangélica de Torremolinos, Málaga. En realidad, íbamos de camino a Marruecos, pero durante tres días seguidos, cada vez que subíamos a un autobús en Málaga, acabábamos en Torremolinos. Deambulando por esa ciudad turística, famosa por la novela *"Los vagabundos"* de James Michener[1], observamos un pez pintado en una pared blanca.

"Han debido de estar cristianos por aquí", comentamos con nostalgia una a la otra. (Unos meses antes, en Grecia, habíamos empezado a leer la Biblia de cabo a rabo y habíamos vuelto a comprometernos con Cristo). Nos encontramos con un compatriota, Mark, testificando en la calle, y nunca olvidaré que vi a Jesús reflejado en sus ojos. El pastor Daniel Del Vecchio vino y nos invitó a casa de Bárbara, donde conocimos a otros miembros de la Iglesia de la Comunidad Evangélica.

Durante varias semanas vivimos en el chalé de esta aristócrata británica, que lo había abierto generosamente a los jóvenes

---

[1] James A. Michener, *The Drifters*, (Nueva York, NY: Random House, 1971)

deseosos de conocer más a Dios. Nos impresionó profundamente la expresión práctica del amor que vimos en las vidas de aquellos creyentes. ¡Revolucionó por completo mi concepto del cristianismo! Allí había una comunidad vibrante que imitaba a la iglesia primitiva de los Hechos del Nuevo Testamento. En Semana Santa, mi hermana y yo nos bautizamos en la iglesia de Torremolinos, con nuestra madre de testigo, que se había unido a nosotras para pasar unas semanas de mochilera, viajando en tren por Europa y alojándose en albergues juveniles.

Varios años después, nuestros hermanos gemelos también visitaron esta comunidad y ayudaron a construir la iglesia en Mijas, en las montañas al oeste de Torremolinos. Decir que nuestras vidas, de cuatro hermanos, fueron profundamente cambiadas en España por el poder del Espíritu Santo se queda corto. Más tarde, también mi cuñado y mi cuñada pasaron un tiempo en la comunidad.

En 1985, volví a visitar Torremolinos. Aunque había vuelto para trascurrir un periodo de renovación espiritual, pronto me convencí de que la extraordinaria obra que Dios estaba haciendo allí debía ser contada. Durante los ocho meses que viví en la comunidad del Hotel Panorama, me maravillé de la transformación de los nuevos creyentes, sobre todo de una heroinómana irlandesa que se había criado entre los residentes expatriados más ricos de la Costa del Sol. Mientras vivía en la comunidad, fue liberada de su adicción a las drogas. Apenas seis meses después de su conversión, ya estaba al cuidado de otra adicta que atravesaba el síndrome de abstinencia. ¡Un verdadero discipulado en acción!

Estas páginas acumularon polvo mientras servía como testigo en un país de acceso restringido. Durante la crisis de Covid-19, cuando, al igual que la mayor parte del mundo, estuve confinada en mi apartamento, revisé lo que había escrito tres décadas atrás. *¿Siguen resonando estos testimonios hoy en día? ¿Siguen siendo* *relevantes?* Decidí que sí, creo que el Espíritu Santo sigue hablando a través de las vidas de estos cristianos. Su obra *continúa*.

Esta inspiradora historia del ministerio del pastor Del Vecchio, las crónicas de la Comunidad Cristiana Evangélica y el florecimiento de las iglesias ICEA españolas, también actuaron como una *plomada* con la que medir mi propia vida. *¿Son mis prioridades las de Jesucristo?*

Deseo que aquellos que lean "La llama de Dios" también busquen alinear su propia vida con el propósito de Dios. Como seguidores de Jesucristo, el Autor de la Vida, deberíamos sentirnos alentados por el hecho de que todos tenemos un papel que desempeñar en el divino plan de Dios. Cada uno de nosotros es un eslabón importante en la cadena de estrategias de Dios para alcanzar a otros.

El pastor Daniel Del Vecchio no es un predicador de "mármol" encaramado en el "pedestal del púlpito". Más bien, permite con transparencia que los demás vean quién es de verdad y que aprendan de sus experiencias. Aunque conoció el sufrimiento, el desánimo y la persecución por causa de Cristo, persistió en su vocación. A través de una obediencia radical a Dios y el poder del Espíritu Santo, Daniel y esta comunidad de creyentes, impactaron la nación de España, Sudamérica y un total de setenta países alrededor del mundo. Que la nueva generación de cristianos pueda aprender de este ejemplar "libro de los Hechos moderno". Oro para que nuestras vidas se llenen de una nueva unción del Espíritu Santo de Dios.

Curiosamente, este año he vuelto a conectar a través de llamadas de Zoom con algunos de los miembros de la comunidad en cuatro continentes distintos. Ha sido fascinante conocer cómo son sus vidas actualmente, sus recuerdos y el impacto duradero de las enseñanzas de Daniel como su base espiritual. Lo que este libro registra es sólo una pequeña parte de las historias notorias de personas cuyas vidas fueron profundamente moldeadas por este ministerio.

¡Mis disculpas a todos aquellos que no nombro!

Oro para que los lectores de *La Llama de Dios* se sientan inspirados a estudiar la Palabra de Dios, que sean guiados por el Espíritu Santo y salgan valientemente, con fe, a cumplir la llamada de Jesucristo: ¡haced discípulos por las naciones! Que aceptemos también el desafío de abrir nuestros corazones y hogares a las personas perdidas y despreciadas de la sociedad. Y durante este tiempo de cambio, en el que muchas iglesias afrontan restricciones, *¡que busquemos y encontremos comunión verdadera!*

Darla Milne
Toronto, Canadá 2021

REV. JUHÁ KETOLA

Estoy muy contento de que el testimonio verdadero de Jesucristo esté ahora expuesto en este libro para saciar cada alma sedienta. Muchas vidas, tanto de españoles como internacionales, han sido transformadas por el ministerio del misionero y apóstol Daniel Del Vecchio, sirviendo durante décadas en España. Muchos han sido salvos escuchándole y muchos han descubierto y aceptado seriamente el llamado al ministerio.

Era hora de tener este testimonio por escrito; especialmente en tiempos como estos en que se evita predicar enseñando sobre la cruel y raída cruz de Jesús. Sin fidelidad al Señor resucitado y a la Biblia, ignorando la corrección política, el poder del Espíritu Santo nunca hubiera intervenido y el fuego del cielo nunca habría podido descender sobre tantos de nosotros en la Comunidad de la Iglesia de Torremolinos.

También creo que el sufrimiento y el dolor por los que Daniel Del Vecchio pasó personalmente fueron siempre convertidos por el Espíritu Santo, en ardientes palabras que transforman la vida y en pensamientos de aliento, generando vida nueva y santidad en todos los que estuvieron expuestos a su predicación y a la enseñanza del verdadero Evangelio. Daniel Del Vecchio realmente "ha muerto junto con Cristo" para que la vida de la resurrección de Cristo pudiera actuar en las personas mencionadas en este libro y en muchas más, haciendo llegar la bendición incluso a las generaciones sucesivas.

Yo mismo soy una de esas personas cuya vida cambió completa y permanentemente después de estar en Torremolinos bajo la influencia de este ministerio. Fui a ver a mi amigo que vivía en la Comunidad y ¡conocí a Jesús! Fui bautizado en agua y en el Espíritu Santo en Torremolinos, y las enseñanzas de Daniel Del Vecchio me dieron el fundamento sólido de la Palabra de Dios. La dirección santa y clara que recibí entonces para mi vida nunca se ha apartado de mí, ni siquiera cuando he tropezado o he sido infiel al Señor. Desde aquellos días he predicado a Jesucristo en más de cincuenta naciones en los cinco continentes. Hoy estoy profundamente agradecido a Jesús, que me ha salvado y limpiado. Que caiga de nuevo el fuego del cielo sobre cada lector de este libro y que cada ministro de la Palabra de Dios, reciba ánimo.

Originario de Finlandia, el reverendo Juha Ketola fue salvo en 1979, en Torremolinos y se ha dedicado al ministerio a tiempo completo desde 1985. Se graduó en el Instituto Bíblico Internacional del Kensington Temple de Londres y es ministro ordenado de las Asambleas Pentecostales de Canadá y Finlandia. Desde 2012 hasta 2017, el reverendo Ketola sirvió como Director Internacional de la Embajada Cristiana Internacional en Jerusalén, supervisando la red mundial de ICEJ.

Él y su mujer, Kati, residen actualmente en Jyväskylä, Finlandia. Tienen tres hijos y cinco nietos.

Cuando llegó el día de Pentecostés, estaban todos unánimes juntos. Y de repente vino del cielo un estruendo como de un viento recio que soplaba, el cual llenó toda la casa donde estaban sentados; y se les aparecieron lenguas repartidas, como de fuego, asentándose sobre cada uno de ellos. Y fueron todos llenos del Espíritu Santo, y comenzaron a hablar en otras lenguas, según el Espíritu les daba que hablasen.

(Hechos 2: 1-4)

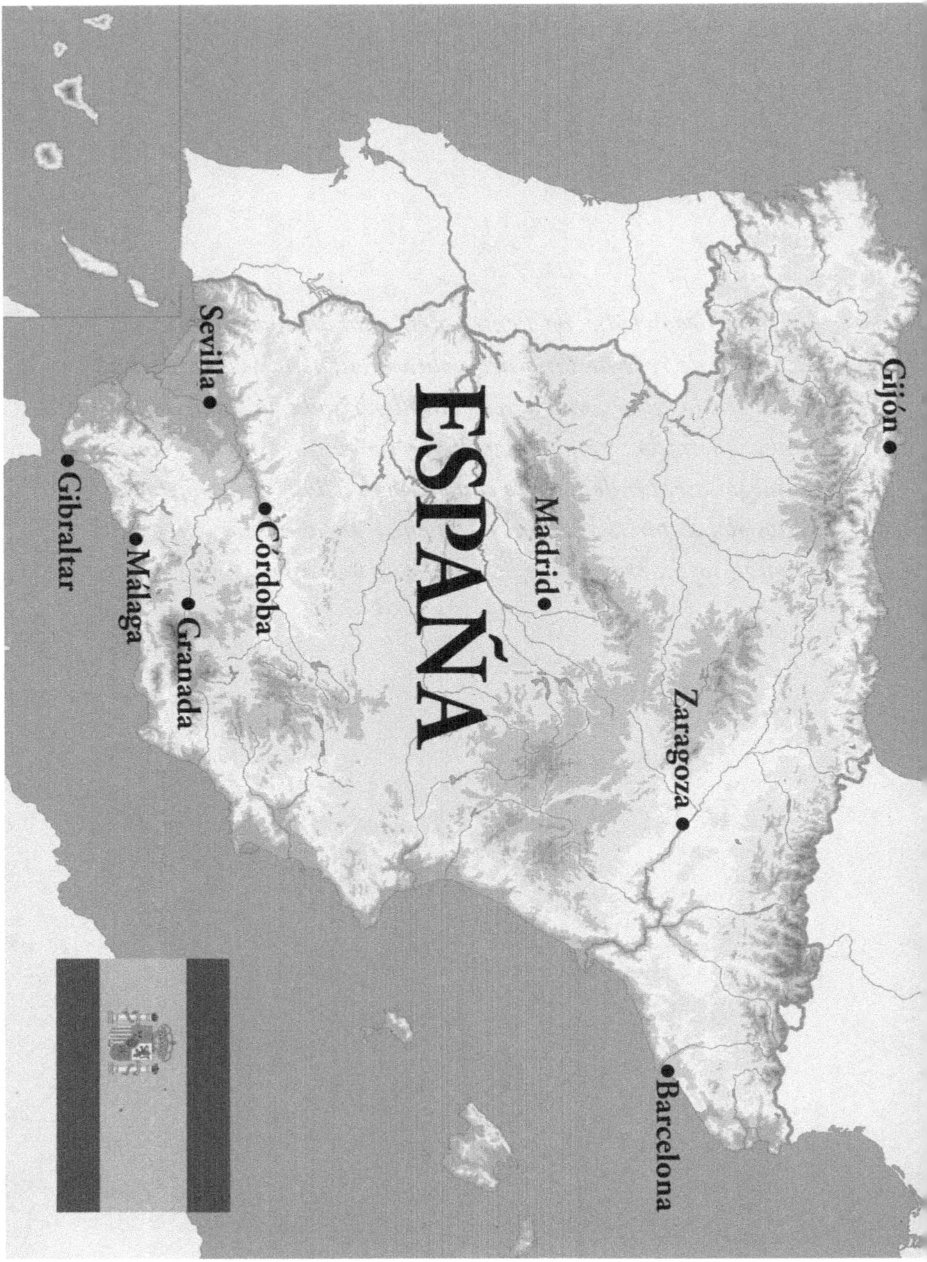
ESPAÑA
Gijón
Zaragoza
Barcelona
Madrid
Sevilla
Córdoba
Granada
Málaga
Gibraltar

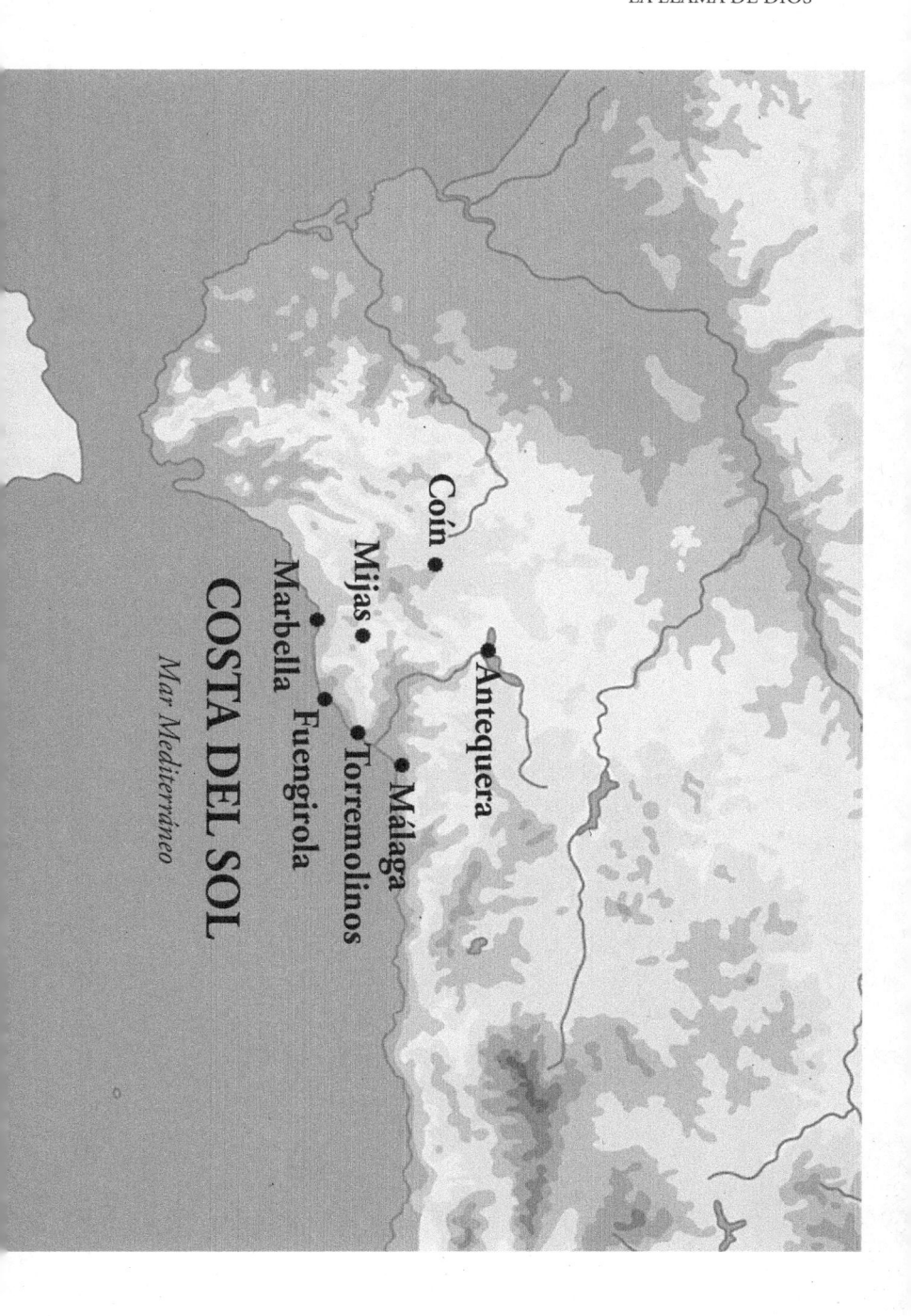

LA LLAMA DE DIOS

- Coín
- Mijas
- Marbella
- Fuengirola
- Torremolinos
- Málaga
- Antequera

COSTA DEL SOL
Mar Mediterráneo

ÍNDICE

AGRADECIMIENTOS	VII
NOTA DEL AUTOR	IX
REV. JUHA KETOLA	XIII
PRÓLOGO: EL VERDADERO AYUNO	XXI

PRIMERA PARTE
MANIFIESTO POR MILAGROS — 1

CAPÍTULO UNO: CUBA	3
CAPÍTULO DOS: RHODA	17
CAPÍTULO TRES: MÉXICO	27
CAPÍTULO CUATRO: ESPAÑA	49
CAPÍTULO CINCO: TORREMOLINOS	63
CAPÍTULO SEIS: PRUEBAS DE FE	77
CAPÍTULO SIETE: LA LLAMA DE DIOS	87

SEGUNDA PARTE
CRÓNICAS DE UNA COMUNIDAD — 95

CAPÍTULO OCHO: LOS PRIMEROS FRUTOS	97
CAPÍTULO NUEVE: OVEJAS Y NO CABRAS	107
CAPÍTULO DIEZ: LA POSADA EN EL CAMINO	119
CAPÍTULO ONCE: "FE, ESPERANZA Y AMOR"	129
CAPÍTULO DOCE: "SU GRANJA" Y "SU ESCUELA"	151
CAPÍTULO TRECE: CASA AGAPE	163
CAPÍTULO CATORCE: MIJAS	171
CAPÍTULO QUINCE: LA CASA EN LA ROCA	185

CAPÍTULO DIECISÉIS: EL HOTEL PANORAMA	195

TERCERA PARTE
GRANEROS PARA LA COSECHA   203

CAPÍTULO DIECISIETE: UNA MARAVILLA GEODÉSICA	205
CAPÍTULO DIECIOCHO: SOMBRAS	217
CAPÍTULO DIECINUEVE: ANTEQUERA	233
CAPÍTULO VEINTE: LA UNCIÓN	247
CAPÍTULO VEINTIUNO: AMÉRICA DEL SUR	255
CAPÍTULO VEINTIDÓS: SÓLO HACE FALTA UNA CHISPA	265
EPÍLOGO: GLORIA A DIOS	273
UN MENSAJE DE DANIEL	285
APÉNDICE A: APÓSTOL PARA ESPAÑA	291
APÉNDICE B: FUEGO DE AVIVAMIENTO	297

PRÓLOGO
EL VERDADERO AYUNO

Cuando Daniel Del Vecchio tenía quince años, el amigo y ministro llamado hermano Samuel, visitaba con frecuencia la granja de su familia. Este judío mesiánico se encargó de enseñar al joven la forma en que los judíos estudian la Biblia cuando quieren que sus propios hijos la aprendan de memoria. Un día le pidió a Daniel que leyera en voz alta el capítulo 58 del libro de Isaías:

> *El ayuno que he escogido,*
>   *¿no es más bien romper las cadenas de injusticia*
>   *y desatar las correas del yugo,*
>   *poner en libertad a los oprimidos*
>   *y romper toda atadura?*

"Vas demasiado rápido", le interrumpió el hermano Samuel. "Léelo despacio".

> *¿No es acaso el ayuno compartir tu pan con el hambriento*
>   *y dar refugio a los pobres sin techo,*
>   *vestir al desnudo*

> *y no dejar de lado a tus semejantes?*
> *Si así procedes,*
> *tu luz despuntará como la aurora,*
> *y al instante llegará tu sanidad;*
> *tu justicia te abrirá el camino,*
> *y la gloria del Señor te seguirá.*[2]

El ministro hizo que Daniel leyera el pasaje una y otra vez. El joven adolescente obedeció, estudiando detenidamente los versículos hasta que se le grabaron en la memoria. Nunca olvidaría esas palabras: "*compartir tu pan con el hambriento... y dar refugio a los pobres sin techo, vestir al desnudo...*"

Isaías 58, sería la luz que guiaría desde entonces la vida de Daniel Del Vecchio. Los principios ahí expuestos le impactaron más que cualquier otra parte de las Escrituras. Las palabras de Dios sobre el *verdadero ayuno* quedaron profundamente grabadas en su alma. Comprendió que no sólo se referían al ayuno de alimentos, sino a vivir un estilo de vida más sencillo y compartir la propia abundancia con los necesitados: dar pan al hambriento, dar cobijo a los pobres sin hogar, vestir a los marginados y no dejar de lado al prójimo. El *ayuno elegido por Dios* es una vida dedicada a hacer la obra de Dios y a destruir las obras de Satanás.[3]

---

[2] Isaías 58: 6-8, Nueva Versión Internacional
[3] Daniel Del Vecchio, *El Manto de José* (Guadalajara, España: REMAR, 2019) 169

PRIMERA PARTE
MANIFIESTO POR MILAGROS

CAPÍTULO UNO
CUBA

Daniel Del Vecchio nació en Estados Unidos en julio de 1932, en una granja de Mullica Hill, Nueva Jersey, en el seno de una familia de inmigrantes italianos, durante el periodo histórico de la "Gran Depresión de América". Cuando nació, su padre tenía ya más de cincuenta años y su madre, cuarenta. Fue el sexto hijo de una familia campesina muy pobre, cuyas condiciones de vida en la granja eran extremadamente humildes, careciendo de baño y agua corriente. Vivían de lo que producía la tierra, vendiendo verduras, maíz, pollos y huevos, embutidos, leche, carne, y haciendo pan y jabón casero. Así, desde muy pequeño Daniel aprendió las virtudes del trabajo duro y la perseverancia. Cualidades de carácter que le marcarían para siempre.

Fue allí, en esa granja, donde Dios llamó a Daniel a predicar. Recién terminado el servicio militar en la marina, a los veinticuatro años, tuvo un encuentro inconfundible con el Dios vivo que cambió definitivamente su vida. Una noche Daniel estaba despierto en su cuarto, cuando una gloria impresionante llenó su habitación y, aterrorizado, quiso meterse bajo la cama. Aún temblando de miedo, se postró ante esa Presencia que sentía a los pies de su lecho: "Habla, Señor, tu siervo escucha", citó Daniel recordando al joven profeta Samuel[4]. Nada más pronunciar estas palabras, el poder de la unción del Espíritu Santo le inundó y una fuerte voz interior le dijo *"Escucha mis palabras. Estate atento a las palabras de mis labios. Porque yo te levantaré y llevarás mis palabra hasta los confines del mundo"*.

Estas palabras impactaron el corazón de Daniel tan fuertemente, que nunca pudo dudar de ese llamado, ni entonces, ni después. Con el fuego del Espíritu Santo ardiendo en su alma, comenzó inmediatamente a predicar el Evangelio, dirigiéndose a los trabajadores inmigrantes, visitándoles por las noches en sus campamentos en las grandes granjas de los alrededores, cantando con su guitarra eléctrica y predicando. Así, ya en su primera salida, siete trabajadores se entregaron al Señor, incluso deshaciéndose de sus cigarrillos.

Entre todos los trabajadores que trataba, Daniel descubrió que eran los hispanos los que más atraían su corazón. Ya de adolescente, trabajando junto a ellos codo con codo, en los campos de su padre, le atraían por ser personas tan cálidas y avivadas. Así, a lo largo de los años, desarrolló un amor especial por los hispanos, un amor con el que Dios estaba obrando en su corazón. Pronto, Daniel sintió el llamado a servir a esas gentes.

Durante los tres años siguientes, Daniel Del Vecchio siguió este modelo de vida: durante el día poniendo ladrillos, aprendiendo el oficio de la construcción y de noche cantando y compartiendo el Evangelio. A medida que pasaban los meses, tenía la creciente convicción de que Dios le estaba llamando al servicio a tiempo completo.

"Daniel, esta tarde habló en la iglesia un misionero de Cuba", le contó su hermano mayor de pasada una noche. "Dijo que allí hay siete iglesias con un solo pastor".

---
[4] 1 Samuel 3:10

Las palabras de su hermano tuvieron un profundo impacto en Daniel, siguieron resonando una y otra vez en su corazón durante la semana siguiente. No podía olvidarlas. Un deseo creciente de ir a Cuba se apoderó de su más profundo ser.

"Creo que Dios me llama a Cuba", dijo Daniel con valentía al Consejo Italiano de Iglesias Cristianas de América, que lo había ordenado, "y necesito vuestra ayuda para llegar allí".

Uno de los ancianos del consejo le miró fijamente: "¿y si no te apoyamos, qué vas a hacer?"

"¡Entonces iré a nado!" contestó Daniel. Con un deseo de ir a Cuba ardiendo tan fuertemente en su interior, estaba dispuesto a obedecerlo a cualquier precio.

En Cuba ya había comenzado la guerra civil. Daniel intuía que contaría con poco tiempo para predicar el Evangelio antes de que el comunismo tomara el control total. Sin garantías de apoyo pero seguro de que era Dios quien lo enviaba, decidió confiar en que Él supliría todas sus necesidades.

En febrero de 1957 Daniel, a la edad de veinticinco años, llegó con su hermana Erma a Unión de Reyes, provincia de Matanzas, Cuba. Ella iba a ser su tan necesario apoyo en la oración.

Poco después de que se hubieran instalado en un hotel, el joven inquieto exclamó a su hermana "Aquí hay demasiado ruido para orar, me voy a dar una vuelta por el campo".

El joven misionero condujo su coche por una carretera sin asfaltar, entre hectáreas de cañas de azúcar que se balanceaban en los campos. En un tramo especialmente desértico se paró en el arcén, agradecido por tener un lugar tranquilo para orar y se estiró en el asiento delantero, quedando pronto totalmente absorto en la oración. De repente, aún sin abrir los ojos, supo que le estaban observando. Daniel se incorporó de golpe: le estaban apuntando a la cabeza. Estaba rodeado de soldados cubanos y no parecían amistosos. Con más aplomo de lo que en realidad sentía, Daniel se quejó ante ellos en un acalorado español: "¡He venido hasta aquí para estar tranquilo y no me dejáis en paz!".

Los soldados habían confundido al misionero con uno de los guerrilleros rebeldes de Fidel Castro. Cuando se dieron cuenta de que el furioso estadounidense no era quien buscaban, desaparecieron tan rápido como habían llegado. Así que esta fue la brusca entrada del joven misionero en Cuba, un país en la agonía de la revolución. Fue aquí donde el ministerio de Daniel Del Vecchio habría de madurar, forjado en el fuego de la persecución.

Durante treinta días, Daniel predicó en las calles de Alacranes en una época caótica de atentados y apagones. Su hermana se quedaba intercediendo por él en el apartamento que habían alquilado. Aunque Erma sólo estuvo en Cuba seis meses, sus fervientes oraciones sentaron las bases de las siete iglesias que el Señor permitió a Daniel fundar en tan sólo tres años.

Fidel Castro y sus rebeldes se escondían en las montañas aterrorizando al pueblo.

Todas las noches, cuando los guerrilleros tenían planeado interrumpir el suministro eléctrico, el Espíritu Santo le insistía a Daniel para que no saliera. Por el contrario, cuando se sentía libre de salir, nunca cortaban la luz, la iluminación de las calles permanecía encendida y no se producía ningún acto terrorista. De este modo Dios le protegía siempre de situaciones peligrosas.

En Alacranes alquiló un antiguo teatro para empezar a celebrar reuniones y más tarde construyó una pequeña iglesia. Una noche, cuando se habían reunido unas noventa personas, Daniel empezó a orar para que recibieran el Espíritu Santo y muchos empezaron a desplomarse tumbados por el suelo. Mientras caminaba entre ellos, de repente el edificio se sumió en la oscuridad: las fuerzas rebeldes habían llegado al pueblo y habían cortado el tendido eléctrico. El joven misionero no sabía qué hacer: estaba rodeado de cuerpos postrados y no podía volver al púlpito para encender una vela sin tropezar con ellos. Entonces brotó en él la fe en el poder del Señor: "¡Ordeno que estas luces se enciendan en el nombre de Jesús!" Al instante la luz inundó la iglesia. La mayoría de la gente estaba tan concentrada en adorar al Señor que ni siquiera se habían dado cuenta del milagro que acababa de producirse. Uno a uno, se pusieron de pie y comenzaron a quitarse las medallas con ídolos religiosos que llevaban en el cuello: era una obra soberana del Espíritu Santo.

La casa de Daniel en Cuba no era más que una choza desvencijada. Cada vez que llovía entraba el agua por el techo, lo cual agravaba más las penurias y malas condiciones de vida del joven. Todas las mañanas, antes de poder lavarse, tenía que sacar varias ranas de la bañera. Un día, mientras se afeitaba, Daniel observó su rostro en el espejo agrietado que había sobre el lavabo: su cara se había vuelto de un color amarillo enfermizo. Durante los últimos once días no había podido retener lo que comía. Al salir del recinto que hacía las veces de casa e iglesia, Daniel se desmayó en el pasillo cerca de la puerta. Mientras perdía el conocimiento, el joven suplicó: "Dios mío, no permitas que me muera solo".

Esa misma mañana, dos mujeres cubanas de su congregación, que pasaban por allí, se encontraron al misionero inconsciente y demacrado. Lo arrastraron hasta la choza y consiguieron reanimarlo. "Vamos a buscar un médico", dijeron.

Daniel las detuvo. "No, no necesito un médico. Poned vuestras manos sobre mi estómago y orar por mí", les indicó, ya que creía firmemente en la sanidad divina.

Durante los días consecutivos, Daniel se sintió mejor, pero pronto una recaída le obligó a acudir al médico. El doctor echó un vistazo a su piel y sus ojos amarillentos e inmediatamente diagnosticó una hepatitis infecciosa. Introdujo una aguja en el brazo de Daniel y le aplicó una vía intravenosa.

Más tarde, mientras Daniel atravesaba la plaza principal, vio a un hombre desplomarse cayendo boca abajo en el suelo. Al momento, un policía de los alrededores se acercó y le preguntó a Daniel "¿Puede usted ayudarle? Está sufriendo un ataque...", probablemente el oficial daba por hecho que todos los estadounidenses que quedaban en Cuba eran médicos.

A pesar de su mala salud, el joven misionero se arrodilló en el polvo junto al hombre cubano y poniéndole la mano en la frente, ató al demonio en el nombre de Jesús. Al momento el hombre abrió los ojos y se levantó lentamente.

"¿Cuánto le suelen durar estos ataques?", le preguntó el misionero.

"Cuatro horas", respondió el hombre. "Necesito un médico..."

Daniel sonriendo levemente le dijo: "Yo conozco un buen médico. Ven conmigo..."

Entonces Daniel le llevó a su choza y oró por él. Ese acontecimiento supuso el inicio de su ministerio de liberación. Dado que Cuba era un país impregnado de superstición y prácticas vudú, muchos de sus habitantes estaban atados en cuerpo y mente por espíritus malignos. Así el joven misionero ejercía la autoridad que Jesús ha dado a sus seguidores: *"Y estas señales seguirán a los que creen: En mi nombre echarán fuera demonios; hablarán nuevas lenguas... sobre los enfermos pondrán sus manos, y sanarán"*. (Marcos 16:17-18)

En otra ocasión, Daniel se ofreció para llevar a una mujer de su iglesia al velatorio de un familiar en la zona montañosa. Cuando llegaron a la casa donde se celebraba el velatorio, Daniel vio que inmovilizaban a un individuo muy grande. Un hombre le sujetaba la cabeza, mientras otros le agarraban los brazos y las piernas, pero se agitaba violentamente, siendo necesaria toda la fuerza de cinco hombres para controlarle. Daniel se acercó inmediatamente a ellos. Allí se encontraba una multitud de ciento veinte personas reunidas en la casa para llorar la muerte de una anciana y nadie prestaba atención al hombre que se golpeaba brutalmente. Era el hijo de la difunta.

"¿Puedo orar por él?" preguntó Daniel a los hombres que forcejeaban sujetándole.

Ellos se encogieron de hombros y Daniel tomó su indiferencia como consentimiento, de modo que poniendo un dedo en la frente del hombre, reprendió: "¡Satanás, suéltale, en el nombre de Jesús!"

Al instante, la cabeza del hombre se desplomó sin fuerzas sobre su pecho y aquella violenta agitación cesó. Los otros hombres, que esperaban que aún se resistiera, seguían agarrando fuertemente su cuerpo.

"Dejadle ir", dijo Daniel. "Ahora él ya está bien".

El misionero observó que un silencio incómodo se había apoderado de la multitud mientras todos le miraban con asombro. Daniel, que aún era demasiado joven e inexperto para saber aprovechar semejantes oportunidades predicando el Evangelio, ante la sensación de bochorno, se escabulló por la puerta. Pero rápidamente el hombre liberado y su padre se apresuraron a salir tras él alcanzando al misionero y agradeciéndole efusivamente lo que había hecho:

"Esta es tu casa, para hacer lo que quieras" le dijo el padre con profunda gratitud.

En esa casa Daniel empezó a predicar el Evangelio y se comenzó una iglesia en el cerro de Unión de Reyes. Trágicamente, muchos de los cristianos que se congregaban en ella, fueron posteriormente encarcelados o ejecutados por anticastristas y antirrevolucionarios.

Daniel empezó a predicar en Sabanilla, un pueblo de cuatro mil habitantes en la provincia de Matanzas. Solo con su guitarra, un amplificador y un micrófono, salía a cantar en la calle y pronto se formó una multitud. A ese pueblo no había llegado nunca antes testimonio del Evangelio: estaba totalmente entregado a la idolatría y a la brujería. Muchos de entre esas gentes estaban enfermos.

Un día, después de predicar la Palabra de Dios, Daniel pidió a quienes estaban sufriendo que levantaran la mano. El joven evangelista, como creyente, sabía que tenía autoridad en el nombre de Jesucristo para echar fuera a esos espíritus malignos de enfermedad.

"He aquí que os doy potestad de hollar serpientes y escorpiones, y sobre toda fuerza del enemigo, y nada os dañará" (Lucas 10:19*)*. Con el poder del Espíritu Santo y fe en el nombre de Jesús, Daniel usó la autoridad que ostentaba como hijo de Dios: "¡Ordeno a los espíritus de enfermedad que salgan, en el nombre de Jesús!"

Como resultado, muchos de los asistentes dieron testimonios de sanidades. Tras varios días de reuniones al aire libre, Daniel se trasladó a un edificio alquilado. En una de las primeras reuniones, acudió una mujer conocida como "curandera". Aunque era una mujer amable y sincera, había estado usando poderes malignos para sanar y recetar pociones.

Daniel notó que a ella le costaba mantener los ojos abiertos. Los demonios que la dominaban no querían que escuchara el Evangelio. Daniel y su colaborador en la obra se acercaron y echaron fuera de ella esos espíritus malignos. En la reunión sucesiva, la mujer volvió con muchos de sus clientes y amigos que, debido a su evidente liberación, estaban ansiosos por escuchar las Buenas Nuevas del Evangelio y cuando Daniel hizo el llamado al altar, se apresuraron a recibir a Jesucristo como su Salvador y Libertador.

La iglesia de Sabanilla continúa activa hasta el día de hoy. El nieto de aquella mujer es actualmente el supervisor de unas trescientas iglesias en Cuba. En 2008 Daniel volvió allí para predicar. ¡A Dios sea la gloria!

🔥

Un día, cuando Daniel salía de la iglesia que había plantado en Sabanilla, el Espíritu Santo le indicó: "*Conduce por esta carretera.*" Obedeciendo, Daniel condujo su furgoneta Volkswagen durante ocho o nueve millas por el camino de tierra. Cada vez que se sentía tentado a dar la vuelta, esa voz interior le instaba a seguir adelante. Finalmente, llegó a la cima de una colina que dominaba el hermoso valle de Montserrat, con sus campos de caña de azúcar salpicados con cabañas de techos de cañizo.

"*Detente aquí*", instó la voz del Señor. "*Funda una iglesia*".

Sorprendido, Daniel miró a su alrededor. No había más que una pequeña tiendecilla rural a un lado de la carretera y ruinas de un viejo castillo al otro. Sin embargo, habiendo aprendido a no discutir esa voz interior, Daniel comenzó a celebrar reuniones al aire libre en aquel lugar tan desapacible. Gentes de todas las edades acudían a escucharle, incluidos *los guajiros* locales que pasaban por allí con sus caballos. Una noche, unos jóvenes vaqueros alborotadores se reunieron en un lado, con la intención de alterar la reunión y crear problemas. Habían traído consigo un caballo con mucho brío.

"Monta tu, *americano*", desafiaron al misionero.

Daniel miró el semental que resoplaba, sin silla ni brida, con tan sólo un cabestro de cuerda alrededor del hocico y una manta sobre los lomos.

"Sé montar, joven", le dijo al líder del grupo, "Yo montaba antes de que tú nacieras".

"¡Entonces monta!", se burló el descarado muchacho.

"Lo montaré yo", se ofreció valientemente Raúl, el ayudante del Daniel.

11

Montó el caballo, lo paseó de un lado a otro del camino y luego se bajó. "Ahora tú, *americano*", sonrió el joven alborotador. Cuando Daniel saltó sobre el lomo del semental, el jefe de la banda metió maliciosamente la mano bajo la manta con un puñado de abrojos espinosos. Eso incitó al instante al caballo a brincar salvajemente. Daniel se agarró con fuerza a la cuerda mientras el semental pateaba y daba coces al aire en círculos frenéticos. Por fin, el desenfrenado caballo se quitó de encima al misionero: Daniel se escurrió por su lomo cayendo de pie, aturdido pero ileso. El caballo, sin embargo, cayó de espaldas y quedó postrado en el suelo agitándose.

"Ahí lo tienes", exclamó triunfalmente Daniel al vaquero:"¡Yo estoy de pie y tu caballo está en el suelo!"

Los jóvenes vaqueros se retorcían de risa y como el misionero había superado la prueba ya no le molestaron más.

Las ruinas del castillo al otro lado de la carretera intrigaban a Daniel. Había sabido que una excéntrica mujer, hija de un conde español y de una esclava negra, había heredado miles de acres de cañaverales que rodeaban las ruinas. Era una de las terratenientes más acaudaladas de Cuba. Un día Daniel decidió visitar a la rica mujer. Cerca del castillo, frente a una sencilla cabaña con techo de caña, encontró a una anciana de color, nada ostentosa, con un turbante envolviendo su cabeza y arando aquella fértil tierra.

"Me gustaría construir una iglesia en su propiedad", le propuso Daniel.

En principio la mujer no se mostró muy receptiva, hasta que supo que el misionero era de Estados Unidos y entonces le contó a Daniel que cuando había visitado su país, la habían tratado muy bien y le explicó también con orgullo que tenía incluso una bandera estadounidense. Hacia el final de la visita, la mujer ya había decidido ceder a Daniel una de las "estancias" del castillo para que construyera una iglesia.

Al salir de la propiedad, Daniel observó que las ruinas del "castillo", no era más que unos cimientos de poco menos de un metro de altura de lo que hubiera debido ser una réplica del famoso monumento de La Habana, el castillo de "*El Morro*", pero años atrás la rica mujer había abandonado el proyecto de construcción. La elección de Daniel como mejor ubicación para su futura iglesia fue el "salón".

Pocos días después, un camión descargaba ya los bloques de piedra caliza maciza que Daniel había encargado en una cantera próxima a las ruinas. Se trataba de bloques de sesenta por noventa centímetros y más de doscientos kilos de peso cada uno. Había que colocarlos a mano y cortarlos con una sierra manual.

"¿Cómo vamos a mover esto?" preguntó desesperado José, que se había ofrecido a ayudar al misionero a construir la nueva iglesia en Montserrat. José era el primer convertido del ministerio de Daniel en Cuba.

"Probemos el viejo método del pivote", sugirió Daniel.

Los dos trabajaron juntos bajo el calor de casi 50º C grados, con el sudor chorreando por sus espaldas. Uno colocaba una roca y un palo debajo de un bloque de piedra caliza, levantándolo un poco, y luego el otro metía rápidamente otra roca debajo, levantándolo aún más. Cuando el bloque se ladeaba, ellos lo empujaban. Repitieron este proceso hasta situar todos los bloques en los cimientos del castillo.

Los bloques que habían caído al barranco planteaban otro problema. Por mucho esfuerzo que Daniel y José hicieran, era imposible moverlos. Daniel lo había intentado incluso atando una cuerda desde su furgoneta a una de las rocas, pero no se movía ni un milímetro.

"Oh, Dios, no puedo avanzar más", gimió Daniel. Esta vez, el persistente misionero, que por norma no se rendía sin luchar, estaba dispuesto a ceder.

"¿Tienes algún problema?", le gritó un granjero que pasaba conduciendo una yunta de bueyes.

"Sí, no conseguimos mover estos bloques", respondió Daniel, con la voz impregnada de desánimo.

El granjero mirando la pila de bloques de piedra caliza en el barranco le dijo: "Cuando termine de trabajar, volveré para que mis bueyes los muevan".

Daniel se rió incrédulo. "¿Tus bueyes van a tirar de estas moles?"

"No te preocupes, ya verás..." replicó el campesino.

Daniel y José esperaron a la sombra el regreso del granjero. A las seis, fiel a su palabra, éste volvió y enganchó sus bueyes a los bloques calizos. El misionero y su ayudante contemplaban atónitos cómo los bueyes arrastraban las piedras por el barranco como si fueran simples cajas de cartón.

Daniel y José, levantaron la iglesia bloque a bloque, cortando y encajando cada una de estas piezas y por último rematándola con un techo de cañizo. Debido al embargo comercial estadounidense en Cuba, el material de construcción escaseaba por todo el país, de modo que Daniel y José tuvieron que buscarlos en casas abandonadas. Ellos mismos construyeron los bancos de madera y para dar el toque final, Daniel colocó una cruz sobre la entrada que hizo con un par de tablas de dos por cuatro.

Ocurrió que un sacerdote intentó convencer a la propietaria de que desalojara al misionero de su propiedad, pero la mujer le replicó: "Esto es *América*. ¡Y no voy a echar a nadie de aquí!". En una ocasión, mientras el sobrino de la propietaria se encontraba visitándola desde La Habana, Daniel le dio testimonio y él aceptó al Señor allí mismo. Algún tiempo después, Daniel facilitó la entrada del sobrino en los Estados Unidos y le ayudó a inscribirse en el Wheaton College para cursar estudios de formación para el ministerio.

En la iglesia de Montserrat, Daniel avanzó un paso más en la fe respecto a la sanidad divina. Predicaba con plena convicción que Jesús sanaría a los enfermos e invitaba a todos a salir adelante en fila para orar por ellos. Mientras la gente formaba una cola, Daniel y su ayudante Raúl oraban por ellos pero, como no parecía ocurrir gran cosa, el desánimo se estaba apoderando de ambos. Entonces Daniel descubrió, algo asustado, que la siguiente persona de la fila era una anciana sorda, *"tan sorda que no podía oír ni un cañón"*, según decían de ella los lugareños.

"Oh Dios mío, ¿qué voy a hacer?", gimió el misionero.

"¿Y ahora qué hacemos?" preguntó a Raúl,

"haz que se ponga al final de la cola", le respondió Raúl sin dudarlo.

Aunque así lo hicieron, con demasiada rapidez, el turno de la mujer sorda estaba de nuevo delante de ellos y Daniel aún sintiendo impotencia la afrontó. Por encima de todo, él deseaba dar gloria a Dios, pero temía que si la mujer no se era sanada, no sólo quedaría él como un tonto a los ojos de la gente, sino que, aún más grave: el Evangelio parecería una farsa.

Daniel levantó los brazos hacia el techo. "Dios mío", imploró con gran desesperación. "Sabes que no puedo sanar a esta mujer..." Oró en inglés, pues a veces recurría a su idioma cuando se encontraba en una situación difícil. Mientras confesaba su propia incapacidad para satisfacer la necesidad de esta mujer, el poder del Espíritu Santo descendió sobre él como si fueran mil voltios de corriente eléctrica. Sabiendo con certeza que estaba dotado del poder de lo alto, Daniel puso sus dedos en los oídos de la anciana.

"¡Abriros, en el nombre de Jesús!", ordenó.

Al instante, los oídos de aquella mujer cubana se abrieron y ella, al poder oír, lloraba de alegría.

Daniel Del Vecchio había aprendido una lección que se repetiría una y otra vez a lo largo de su vida: cuando Dios era su única fuente, *Dios siempre cumplía.* Dios nunca le fallaría.

¡Había *poder en el nombre de Jesús!*

CAPÍTULO DOS
RHODA

El calor, su mala salud, las míseras condiciones de vida y las constantes luchas en la guerra espiritual, a menudo lograban deprimir a Daniel. El joven misionero se sentía a veces como si llevara una carga mayor de lo que podía soportar. Cuando sufría estos negros estados de ánimo de desesperanza, leía y releía las cartas de su madre que eran para él una constante fuente de ánimo.

Daniel había estado pensando mucho en cierta joven que le escribía a veces. Aunque sólo se habían intercambiado tres cartas, Daniel ya intuía que había algo especial en aquella mujer cuyo nombre era Rhoda. Una calurosa y húmeda noche del verano de 1959, estando arrodillado junto a su cama con una mosquitera a su alrededor, Daniel colocó la carta de Rhoda sobre las sábanas. Algo de la carta le había impactado profundamente, en algún rincón de su interior había una agitación extraña pero emocionante y oró:

"Señor, ¿quién es esta mujer?"

Tras esperar en Dios durante unos instantes en silencio, el joven misionero recibió una clara palabra de revelación. Las palabras que tanto sorprendieron a Daniel, pero que le proporcionaron profunda paz, fueron: *"Esta es tu esposa. Te casarás en otoño".*

En Nueva Jersey, una joven enérgica llamada Rhoda y su amiga Twila viajaban frecuentemente por todo el país llevando a cabo actividades de evangelización para niños. Llevaban casi un año visitando varias iglesias y campamentos. Todos los días oraban juntas tres veces: primero por sus propios ministerios, luego por sus necesidades financieras y por último, por sus necesidades sociales.

"Señor", oraba Rhoda "si quieres que Twila y yo nos casemos, tendrás que suplirnos un marido a cada una".

En privado, Rhoda expuso al Señor muy detalladamente algunas cualidades que anhelaba que tuviera su futuro marido. Expresó que deseaba que fuera alguien como el apóstol Pablo, que levantara iglesias, que sanara a los enfermos y expulsara demonios. Y por si eso no fuera suficiente, añadió con valentía: "Y por favor, Señor, haz que sea un misionero de habla hispana". Pues por aquel entonces ella ya había ministrado a los niños latinoamericanos y sentía que crecía el amor que Dios le daba hacia ellos. "Y quisiera que sea italiano, con inclinación musical y además un artista, como mi padre... y que sea también amable y fiel..."

Rhoda y Twila fueron invitadas a ministrar en la iglesia del reverendo Jim Del Vecchio en Nueva Jersey. Cuando las dos jóvenes evangelistas entraron en su casa, Rhoda advirtió inmediatamente un cuadro colgado en la pared. "¡Es precioso!", comentó Rhoda a la esposa del pastor, apreciándolo. "Veo que está firmado por Del Vecchio. ¿Es obra de su marido?"

"No", sonrió Mary Del Vecchio ante el interés de la joven. "Es de mi cuñado".

"¿Se gana la vida pintando?" preguntó Rhoda, intrigada.

"No, es misionero en Cuba", respondió la señora Del Vecchio. Después puso en el tocadiscos un disco en el que una voz masculina y otra femenina se mezclaban en un armonioso dúo.

CAPÍTULO DOS: RHODA

"¿Quién es el que canta?" preguntó Rhoda.

"Es mi cuñado", respondió con orgullo la señora Del Vecchio.

"Tiene bonita voz, ¿verdad?"

Rhoda primero asintió y enseguida, sin poder disimular su curiosidad, preguntó: "¿Y quién es la que canta con él? ¿Su esposa?"

"¡No!", intervino divertido Jim Del Vecchio, "No está casado".

Rhoda y Twila intercambiaron miradas de complicidad y Twila percibió el gran interés que despertaba en su amiga este misterioso cantante, artista y misionero.

Como en su modesta casa no tenían espacio extra para invitados, Jim Del Vecchio dispuso que Rhoda y Twila se alojarían en la granja de sus padres. La anciana Sra. Del Vecchio tenía expuestos por toda la granja los óleos de su hijo como si de una galería de arte se tratara. Mientras Rhoda se hospedó en casa de los Del Vecchio, se sentía como rodeada por la presencia del misionero ausente: dormía en su cama y se despertaba todas las mañanas contemplando su fotografía enmarcada sobre la cómoda. Algo en el apuesto joven de pelo ondulado cautivaba su atención. Le atraían sus cálidos ojos azules y le intrigaban su creatividad y su talento artístico.

Un día, la anciana señora Del Vecchio se acercó a Rhoda y Twila, preguntándoles: "¿alguna de vosotras podría escribir una carta por mí? Es para mi hijo Danny en Cuba".

La madre italiana miró a sus dos huéspedes expectante, explicándoles que como no sabía mucho inglés, le costaba componer bien las frases.

"Adelante", dijo Rhoda dando un codazo a Twila.

Ésta respondió sacudiendo la cabeza con picardía: "No no, yo ya he encontrado a mi chico", refiriéndose a un apuesto joven que había conocido en la iglesia que visitaron anteriormente. "Este es el tuyo Rhoda."

19

Rhoda escribió la carta con exactitud como la madre de Daniel se la dictó y al terminar se la dio para que la firmara. Seguidamente, la señora Del Vecchio le devolvió la carta a la joven rogándole: "Por favor, escribe por el otro lado quién eres tú y qué haces aquí".

Rhoda obedeció. Le explicó a Daniel que su padre era co-pastor de una iglesia en un pueblo cercano, que también era pintor y que admiraba sus cuadros. Le contó que ella y la otra joven estaban trabajando juntas como evangelistas de niños en la iglesia de su hermano Jim. "Estamos orando por ti. Si hay algo que podamos hacer para ayudar, háznoslo saber por favor".

Antes de sellar la carta, Rhoda se sintió impulsada a adjuntar como ofrenda sus últimos tres dólares para el consagrado misionero en Cuba. Ninguna de las dos chicas recibía mucho dinero de las iglesias con las que trabajaban, pero de ese modo estaban aprendiendo a confiar en Dios para suplir sus necesidades económicas. Para Rhoda, ésta fue una importante iniciación a la vida de fe y las lecciones que iba a aprender le resultarían muy beneficiosas en los próximos años de su vida.

Aunque Rhoda no pretendía tener respuesta a su carta, en el fondo de su espíritu sabía que sí la recibiría. En menos de dos semanas, llegó la respuesta del misionero agradeciéndole la ofrenda. En su carta, Daniel aludía al sufrimiento y al sacrificio que suponía el tipo de evangelización que estaba realizando en primera línea. Rhoda no prestó mucha atención a este aspecto. En cambio, la narración de las sanidades y liberaciones milagrosas le tocaron hondamente. Así como le parecía emocionante esa descripción de las palmeras y los mosquiteros por todas partes. *¿Sería éste su apóstol Pablo?*

"Volveré a casa en junio", concluía Daniel en su carta. "Si tu padre piensa que puedo ser de bendición para su iglesia, estaré encantado de visitarla".

CAPÍTULO DOS: RHODA

En junio, Daniel telefoneó a Rhoda y quedaron en verse en casa de ella a las seis de la tarde. Entusiasmada, Rhoda horneó un pastel de mármol de chocolate. "¡Una verdadera obra maestra!" rió quitándose el delantal. Estaba a punto de cambiarse de vestido cuando de pronto sonó el timbre.

"¡Pero si sólo son las cinco!", exclamó Rhoda alarmada. "¡Llega una hora antes!" Horrorizadas a causa de su estado desaliñado, tanto Rhoda como su hermana Ela corrieron a su dormitorio dejando a la pobre madre al frente para que abriera la puerta.

En el porche, Daniel se alisaba la corbata y su ondulada cabellera, mientras se preguntaba por qué nadie respondía al timbre. Finalmente, la madre de Rhoda abrió la puerta y Daniel vislumbró a dos chicas riendo que desaparecían en un dormitorio. La madre de Rhoda acompañó al distinguido invitado al salón.

"¿Quieres una taza de café?", preguntó nerviosa, intentando complacer al posible yerno. "¿O tal vez prefieres un té?"

Por fin, una mujer alta y delgada entró en la habitación y se acercó a saludar al misionero. *¡Oh, no!*, gimió Daniel por dentro, *¡Es demasiado alta para mí!*

"Soy Ela, la hermana de Rhoda", se presentó la joven amablemente, "Rhoda saldrá en un momento, así que ponte cómodo."

Daniel trató de relajarse, pero a medida que pasaban los minutos, la expectación le creaba mayor tensión. Por fin, Rhoda salió del dormitorio. Una mujer joven cuyo cabello oscuro y ondulado hasta los hombros y sus alegres ojos verdes aceituna ayudaban a compensar el insípido uniforme de la escuela bíblica. Se sentó recatadamente en el sofá y los dos intercambiaron miradas disimuladas. En verdad, no hubo una atracción inicial entre ellos.

Al menos no es demasiado alta, se consoló Daniel, sopesando en secreto a la joven.

Rhoda se sintió igualmente decepcionada con su posible pretendiente: seguía escuálido y pálido por el ataque de hepatitis. *¡Qué demacrado!*, pensó ella, *parece agotado y enfermo*. Sin embargo, a pesar de su primera impresión negativa, Rhoda se sintió intrigada por el hombre que tenía a su lado. Después de la cena y del delicioso pastel de chocolate, Daniel enseñó a Rhoda algunas fotografías de Cuba. A medida que el misionero se abría y empezaba a hablar de su vida allí, Rhoda lo encontraba cada vez más interesante. Le admiraba. *Este hombre tiene muchos valores,* admitió. *No debo dejarme llevar por las primeras apariencias.*

Después de la tercera cita, en la que parecía no haberse manifestado ningún tipo de cortejo entre ellos. Daniel pensó: *Debo haberme equivocado, pero Señor, estoy abierto a tu voluntad. Si va a ser mi esposa, por favor, confírmamelo.*

En una cita que Daniel supuso sería la última entre los dos, ambos asistieron a una boda. Durante la ceremonia, Rhoda cantó y mientras Daniel escuchaba su voz vibrante, una intensa emoción le conmovió. Sorprendido, se dio cuenta de que se sentía profundamente atraído hacia esa joven menuda. De hecho, se estaba enamorando de ella.

Después, sus citas solían girar en torno a las reuniones de iglesia: Daniel predicaba y Rhoda a veces complementaba su ministerio cantando. En una ocasión memorable, Daniel invitó a Rhoda a viajar con él a Nueva York, donde tenía previsto dar un discurso. Como la hermana de Rhoda iba a Ohio, Daniel se ofreció a invitarlas a una cena china y a dejar luego a Ela en la estación de autobuses.

Rhoda estaba encantada. Le pareció muy generoso que un misionero la invitara no sólo a ella, sino también a su hermana. Se alegró en secreto al ver que el restaurante que había elegido era uno de los mejores. "Esto es excesivo gasto para ti", objetó Rhoda.

Daniel se rió y luego la miró directamente a los ojos: "Yo creo que mi novia es importante para el Señor".

Novia, saboreó Rhoda la palabra sin decir nada. "Ela y yo compartiremos una ración", propuso, pero el joven galán rechazó su propuesta.

De vuelta a casa, Rhoda se encontró pensando en este hombre y en su relación con él. Sabía que no lo amaba y siempre había creído que la voluntad de Dios era que estuviera profundamente enamorada del hombre con el que se fuera a casar.

Oh, Señor, ¿qué debo hacer?, oró en silencio mientras Daniel conducía por la autopista. *Aprecio todas sus cualidades, pero no le amo*. En ese momento, el Espíritu de Dios vino sobre Rhoda tan poderosamente que rompió la resistencia de su corazón. De repente sintió cómo fluía en ella un gran amor por el hombre al volante y rompió a llorar.

Daniel se volvió hacia la joven llorando. "¿Qué pasa?", le preguntó tímidamente. "¿Por qué lloras?"

Rhoda sacudió la cabeza, sin saber qué decir. ¿Cómo podía decirle a Daniel el repentino amor que sentía por él? Dado que él no le había declarado sus sentimientos, pensó que sería un atrevimiento revelarle ella primero los suyos. "Nada, no es nada", respondió Rhoda tímidamente. "Sólo que siento la presencia de Dios".

A la semana siguiente, Daniel se ofreció para llevar a Rhoda y Twila a un campamento del norte del estado de Nueva York, donde participaban en el programa como monitoras. El misionero pasó la noche en una de las cabañas de invitados, con tanto frío que se llevó hasta el sombrero a la cama. Antes de irse, Daniel le regaló a Rhoda una docena de rosas. A estas alturas, ya había crecido entre la pareja un profundo afecto y aunque Daniel no había expresado aún verbalmente su amor a Rhoda, su mirada lo decía todo y ella lo sabía.

"Quiero hablarte de algo importante, Rhoda", dijo Daniel con seriedad. "Podemos hablar en el centro cristiano de retiros en Nueva York."

Daniel y Rhoda pasaron un rato estupendo y romántico caminando por senderos abiertos entre densos pinares en las montañas. En un paraje tranquilo, junto a un arroyo, Daniel se detuvo y cogió a Rhoda del brazo: "Tengo tres preguntas que hacerte", declaró Daniel mirando fijamente a Rhoda a los ojos y atento a sus respuestas. "La primera es: ¿quieres casarte conmigo?".

Rhoda iba a hablar, cuando Daniel la interrumpió rápidamente: "No respondas aún, hasta que termine..." Hizo una pausa respirando hondo: "La segunda pregunta es: ¿te casarías conmigo este otoño? Y la tercera es: ¿vendrías conmigo a Cuba en cuanto nos casáramos?".

Rhoda abrazó a Daniel "¡Sí, sí y sí... a las tres!" respondió.

Daniel la estrechó entre sus brazos y la besó firmemente, sellando así la declaración recíproca de amor.

🔥

En octubre de 1960, Daniel y Rhoda se convirtieron en marido y mujer, cumpliéndose la palabra que el Señor le había dado al joven misionero. Después de una breve luna de miel en Florida, los recién casados se fueron a Cuba. En el aeropuerto de Miami, la pareja Del Vecchio observaba cómo los refugiados cubanos desembarcaban de su avión. Muchos lloraban porque habían sido separados de sus familias y lo habían perdido todo, hasta sus casas.

Paradójicamente, mientras estas pobres gentes abandonaban Cuba huyendo, Daniel y Rhoda esperaban poder entrar en su país, sumido en el caos de la revolución. El gobierno de Estados Unidos había roto las relaciones diplomáticas con Cuba y había suprimido la protección estatal para los ciudadanos estadounidenses. Pero a pesar del peligro, los misioneros seguían hacia adelante dispuestos a arriesgar sus vidas.

Cuando el avión aterrizó en La Habana, Daniel y Rhoda fueron recibidos por revolucionarios vestidos de color caqui, hombres morenos y barbudos empuñando ametralladoras y bayonetas, pues Fidel Castro ya tenía el control del país y los funcionarios del gobierno anterior habían sido ahorcados o encarcelados. Para Rhoda, que nunca se había aventurado más allá de Nueva York, Nueva Jersey y Pennsylvania, estos opresivos soldados resultaban especialmente malvados y amenazantes.

Lo sé, sé que el Señor nos ha llamado a estar juntos, se recordaba Rhoda a sí misma con nerviosismo a causa de la paralizante tensión que sentía mientras atravesaban la terminal del aeropuerto. *Todavía no es nuestra hora de morir.*

Poco después de su llegada a Cuba, Rhoda tuvo un sueño impactante. Se despertó con un sudor frío y temblando de miedo. "¡Daniel, despierta!", dijo dándole un codazo a su marido dormido.

"¿Qué pasa, cariño?", murmuró él somnoliento.

"¡Acabo de tener una pesadilla terrible! Los bomberos estaban golpeando nuestra puerta, gritando: "¡Fuego! ¡Fuego! ¡Escapar!" "¿Qué crees que significa? ¿Es un aviso?"

Daniel encendió la lámpara junto a la cama y se sentó. Tras considerar el sueño, se inclinó por aceptar la interpretación de Rhoda. "Tal vez sea la forma en que Dios nos dice que salgamos del país. Es demasiado peligroso que sigamos aquí".

El gobierno de Fidel Castro era completamente antiamericano: en las calles, los manifestantes furiosos solían quemar las estatuas del recién elegido presidente John F. Kennedy. Daniel también se dio cuenta de que su presencia creaba un serio peligro para los líderes de la iglesia nacional y sus diversas congregaciones. Transcurridos tan sólo diez breves días desde su llegada a Cuba, la pareja Del Vecchio regresaron a Estados Unidos. En la despedida entregaron en las manos del Señor a todos esos amigos, cubanos de cálido corazón, que lloraban al sentir que nunca más volverían a ver a los dos queridos misioneros americanos.

Durante tres intensos años, Daniel Del Vecchio, en definitiva, trabajó en los "campos maduros" de Cuba. Fue el pionero de siete sedes misioneras en total en ese país, incluyendo las cuatro iglesias de Alacranes, Unión de Reyes, Sabanilla y Montserrat. Trabajo cuyo fruto, por la gracia de Dios, resistiría la persecución de los años posteriores bajo el régimen pro comunista de Fidel Castro, aún al precio de que muchos creyentes perdieran su libertad, y algunos, incluso sus vidas.

Después de más de seis décadas, la iglesia que Daniel plantó en Sabanilla continúa, hasta el día de hoy, con veinte líderes relevantes surgidos de esa asamblea. La congregación de Alacranes construyó una iglesia aún mayor que también sigue activa actualmente, con cientos de convertidos y reuniones en las viviendas de la zona. Lamentablemente, los comunistas castristas confiscaron la iglesia de Montserrat, utilizando el edificio como sala de trabajo. La rica propietaria abandonó toda su propiedad, obligada a huir para salvar la vida. Gran cantidad de cubanos hallaron la salvación allí y siguieron al Señor. Sólo la eternidad revelará la historia completa.

También Daniel había pagado un alto precio: su salud se había resentido. La hepatitis le dejó secuelas en el hígado y durante mucho tiempo sólo podía comer pequeñas cantidades de comida a lo largo del día. Sin embargo, a pesar de los estragos en su salud, Cuba había sido para él un excelente campo de entrenamiento para el desarrollo de su ministerio: un curso intensivo de sanidad y liberación, de fe y perseverancia.

CAPÍTULO TRES
MÉXICO

Al regresar de Cuba, Daniel y Rhoda se quedaron un tiempo en casa de unos amigos en Florida, mientras construían la casa donde formar su hogar. Como persona tenaz e independiente, Daniel pensó que podría construir la casa él mismo. Un día, mientras trabajaba con las vigas del tejado, se cayó desde tres metros de altura, yendo a parar su cabeza justo entre dos troncos. Si hubiera aterrizado unos centímetros más a un lado o al otro, se habría destrozado el cráneo. Daniel intentó levantarse pero, con un tremendo grito de dolor, se desplomó y perdió el conocimiento.

Cuando Daniel recobró el sentido, se encontraba en el interior de una ambulancia con el sonido estridente de las sirenas a todo volumen. Oyó a su mujer preguntar ansiosamente al médico: "somos recién casados. ¿Se va a quedar paralítico mi marido?"

En el hospital, la radiografía reveló que Daniel había sufrido una fractura comprimida de la columna vertebral. Le trataron con pesas en las piernas, lo cual le impedía moverse. Cuando le dieron el alta, tenía que llevar indefinida y permanentemente un corsé de acero y cuero que le sujetara siempre la columna vertebral.

Al volver a su "nido de amor" a medio construir, Daniel descubrió con gran sorpresa que sus maravillosos vecinos cristianos habían terminado el tejado mientras él estaba en el hospital. Sólo faltaba terminar con ladrillos la mitad de la fachada delantera de la casa. Rhoda también ayudó llevando a Daniel los ladrillos con una carretilla y él, que no podía inclinarse a causa del corsé ortopédico, los colocaba poniéndose de rodillas.

Durante el último año, Daniel había estado sintiendo en su corazón una carga creciente por México. El deseo de ir allí había aumentado tanto que no pudo ignorarlo. Se había puesto en contacto con un misionero que dirigía un orfanato para niños en Monterrey y se había comprometido a presentarse allí en junio. A pesar de la lesión sufrida en la espalda, quería mantener su palabra.

Haciendo gala de la firme determinación que le caracterizaba y soportando el molesto corsé que se le hincaba en la ingle, Daniel logró terminar de construir su casa. Estaba orgulloso del resultado: era una acogedora casita con dos dormitorios, dos baños, y un precioso mirador con vistas al jardín. Rhoda estaba contenta porque tenían un lugar al que llamar "hogar" para cuando volvieran de México de permiso, especialmente ahora que estaban esperando su primer hijo.

La joven pareja de misioneros cargó su pequeña furgoneta y partió hacia México. Después de un viaje de tres días, en junio de 1961, el matrimonio Del Vecchio llegó a Monterrey. De pronto Daniel se dio cuenta de su grave despiste: no tenía ninguna dirección para localizar al misionero al que se dirigían, tenía tan solo su apartado postal. Esperando que la oficina de correos le diera la dirección, condujo hasta allí llegando pocos minutos antes de la hora del cierre.

"No podemos facilitar información personal", le dijo el hombre del mostrador rechazando su petición.

Daniel no sabía qué hacer. Estaban en un país extraño, con poco dinero, no sabían dónde vivía esa familia y no conocían a nadie más en México. Mientras afrontaba el dilema, detrás de él en la cola, se oyó una voz: "Yo sé dónde están. Yo te llevo".

Este servicial desconocido les guió a un lugar muy alejado de Monterrey. Era ya muy tarde, de noche, cuando encontraron el orfanato y entonces el extraño desapareció. Nunca volvieron a ver a esta "persona" que dejó a Daniel la convicción de que había sido un ángel.

"Nunca he oído hablar de usted", le dijo a Daniel sin rodeos el misionero del orfanato cuando llamaron a la puerta. "Me voy a Washington mañana temprano y no tengo tiempo para hablar ahora".

Sin lugar a donde ir, Daniel y Rhoda durmieron en el colchón de la parte trasera de su furgoneta hasta las dos de la mañana, cuando el misionero cedió invitándoles: "Ya pueden entrar".

Por la mañana, el misionero condujo a la pareja Del Vecchio de vuelta a Monterrey y les dijo: "Os voy a llevar con mi esposa, ella os explicará lo que pasa".

"Es que todo el mundo dice que van a venir a visitarnos", aclaró ella. "Así que me preocupo por ello y espero que lleguen y luego nunca vienen. Pero intentaré organizar algo".

"Déjalo", respondió Daniel que de pronto recordó el nombre de otro misionero que alguien le había dado en Nueva Jersey. "¿le conocéis?"

"Sí", respondió ella, facilitándoles el número de teléfono.

Ese misionero llamado Harold dio una cálida bienvenida al matrimonio Del Vecchio, invitándoles a quedarse en su casa. Aunque Harold apenas hablaba español, había contratado a jóvenes para que predicaran en las pequeñas iglesias que él había fundado. Daniel ministraba a estos reducidos grupos de impasibles mejicanos que parecían quedarse dormidos la mitad del tiempo.

Esa primera semana, mientras conducía por Monterrey con Harold, Daniel vio un gran estadio de boxeo con aforo para seis mil personas.

"Quiero que alquiles ese lugar", le dijo el Señor muy claramente. Pasar de predicar a treinta mejicanos adormecidos a seis mil personas fue un enorme salto de fe para Daniel. En obediencia a la voz de Dios, se dirigió a la Alianza de Ministros de la ciudad y se reunió con todos los pastores representantes de una gran cantidad de denominaciones. Ellos acordaron decir a Daniel que apoyarían la campaña unida sólo si él obtenía permiso por escrito de la oficina del alcalde. Pues la ley prohibía celebrar cualquier tipo de evento religioso en un edificio público como el coliseo y las reuniones al aire libre eran ilegales.

El calor extremo en Monterrey era un infierno. El corsé de metal y cuero que llevaba Daniel para sujetar su columna vertebral resultaba insoportable bajo ese calor sofocante. De noche, necesitaba tumbarse en el suelo porque el contacto con las sábanas era como puro fuego. En el techo, un ventilador a agua vibraba expulsando un poco de aire fresco.

Una noche, en plena agonía a causa de su dolor de espalda insoportable y de una fiebre galopante, de repente, Daniel tuvo una visión. Con los ojos abiertos, fue transportado en el espíritu al coliseo. Completamente despierto y alerta, fue testigo de una secuencia de acontecimientos que se desarrollaban con tal realismo que era como estar viendo una película en tres dimensiones. Como si en lugar de él, fuese otro observador externo, Daniel vio el coliseo lleno de miles de personas. Vio a su esposa Rhoda vestida de blanco cantando ante la multitud. Luego vio al coro ministrando y finalmente pudo verse a sí mismo, de pie tras el púlpito, predicando con gran unción. Pudo escuchar cada

CAPÍTULO TRES: MÉXICO

palabra del poderoso y ungido sermón basado en un versículo de Isaías 53: "*¿Quién ha creído a nuestro anuncio? ¿Y sobre quién se le ha manifestado el brazo de Jehová?*".[5] Al final del mensaje, se vio haciendo un llamado al altar y más de cien personas que, en respuesta, descendían aproximándose por los pasillos.

🔥

"¡Cariño mira, ya vienen! ¡Vienen a Cristo!" gritó Daniel con gran gozo despertando a su esposa.

Rhoda no tenía ni idea de lo que estaba pasando. Pensó que se tratase de la fiebre que le hacía delirar y alucinar. Rápidamente le puso una bolsa de hielo en la frente, esperando que así le bajara la temperatura y se calmara su estado delirante. Daniel trataba de apartarla y explicarle la visión que había visto, pero ella insistía en que se calmara.

"¡No es la fiebre!", protestó Daniel "¡Es una revelación de Dios!"

🔥

Esta visión recibida fortaleció su fe para alquilar el coliseo y llevar a cabo una campaña de evangelización a fin de predicar el Evangelio y orar por los enfermos.

Paralelamente, las dudas le atormentaban: "*¿Orar por los enfermos? ¿Cuando tú mismo tienes la espalda rota?*".

Durante tres meses, Daniel había orado por la sanidad de su espalda pero el Señor no le había sanado. En esa lucha interior de fe que libraba, oyó la voz de Dios susurrar a su corazón las palabras de Éxodo 15:26: "*Yo soy Jehová tu sanador*".[6]

El Señor mostró claramente a Daniel que no podía orar por sanidades mientras dependiera de llevar ese horrendo corsé

---

[5] Isaías 53:1
[6] "*Porque yo soy el Señor tu sanador*". (RVA 2015)

metálico perfectamente visible sobresaliéndole por debajo de la camisa. Verle así no podría inspirar ninguna fe a la gente, pensó, entendiendo que era imprescindible que ocurriera algo drástico.

"Señor, si tú eres mi sanador, si eres mi médico", oró Daniel con valentía, "eres entonces responsable de mi espalda. A continuación, por fe voy a quitarme el corsé y voy a caminar".

Lentamente, Daniel se desabrochó el corsé de acero derramando lágrimas que le mojaban las manos. Pensó que sin el corsé su espalda se iba a doblar como una bisagra. Quitárselo y confiar en Dios para su sanidad supuso un enorme esfuerzo emocional, pues el poco tiempo que lo había llevado le había generado una fuerte dependencia, también psicológica, para sostenerse.

La Alianza de Ministros había accedido a cooperar con él si obtenía un permiso escrito del alcalde para utilizar el coliseo. El Ayuntamiento estaba ubicado en un piso alto, precedido de muchas escaleras. Cada peldaño que el misionero necesitaba subir era una auténtica agonía.

Cuando Daniel llegó al despacho del alcalde lo encontró abarrotado de gente. De vez en cuando, el secretario salía a la sala de espera llamando a las personas, una por una, a pasar al despacho. Dado que no había asientos vacíos, Daniel se vio obligado a esperar de pie y se sentía desfallecer. Su dolor era tan grande que apenas podía mantenerse erguido. Se acercó a la puerta por la que entraba y salía el secretario y agarrándose con fuerza al marco le dijo entre dientes:

"¡Si no me recibe, va a tener que tirarme porque no le voy a dejar salir de ahí hasta que me vea!". Cuando apareció de nuevo el secretario, cerrándole Daniel el paso, consiguió que éste le prometiera que presentaría su solicitud ante el alcalde.

La respuesta fue: "El alcalde no puede darte permiso por escrito, pero da su palabra de que no enviará a la policía ni le estorbará de ningún modo...".

CAPÍTULO TRES: MÉXICO

La palabra del alcalde era suficiente para Daniel. Le había concedido su permiso extraoficialmente eludiendo de ese modo la ley que prohibía el uso de edificios públicos con fines religiosos. Sin embargo, cuando Daniel presentó esta respuesta a la Alianza de Ministros, la mayoría retiró su apoyo a la campaña. Sin documentos oficiales, temían ser expulsados del país.

Un sólo hombre fue de verdad valiente como para apoyar públicamente al joven evangelista: se trataba de un superintendente de la Iglesia Nazarena. Daniel le había visitado en el hospital cuando se estaba recuperando de una operación muy grave. Le acababan de amputar las dos piernas tras un terrible accidente de coche. A pesar del dolor agudo que sufría, este hombre de fe sacó fuerzas para animar a Daniel: "Hermano, mantén la campaña. Mandaré a mi coro para que te apoye. Esos pastores son unos cobardes. Se esconden incluso antes del peligro".

La única otra fuente de ánimo para Daniel fue un grupo de diez mujeres consagradas al Señor que habían decidido reunirse durante diez días en el sótano de una iglesia para ayunar y orar por la campaña. Dios les había dicho: *"Ayunad y orad. Veréis milagros como nunca antes habéis visto"*.

Para dar publicidad a la campaña, Daniel imprimió cincuenta mil folletos. Utilizando la foto de portada de una revista en la que Fidel Castro se dirigía a una multitud. Recortó ingeniosamente la imagen del dictador cubano y la sustituyó por una fotografía suya sosteniendo una Biblia abierta en la mano. El pie de foto proclamaba poderosamente: *"Los sordos oyen, los ciegos ven, los cojos caminan y a los pobres se les predica el Evangelio"*.[7] Daniel dio a los niños, vendedores de chicles en la calle, unos cuantos pesos para que distribuyeran los folletos. En lugar de ir soltándolos

---

[7] Basado en Lucas 7:22: *"Y respondiendo Jesús, les dijo: Id, haced saber a Juan lo que habéis visto y oído: los ciegos ven, los cojos andan, los leprosos son limpiados, los sordos oyen, los muertos son resucitados, y a los pobres es anunciado el Evangelio;"*

de cualquier manera, aquellos pequeños ángeles los repartieron fielmente por todo Monterrey.

La primera noche de reunión, desde detrás de una pequeña taquilla, Daniel observó con asombro las colas de mejicanos que entraban en el coliseo. Parecía que venían con antelación, trayendo consigo enfermos de todo tipo. Pudo ver a lisiados, ciegos e incluso leprosos entre la multitud. "*Oh, Dios mío...*" pensó, tragando saliva.

La primera noche de la campaña evangelística tuvo lugar exactamente como Daniel había visto en la visión. Rhoda cantó vestida de blanco y el coro de la Iglesia Nazarena también cantó. En el estrado se encontró prácticamente solo, excepto por el coro. Los otros pastores locales se habían dispersado entre la multitud para evitar ser acusados de implicación en caso de que se produjera una redada policial. Mientras Daniel estaba predicando, se averió el equipo de sonido, así que tuvo que pasear lentamente en círculos y gritar para que todos los asistentes pudieran captar al menos fragmentos de su sermón. Había más de mil personas sentadas en la planta baja del coliseo. Predicó al norte, al sur, al este y al oeste, gritando el mensaje del Evangelio. A pesar de semejantes dificultades, el Señor bendijo la campaña. Cuando Daniel hizo el llamado al altar, ciento veinte mejicanos respondieron acudiendo al frente para recibir a Cristo, tal y como había visto en su visión.

La primera reunión dejó a Daniel totalmente agotado. A causa de los problemas que había afrontado poniendo en marcha la campaña, la falta de cooperación de los demás y la avería del sistema de megafonía, Daniel se sentía completamente agotado emocional y físicamente.

En casa del pastor Harold, Daniel se tumbó en el suelo con la cara hundida en el hueco de su brazo y lloró. A pesar de la victoria de la noche anterior, se sentía destrozado y con el espíritu abatido.

Bajo una tremenda presión espiritual, clamó a Dios mientras yacía en el suelo quebrantado ante el Señor. De pronto, Daniel supo que Jesús estaba de pie detrás de él. Aunque no levantó la vista, era muy consciente de que *Él estaba allí*. No era sólo la presencia del Espíritu Santo. Era *la presencia de Jesús mismo*. Le habló a Daniel al corazón con voz tan fuerte y clara que resultaba casi audible:

"*Hijo mío, ¿por qué has dudado?*", con palabras similares a las que había dirigido a su discípulo Pedro, Jesús le reprendió suavemente, mientras lloraba postrado. Daniel ni siquiera era consciente de que en efecto había estado dudando. Entonces Jesús le exhortó: "*Si confías en mí y no dudas, te haré cabalgar sobre las alturas de la tierra y te daré la herencia de Jacob, tu padre*".

En aquel momento, Daniel no tenía ni idea de lo que significaban estas palabras, pero más tarde descubriría que esta increíble promesa procedía de Isaías 58:14. Dios siempre le había hablado a través de las escrituras y Daniel reclamó esta promesa para su vida. Años más tarde comprendería lo que implicaba la herencia de Jacob: las bendiciones espirituales y materiales de Dios, las bendiciones del cielo y las de la tierra; la prosperidad, la provisión y la unción del Espíritu Santo, el "rocío del cielo". Pudiendo declarar que Dios había cumplido poderosa y abundantemente la promesa que entonces le hizo.

La segunda noche de campaña, en la plataforma, Daniel era un hombre nuevo porque *Jesús le había hablado*. Estaba tan lleno de fe, que todos notaron el asombroso cambio en el evangelista. Empoderado por esa palabra de Dios y encendido por el Espíritu Santo, Daniel se levantó y declaró con valentía: "Si esta noche Dios no hace milagros y sana a los enfermos ¡entonces yo soy un mentiroso, Jesús está muerto, la Biblia es falsa y yo soy un impostor!"

¡Pero el Señor confirmó su palabra! Cientos de almas vinieron a Cristo. Los pastores no permitieron que Daniel orara por los enfermos mediante la imposición de manos. Le habían advertido de que muchas de aquellas personas tenían enfermedades infecciosas como tuberculosis o lepra y si se les tocaba, podrían contagiar. Entonces el ministerio de salud se vería forzado a clausurar las reuniones.

Siguiendo este consejo, Daniel oró por los enfermos no individualmente sino en grupo. Aunque no reparó en ello en ese momento, este modo de hacer contribuyó a crear una atmósfera de fe entre la gente totalmente expectantes de que Dios en cualquier momento les podía sanar. De hecho, a medida que el evangelista se movía entre ellos y oraba, Dios comenzó a sanar a los enfermos.

El último día de reunión, Daniel decidió: *Voy a orar por ellos individualmente pase lo que pase... ¡aunque venga la policía!*

Aquella noche, doscientas cuarenta personas se pusieron en la fila del llamado para orar. Cuando Daniel tocaba a la gente, el don de sanidad comenzaba a obrar y Daniel pudo sentir poder real fluyendo de sus manos. Se estaban produciendo milagros. Nunca antes había sido testigo de algo así en su ministerio. Los ciegos empezaban a ver, los lisiados caminaban y los leprosos se curaban. Más del noventa por ciento de los que se acercaron, fueron sanados instantáneamente por el poder de Dios.

Daniel se sintió especialmente conmovido por un niño, víctima de la polio, cuya mano estaba torcida y deformada. Cuando sostuvo entre las suyas la mano marchita del niño, ésta se enderezó de repente ante los ojos de todos. Daniel se maravilló del poder del Señor tan presente para sanar. Lo atribuyó a tres factores principales: La palabra personal de Jesús para él y su fe en aquella palabra; las diez mujeres que estaban ayunando y orando conteniendo las fuerzas demoníacas; y el propio pueblo mejicano creyente y confiado. De esa campaña, Daniel reunió doscientos veinte testimonios firmados de sanidades milagrosas.

Como bendición adicional, Daniel notó que su propia espalda ya no le causaba ningún dolor. ¡Ya en la primera noche de reunión su espalda se había sanado! El día que fue al despacho del alcalde sufriendo tal agonía, había sido una prueba determinante. Había dado un paso de fe crucial quitándose el corsé y desde entonces jamás volvió a ponérselo. Aunque la fractura sigue presente en su columna vertebral, Daniel ha llevado una vida normal durante muchas más décadas de ministerio.

🔥

Una vez al mes, un grupo de misioneros y pastores se reunía para orar por la población de Monterrey. Habiendo presenciado aquellos milagros durante la campaña, ahora tenían fe para orar por los enfermos. Una mujer, cuyo abdomen estaba grotescamente hinchado, acudió a una reunión y pidió que se orara por su sanidad. Aunque esperaba la intervención quirúrgica para extirparle una sección de su intestino, ella creía que Dios, con su poder, iba a tocar su cuerpo.

Uno de los pastores oró la oración de fe que creía eficaz para que esta mujer fuera sanada. Tan pronto como terminó de orar, dijo que ya habían orado con fe y que ahora le correspondía al Señor sanarla. Así instó a todos a que se diera por terminada la reunión.

"Esperen un momento", urgió Daniel antes de que todos se dispersaran. "El Espíritu Santo todavía no ha descendido... por favor, siéntense".

"Pero dijimos la oración de fe", insistió el otro pastor. "El resto es obra del Señor..." pero Daniel, asumiendo la autoridad sobre la situación, repitió: "Por favor, tomen asiento", "el Espíritu Santo aún no ha caído sobre nosotros. Vamos a seguir esperando en el Señor..."

Mientras el grupo esperaba en el Señor, adorándole y alabándole, se creó entre ellos verdadera unidad en el espíritu. Al rato, todos sintieron la innegable presencia del Espíritu Santo. Ahora, con verdadera armonía y unanimidad entre ellos, oraron una vez más por la sanidad de la mujer. Al instante, ante los ojos de todos, el abdomen hinchado de la mujer se desinfló y la operación quirúrgica fue cancelada. Esto sentó un cierto precedente para el misterio de la sanidad divina: la importancia del acuerdo en la oración y la verdadera unidad del Espíritu. Como dice Mateo 18:19, 20: *"Otra vez os digo, que si dos de vosotros se pusieren de acuerdo en la tierra acerca de cualquiera cosa que pidieren, les será hecho por mi Padre que está en los cielos. Porque donde están dos o tres congregados en mi nombre, allí estoy yo en medio de ellos".*

Como resultado de la campaña, la reputación del pastor Daniel Del Vecchio como hombre con fe para orar por los enfermos se extendió por todo Monterrey y gran cantidad de gente acudía a las iglesias donde él predicaba. Como a Daniel no le motivaba tener seguidores personales, decidió que lo mejor era dejar Monterrey y dirigirse hacia otras ciudades.

En Cuernavaca, Daniel realizó una campaña de evangelización y sanidad, predicando en un teatro local. El matrimonio Del Vecchio había alquilado una casa de dos pisos y fue allí donde experimentaron un gran milagro en el ámbito personal.

Un día, antes de lavar a mano los pañales del pequeño Daniel, de diez meses, Rhoda se quitó los anillos de boda, envolviéndolos en un pañuelo de papel, y los guardó en su bolso, pero Danielito, con la curiosidad típica de un bebé, vació todo el contenido del bolso en el suelo. Cuando Rhoda descubrió lo que había hecho el niño, recogió todas sus cosas esparcidas y sin darse cuenta de lo que era, tiró el paquetito de celulosa por el váter.

"Cariño, ¿dónde están tus anillos?" le preguntó Daniel a Rhoda durante la cena esa noche.

"Ah, están arriba."

"¿Estás segura?", le preguntó a su mujer, que le respondió de nuevo afirmativamente.

Después de la cena, Rhoda rebuscó sin cesar en armarios y cajones, poniéndolo todo patas arriba. Cuando de repente entendió que había tirado sus anillos por el váter. Pasó la noche en completo estado de confusión, llorando y orando.

Por la mañana Rhoda leyó la Escritura: *"Engrandece mi alma al Señor, y mi espíritu se regocija en Dios, mi Salvador... Porque me ha hecho grandes cosas el Poderoso; Santo es su nombre"* (Lucas 1:46-47, 49). Dios le habló: *"Hoy haré algo grande por ti"*. Y luego repitió la promesa.

Aunque ya habían tirado de la cisterna varias veces y los anillos ya estarían más que perdidos, Rhoda pretendía a toda costa que su marido los encontrara. Daniel no sabía que Dios le había hablado a ella con palabras que le habían infundido fe para esperar lo imposible. Rhoda instó a Daniel para que preguntara al jardinero si había una fosa séptica donde se pudieran buscar. Aunque la petición le pareció ridícula, Daniel accedió, por no desanimarla. El jardinero le explicó que no había ninguna fosa séptica puesto que todas las aguas residuales desembocaban en el sistema de alcantarillado de la ciudad. Aún así, Rhoda no se dio por vencida.

"¿Hay algún lugar con tapa donde podamos observar el desagüe de las aguas residuales en el alcantarillado de la ciudad?" insistió Rhoda. El jardinero respondió que sí.

Rhoda le pidió a su marido que bloqueara el tubo del desagüe con una tabla para impedir que el agua fluyera y arrojara cubos de agua en los dos retretes de arriba y de abajo. Daniel sabía que ella le estaba pidiendo lo imposible. Aunque los anillos siguieran en el fondo, cuando se levantara la tabla, pasarían desapercibidos en el agua sucia. Después de unas horas de intentos, Daniel le dijo con exasperación: "¡Olvida los anillos. Te compraré otros!"

"Por favor, sólo un cubo más", suplicó Rhoda, aferrándose a su esperanza.

"¡Un cubo más, pero es el último!" cedió Daniel.

Entonces, mientras vertía otro cubo, vio algo entre las transparencias del agua, sobre el saliente del inodoro. Los dos anillos estaban ahí juntos, uno encima del otro.

"¡Aleluya!", gritó asombrado por este milagro. ¡La fe de Rhoda en la promesa de Dios permitió que se recuperaran los dos anillo al igual que el profeta Eliseo[8] ordenó que un hacha flotara en el río donde se había hundido! A través de los años, este milagro que desafiaba las leyes naturales, sirvió para recordar a Daniel y a Rhoda el amor y el cuidado de Dios por cada detalle de sus vidas, incluso sobre esas cosas que pudieran parecer pormenores.

🔥

Daniel fue invitado por un pastor, a predicar en Saltillo, en la provincia de Coahuila. Ese pastor iba a alquilar un salón que pertenecía a un sindicato, con un aforo de quinientos espectadores. Le pidió un adelanto del dinero necesario para organizar la difusión y Daniel se lo dio. En esos días, la familia Del Vecchio viajó a ministrar en la costa del Pacífico. Cuando regresaron a Saltillo en la fecha fijada para las reuniones, se encontraron el salón vacío.

"¿Dónde están las sillas?" preguntó Daniel sorprendido, al vigilante.

"¿Qué sillas?", contestó éste con desconfianza. "¿Quiénes son ustedes?"

"He alquilado este salón para celebrar unas reuniones..." respondió Daniel.

Cuando el guardia le dijo no saber nada de tal acuerdo, Daniel convocó a todos los pastores de las iglesias de Saltillo y les presentó la situación explicándoles lo del pastor, al que le había dado su

---

[8] 2 Reyes 6:1-7

dinero por adelantado y que había desaparecido. Los pastores tenían miedo de alquilar la sala, pues en Méjico cualquier tipo de reunión fuera de una iglesia oficialmente registrada, era ilegal. Un general retirado era el líder de todos ellos y con su voz más fuerte que ninguno, citó Romanos 13: "*Todos deben someterse a las autoridades públicas, pues no hay más autoridad que Dios no haya dispuesto...*" [9]

"No te pares ahí, sigue leyendo", indicó Daniel al general que intentaba zanjar el asunto.

"*Porque los gobernantes no están para infundir terror a los que hacen lo bueno, sino a los que hacen lo malo. ¿Quieres librarte del miedo a la autoridad? Haz lo bueno y tendrás su aprobación*". [10]

"Esto es lo que estoy haciendo", expuso Daniel a los pastores. "No tengo miedo de las autoridades. Hago el bien. Estoy predicando el Evangelio y sanando a los enfermos, así que no tengo motivos para temer al gobierno".

Los pastores, sin embargo, se doblegaron ante la influencia del general. Tenían miedo de participar en la campaña de evangelización, por temor a las represalias de la policía. "Bueno, pues entonces dirigiremos las reuniones mi esposa y yo por nuestra cuenta..." concluyó Daniel.

Llegado el día, cuando el matrimonio Del Vecchio llegó a la sala, se encontraron con que las sillas estaban colocadas, todo estaba preparado y los pastores estaban reunidos en la plataforma. "¿Pero qué hacen aquí?" les preguntó Daniel contento y sorprendido.

"Nos abochornaste", respondieron. "No podíamos dejarte solo".

Dios envió gente hasta que la sala estuvo casi llena. Durante la primera reunión un joven salió hacia adelante corriendo por el pasillo y gritando despavorido. Se apresuró al altar y se desplomó

---

[9] Romanos 13:1 Nueva Versión Internacional
[10] Romanos 13:3 NVI

en el suelo temblando como si sufriera un ataque epiléptico. Los pastores que se encontraban en el estrado, estaban estupefactos. "No tengáis miedo", les instó Daniel. "¡Vamos a liberarle!" Daniel saltó metro y medio de altura desde la plataforma y expulsó del joven al espíritu que lo atormentaba. En cuestión de minutos, el muchacho se puso de pie y levantaba sus manos alabando al Señor. La gloria de Dios estaba sin duda sobre él.

Aquel suceso originó una gran apertura en las reuniones. Simultáneamente, el grupo de mujeres que había intercedido por la campaña evangelística en Monterrey, intercedía ayunando y orando fervientemente. El Señor había abierto el camino para el avance espiritual.

En cada una de aquellas reuniones, llevaban hasta la primera fila a una mujer en silla de ruedas y la colocaban ante el estrado. Paralizada de cintura para abajo, hacía cinco años que no podía andar. Daniel se fijó en esta mujer, pero sabía que su fe no era lo suficientemente fuerte como para orar por ella, así que esperó en Dios a que descendiera la unción, hasta que la fe de toda la congregación creciera para orar esperando un milagro.

Para la quinta noche, Daniel ya sabía que el poder de Dios estaba allí poderosamente presente para sanar. Desde que aquel joven había sido liberado, la gente se concentraba cada vez más en el poder de Dios y el Señor iba haciendo milagros y sanando conforme a la fe. En un momento determinado, Daniel percibió que había fe colectivamente en la congregación para que esta mujer fuera sanada. Así que saltó para bajarse de la plataforma y cogiendo las manos de la mujer de la silla de ruedas: exclamó "¡En el nombre de Jesucristo, camina!"

La mujer comenzó a andar por primera vez en cinco años. Ella y su hija lloraban de gozo. Aquella noche, esa mujer, de rodillas junto a la cama, agradeció a Dios su sanidad milagrosa.

Durante seis meses La familia Del Vecchio, hizo de la provincia de Puebla su base, con vistas al volcán Popocatépetl. Daniel quería evangelizar los municipios de Chipilo y Cholula. El pueblo agrícola de Chipilo resultaba excepcional, ya que en contraste con la tez morena del típico mejicano, la mayoría de sus habitantes eran altos, rubios y de ojos azules. Era por herencia europea de antepasados de Venecia. En el pueblo, la familia Del Vecchio era muy popular, los lugareños adoraban a su pequeño hijo, Daniel junior, también rubio y de ojos azules.

Daniel y su asistente italiano, Antonio,[11] intentaron proyectar una película en la plaza de Chipilo, pero encontrando intensa oposición por parte de de los lugareños, decidieron que sería una estrategia más segura abrir una librería cristiana. Daniel puso al frente de esta empresa a una mujer californiana-mexicana, llamada Guadalupe, que ejercía su ministerio cristiano en la cárcel local.

Al día siguiente de la inauguración, una monja, que hasta entonces había sido siempre muy simpática, entró en la tienda y agitando el dedo ante la nariz de Daniel le amenazó: "Ni te atrevas a traer tu propaganda protestante a mi ciudad".

"Por favor, eche un vistazo. Dígame qué libros no le gustan..." le invitó Daniel, confiando en poder apaciguarla, ya que tenía expuestos también muchos libros católicos.

La monja rechazó su oferta y se fue enfurecida de la tienda. Unas horas más tarde, una multitud de mujeres estaban reunidas gritando frente a la puerta principal. *"¡Comunista! ¡Comunista, vete a tu casa!"*, gritaban enloquecidas, agitando bidones de gasolina como dispuestas a quemar la librería en cualquier momento.

---

[11] Antonio se había sentido tan conmovido por el mensaje que los Del Vecchio habían compartido en su iglesia de Mullica Hill, Nueva Jersey, que había dejado su trabajo y, junto con su mujer y sus dos hijos, se había unido a su labor misionera en México. El ayuno y la oración formaban parte de su vida. Finalmente, regresó a Sicilia, donde él y su familia fundaron 40 iglesias.

Daniel, antes de irse, le había dicho a Guadalupe "Cuida la tienda como tu propia vida", sin imaginarse que ella se lo tomara al pie de la letra. Pero ella, con valentía, se colocó en la puerta y luchó contra la muchedumbre alborotada. Afortunadamente, un conductor de autobús que pasaba por allí y un cobrador acudieron en su ayuda. La metieron dentro de la librería, cerraron la puerta y la protegieron hasta que consiguió escapar por la puerta trasera. Pasada la medianoche, Daniel y algunos ayudantes volvieron a la tienda y recogieron todos los libros.

Tras ser expulsado de esa ciudad, Daniel se trasladó a otro pueblo llamado Cholula, que en otros tiempos contaba con trescientos sesenta y cinco templos aztecas, uno para cada día del año. El conquistador Hernán Cortés los había destruido y edificado en su lugar iglesias sobre sus ruinas, diecisiete de las cuales aún seguían funcionando. Y una pirámide en la que antiguamente se ofrecían sacrificios humanos, seguía en pie.[12]

Cholula era un fuerte bastión del catolicismo romano donde los protestantes eran perseguidos ferozmente. Guadalupe habló a Daniel acerca de un pequeño grupo de cristianos no católicos, con los que se había reunido en una casa para orar, cuando de pronto los fanáticos de Cholula rodearon la casa gritando y agitando sus garrotes: "Salid, o si no os quemamos vivos dentro".

Los creyentes protestantes sabían que la turba enfurecida les esperaba afuera para golpearles hasta la muerte. No sabían qué hacer: si se quedaban dentro, los quemarían vivos; si se aventuraban a salir, los mataban a golpes. Guadalupe, que se había quedado entre los atrapados en el interior de la casa, le contó a Daniel cómo habían caído sobre sus rostros clamando a Dios y de repente, se produjo un eclipse. Así, al amparo de la oscuridad, el grupo consiguió escapar saltando un muro y sus perseguidores, confundidos, comenzaron a golpearse entre ellos.

---

[12] Para conocer más historia, véase Wikipedia.org/wiki/Cholula

CAPÍTULO TRES: MÉXICO

Daniel no estaba seguro de cómo empezar a trabajar en Cholula. Era muy arriesgado porque los perseguidores habían expulsado a los cristianos no católicos a las montañas. Era una época muy peligrosa en todo México. Mucha gente estaba siendo asesinada por causa del Evangelio. En una iglesia en la que Daniel predicó en una ocasión, nueve cristianos habían sido martirizados. Entonces Daniel conoció a un misionero, que viajaba con un camión y un proyector, mostrando la vieja película muda "La Pasión de Cristo". Así que decidieron proyectarla juntos en Cholula.

"Quiero ir contigo", le suplicó Rhoda a su marido mientras cargaba su camioneta Chevrolet para el viaje a la ciudad. Ella tenía a su hijo Daniel en brazos.

"No cariño, es demasiado peligroso", respondió Daniel, negándose a arriesgar la vida de su mujer y su hijo. "Han atacado a todos los que han venido por aquí con el Evangelio. Quédate en casa".

"Donde vas tú, voy yo", afirmó Rhoda con determinación.

"Si insistes," cedió Daniel. "Pero quédate en el coche y si pasa algo, subiré al coche y nos vamos rápidamente de la ciudad".

Daniel condujo hasta la plaza principal de Cholula. "¿Por qué no proyectamos la película en la pared de la catedral?" sugirió Daniel al otro misionero.

"¡Es demasiado peligroso!", le respondió, "usemos aquella otra pared de aquel garaje de allí".

Mientras Rhoda esperaba a cierta distancia en el coche, ellos montaron el equipo para proyectar la película en la fachada encalada del garaje próximo. La película, que trataba sobre la crucifixión de Cristo, atrajo a cientos de espectadores a la plaza, donde se reunieron casi mil personas. La gente lloraba profundamente conmovida al ver la Pasión de Cristo, demostrando lo mucho que anhelaban saber más.

45

"¿Cuántos de ustedes quieren leer la historia de Jesús? Tengo el Evangelio de San Juan para regalárselo", anunció Daniel por megafonía al final de la película. Al momento, cientos de personas se agolparon ante el camión empujando para alcanzar uno de esos ejemplares. Su afán por conseguirlo era tal que volcaron el proyector. La impactante imagen de todas aquellas manos cogiendo desesperadamente el Evangelio, quedó profundamente grabada en la mente de Daniel. Nunca antes había visto tanta hambre de Dios.

Tras el éxito de la proyección de la película, Daniel alquiló el salón de un hotel con entrada desde la calle principal y volvió a montar una librería cristiana allí mismo. También en esta ocasión encomendó la empresa a la fiel y bien capaz Guadalupe. En los meses sucesivos, a pesar de que grupos violentos trataron de quemar la librería con gasolina, Guadalupe se resistía a dejarse vencer. Sin embargo, cuando una muchedumbre amenazó con poner una bomba en el hotel, el propietario obligó a cerrarla.

La valiente Guadalupe se quedó en Cholula y siguió dando testimonio de Jesús. La primera iglesia que plantaron con algunos hermanos de Puebla, fue incendiada en cuatro ocasiones durante su construcción, pero Guadalupe nunca se rendía. Su fe inquebrantable, probada literalmente con fuego, dio resultados. Con el tiempo, su entrega contribuyó a establecer dos iglesias y una escuela bíblica en el pueblo, ella fue un poderoso testimonio de la paciencia, sacrificio y la perseverancia de los creyentes mejicanos.

Daniel y Rhoda Del Vecchio ministraron durante tres años en Méjico. A lo largo de ese periodo, fueron testigos de los increíbles milagros que hizo el Señor, tanto en pequeñas reuniones de iglesia de treinta personas como ante miles de asistentes en el coliseo, donde Dios confirmó Su Palabra con señales y maravillas tales como sanidades milagrosas y asombrosas conversiones. El Señor usó a Daniel en Méjico para deshacer la fuerte oposición que había contra cualquier denominación que no fuese católica.

Durante su estancia allí, la prioridad de Daniel había sido la evangelización. Él sopesaba su éxito según el número de conversiones, pero lo cierto era que después de las reuniones no tenía forma de saber si las vidas habían sido realmente transformadas por Dios o no. Cada vez más insatisfecho con esa realidad, empezó a anhelar trabajar para discipular a las personas de una en una, a fin de fomentar su crecimiento espiritual y edificar su fe. Dios estaba obrando lentamente en el corazón de Daniel cambiando sus deseos y también su ministerio. En lugar del fervor por la evangelización, experimentó un creciente deseo de convertirse en *padre espiritual*.

Años más tarde, Dios le hablaría profundamente al corazón: "*Te haré padre de muchas naciones*". Este "*deseo de paternidad espiritual*" también era el testimonio del don apostólico que estaba surgiendo en la vida de Daniel Del Vecchio. Pronto Dios le abriría las puertas de un nuevo país.

CAPÍTULO CUATRO
ESPAÑA

Daniel extendió un mapamundi sobre las baldosas del suelo del salón, en la granja de Nueva Jersey. A sus treinta y dos años, después de haber servido durante seis en el campo misionero, estaba de vuelta al hogar de su infancia, con su esposa y su pequeño hijo, para buscar la dirección de Dios. Mientras sus ojos escudriñaban el mapa que tenía delante de él con todos los países, oró en silencio, *Señor ¿A dónde tenemos que ir?*

Su mirada se aproximó a España y se posó en ella. Parecía algo natural que se sintiera atraído por este país, habiendo pasado por Cuba, Méjico y... ahora España. El deseo de ir a esta tierra se había desarrollado en su corazón incluso mientras trabajaba bajo el calor de Méjico. Sabía que el Señor le llamaba a este país.

¿Dónde Señor? repitió. Mientras estudiaba el mapa de España, sus ojos recorrieron la costa sur y se detuvieron en el puerto de Málaga.

Estarás un mes en Barcelona y luego irás a Málaga, le dijo claramente el Espíritu Santo. Para Daniel, Málaga era sólo un nombre en el mapa. No sabía nada de la ciudad ni de lo que allí se iba a encontrar.[13]

---

[13] Antiguo puerto comercial del Mediterráneo con tres mil años de rica historia, Málaga, fue colonizada por fenicios, griegos, cartagineses, romanos y árabes. Fue una de las últimas ciudades musulmanas en caer durante el asedio de los Reyes Católicos en 1487. (Para más información, véase: www.wikipedia.org/wiki/history_of_Málaga)

En febrero de 1964, Daniel, Rhoda y su hijo de dos años, Daniel junior, volaron a España. No enviados oficialmente por alguna organización misionera, sino por el fuerte llamado de Dios en sus corazones. No contaban prácticamente con apoyo financiero, pero tenían fe en el Dios que les encomendaba ir.

Mientras el avión sobrevolaba las brillantes aguas turquesas del Mediterráneo, Daniel era aún ignorante de que España iba a ser su verdadera cruz, de que España habría de ser para él lo que Egipto fue para José y de que un día haría suyo el eco de las palabras de José: *"Dios me hizo fructificar en la tierra de mi aflicción".* (Génesis 41:52b)

Tras una estancia de un mes en Barcelona con otra pareja de misioneros, Daniel, Rhoda y Daniel junior, llegaron a Málaga un Viernes Santo, encontrándose justo en medio de una procesión de Semana Santa nada más llegar. La familia Del Vecchio tuvo que detenerse a causa de la multitud, así que se sentaron en el coche Simca recién comprado y contemplaron el tétrico desfile de encapuchados. Asombrados por la naturaleza supersticiosa de la procesión, observaban incrédulos el paso de hombres organizados en grupos que trasportaban sobre sus hombros enormes estatuas de la Virgen todas cubiertas de velas. El desfile parecía más un canto fúnebre que una celebración religiosa. Tras las imágenes de las Vírgenes, hombres vestidos con largas túnicas y capuchones puntiagudos iban a la cola arrastrando pesadas cadenas, marchando lentamente al ritmo lúgubre y deprimente de los tambores.

"Parece algo sacado de la mismísima Edad Media", comentó Daniel a Rhoda.

Acababan de toparse cara a cara con los rituales y tradiciones centenarias del poder religioso que, como pronto descubrirían, en España no se rompe fácilmente.

Cuando ellos llegaron a España, el país estaba gobernado por la dictadura de Francisco Franco. No estaba permitida ninguna otra expresión pública religiosa salvo la del catolicismo. Estaban tajantemente prohibidas las iglesias protestantes. El bautismo del Espíritu Santo era algo prácticamente desconocido. Daniel supo que en toda España, sólo había un par de docenas de personas llenas del Espíritu Santo: un grupo de once en Barcelona y otros cuantos dispersos aquí y allá. En ciudades importantes como Madrid, Sevilla y Málaga no existía ningún ministerio pentecostal.

Daniel y Rhoda se instalaron en un pequeño apartamento que encontraron en las afueras de Málaga. El director de las Asambleas de Dios en Europa y el de las Asambleas de Dios Italianas en EE.UU. le habían dado sendas cartas de recomendación, aunque Daniel no era miembro de dicha denominación. Así que en breve Daniel contactó con un grupo protestante que le invitó a predicar. Al finalizar la reunión, la hermana del anciano líder del grupo, que había sido monja durante once años, se acercó a Daniel.

"Eres diferente a estas otras personas", comentó Adelaida con curiosidad. "Tienes algo especial. ¿Qué es?"

Tras estudiarla pensativamente Daniel le dijo: "Te invitamos a comer con nosotros. Así puedes compartirnos tu testimonio y yo te contaré el mío".

Adelaida se reunió con el matrimonio Del Vecchio para comer en su apartamento. Durante la comida, la ex monja contó a la pareja cómo, durante sus primeros seis años en el convento, le habían impedido tener una Biblia. Después de hacer su último voto, su hermano le regaló una Biblia que ella empezó a leer. Durante los cinco años consecutivos, a medida que la estudiaba, se fue dando cuenta de la enorme diferencia entre lo que ella creía y lo que la Biblia declara. Posteriormente, cuando trabajaba como enfermera, escuchaba en secreto el programa evangélico de Radio Montecarlo.

A petición de Adelaida, Daniel le contó a esta ex-monja acerca de su trabajo misionero en Cuba y Méjico. Cuando le relataba cómo el Señor había sanado milagrosamente a mucha gente, ella escuchaba maravillada. Daniel vio que también ella tenía gran hambre espiritual pero no osó sacar el tema del Espíritu Santo.

"Toma este libro y léelo", le dijo finalmente Daniel, entregándole el librito que había escrito y publicado en Méjico sobre el bautismo del Espíritu Santo.[14]

Adelaida lo aceptó con entusiasmo. Esa misma noche, leyó el tratado hasta las tres de la mañana, llorando mientras devoraba sus páginas. Al día siguiente volvió para ver a Daniel y ambos oraron arrodillados. Entonces Adelaida recibió el Espíritu Santo, el Consolador prometido en la Palabra de Dios y habló con gran gozo en una nueva lengua. Fue la primera persona de Málaga en hacerlo. Emocionada, compartió la noticia con su hermano que, poco después, también recibió el bautismo del Espíritu Santo.

Tristemente, cuando otros miembros de la iglesia de ellos supieron de su experiencia, estalló una gran polémica. Los líderes de su denominación no sólo amenazaron con expulsar a Daniel del país, sino que cerraron irreversiblemente la puerta a cualquier otro ministerio relacionado con él.

Daniel fue muy herido por esta reacción hostil, pues no había hecho más que referirse a lo que el apóstol Pablo había preguntado a los efesios: *"¿Recibisteis el Espíritu Santo cuando creísteis?"* (Hechos 19: 2a)

Un recuerdo muy vivo de aquellos primeros tiempos, es el de un famoso coronel del Ejército Español que había dirigido estratégicas operaciones militares en el norte de África durante muchos años. Se estaba muriendo y le pidieron a Daniel que fuera a orar por él. En

---

[14] Daniel Del Vecchio, *El Espíritu Santo y su obra* (Guadalajara, España: REMAR)

aquella época, era algo excepcional que un hombre tan importante de la alta sociedad española, invitara a un pastor evangélico a orar por él. Sin embargo, la enfermera que le atendía había recibido personalmente el Evangelio y pensó que podría ayudarle. Poco consciente de la intolerancia y los fuertes prejuicios religiosos que existían en aquella época, Daniel decidió visitar al coronel agonizante. El día señalado, mientras subía por la lujosa escalinata de su casa, se cruzó con el sacerdote que bajaba tras haberle administrado la extremaunción.

Cuando Daniel entró en la habitación del coronel, éste le recibió calurosamente besándole la mano. Daniel no dio mayor importancia al gesto, pensando que al coronel le habrían dicho que era un hombre de Dios y que se trataba de una formalidad de respeto hacia un sacerdote. Se fijó en las fotografías expuestas en la pared, en las que aparecía el coronel con el dictador que gobernó España con puño de hierro durante treinta y seis años, *el generalísimo* Francisco Franco.

Daniel comprendió que este militar de alto rango, políglota, tenía la mente muy lúcida. Al predicarle el Evangelio, el coronel le recibió, como un náufrago se aferra al salvavidas. Lo que Daniel no sabía era que pocos días antes, el coronel había tenido una visión de un hombre parado a los pies de su cama.

"¿Quién es ese hombre?", había preguntado a su hija.

"Allí no hay nadie, papá", le aseguró ella perpleja. "No hay nadie".

En el momento en que Daniel entró en su habitación, el coronel le reconoció rápidamente como el individuo que había visto en la visión, y por ello le expresó tanto respeto y apertura. Cuando Daniel tuvo conocimiento de esta experiencia sobrenatural, se acordó de Cornelio, en el Libro de los Hechos[15]. Pues también Cornelio era un oficial militar y Dios le había enviado al Apóstol

---
[15] Hechos 10

Pedro para compartir el Evangelio con él en respuesta a sus oraciones.

La hija del coronel que condujo al pastor a la habitación de su padre, era una dama de la alta burguesía casada con un famoso piloto acrobático. Transcurridos más de diez años, ella aceptó a Cristo en su corazón y Daniel oró por ella para que fuera llena del Espíritu Santo.

🔥

Durante ese periodo, Daniel se esforzó por encontrar el modo de evangelizar al pueblo español alejado de Dios. Por causa de la dictadura, no podía predicar el Evangelio públicamente pero, fielmente, el Señor le dio una idea. Con su hijo Danielito y Rhoda, los tres viajaron a Madrid para visitar los estudios discográficos de grabación, RCA, las mejores instalaciones del país. Milagrosamente, pudieron producir dos discos de vinilo. En una cara, grabaron a Rhoda cantando canciones góspel con su preciosa voz soprano y en la otra, a Daniel predicando. El primer disco, presentaba un mensaje evangelístico y el segundo, una predicación sobre la sanidad divina.

Daniel se aventuró por los callejones de Málaga con un pequeño tocadiscos de pilas a todo volumen. Por un lado, ponía el disco con su mujer cantando y luego le daba la vuelta para que se oyera su predicación, provocando tal curiosidad que las gentes se agolpaban para escucharlo. Aunque no podía predicar el Evangelio abiertamente, este intrépido misionero lograba "predicar" a través de estos discos que también repartía prestados por toda Málaga. Hasta el día de hoy, Daniel conserva un par de viejos ejemplares rayados, recuerdo de sus tiempos de pionero en España.

Las leyes del país prohibían la distribución de folletos y octavillas. Sin embargo, tras largas demoras, Daniel consiguió legalmente que el Ministerio de Justicia Español autorizara la edición de un librito de estudios bíblicos titulado *"El nuevo nacimiento"*. Aunque oficialmente este pequeño libro estaba destinado tan sólo a uso interno de su iglesia, Daniel pensó que el mensaje en concreto de una de esas páginas sería un excelente folleto para repartir. El misionero sabía muy bien que la única forma de llegar a publicarlo iba a ser imprimirlo en secreto.

Daniel encontró en una tipografía, una pequeña imprenta manual, vieja pero perfecta para su propósito. La instaló en uno de los dormitorios de su apartamento, convirtiéndolo en una imprenta clandestina. Con mucho esfuerzo, a base de numerosas pruebas y fallos, el misionero aprendió a manejar la imprenta que, aunque pequeña, era más complicada de lo que había imaginado. Era preciso atar con una cuerdecita cada letra de plomo de cada palabra y entonces fijaba cada línea con un cordón para poder colocarla en la imprentilla. Seguidamente, Daniel aplicaba la tinta y presionaba, siendo necesario también aprender a graduar la presión correctamente. De esta forma, Daniel imprimió su primer tratado *"Cómo nacer de nuevo"*.

Un día, se presentó en el apartamento del matrimonio Del Vecchio un español de unos cuarenta años, vendiendo seguros. Daniel invitó al hombre a entrar en su casa y al rato, ante la comprensión mostrada por el pastor, este hombre llamado Manolo, se fue abriendo y le contó su dramática vida. Aquel caballero educado y culto, admitió ser alcohólico. Unos años antes, su mujer había fallecido dando a luz a su tercer hijo y quedándose destrozado intentó ahogar el dolor con una caja de botellas de whisky. Después de eso, bebió cada vez más. Cuando ya no pudo conservar un trabajo estable, anduvo dando tumbos de ciudad en ciudad, durmiendo en los bancos de los parques públicos y bajo los puentes. Estaba tan desesperado a causa del alcohol que había llegado incluso a vender su sangre para beber. Daniel y Rhoda sintieron tanta compasión por este alcohólico confeso que le ofrecieron su techo para pasar la noche. Así fue como Manolo acabó viviendo con ellos durante varios meses.

Daniel le enseñó a manejar la imprentilla. Durante el día, mientras Manolo imprimía los folletos del Evangelio, Daniel los distribuía por toda Málaga. Los folletos captaron el interés de Manolo y éste empezó a leer el Nuevo Testamento, decidiendo poco después entregarse con sinceridad al Señor Jesucristo. Como resultado, dejó de beber inmediatamente. Daniel y Rhoda tuvieron el gozo de ver un cambio que antes hubiera resultado impensable.

Un día, pensado que Manolo había superado las ganas de beber, Daniel le preguntó: "Manolo, hoy vienen a vernos de Estados Unidos, ¿te importaría quedarte esta noche en un hotel? Yo te doy el dinero para pagarlo." Pero esa noche, en lugar de pagar una habitación de hotel, Manolo entró en un bar y se emborrachó. Pocos días después se presentó en el apartamento del matrimonio Del Vecchio.

"Lo siento. No soy digno de estar en vuestra casa", Manolo agachó la cabeza con amargo pesar. "Estoy borracho, me voy".

Daniel, comprendió que había sido un grave error haberle dado dinero. Daniel intentó convencerle de que se quedara. Sin embargo, Manolo no cambió de opinión y se fue.

"¡Ve por él, cariño!" urgió Rhoda a su marido. "¡No dejes que se vaya!"

Daniel persiguió a Manolo por la calle hasta que le encontró en el bar de la esquina. "Vuelve conmigo, Manolo", le suplicó Daniel. "Dios te perdona. Nosotros te perdonamos. ¡No vuelvas a destrozar tu vida!"

"No, déjame en paz", se encogió Manolo sin remedio, dando un sorbo a su bebida.

Daniel intentó sacarle del bar, pero el hombre se resistió con todas sus fuerzas. Daniel se alejó con el corazón destrozado.

Manolo fue la primera persona en España que el matrimonio Del Vecchio acogió en su propia casa. A través de esta experiencia, descubrieron el impacto que la práctica diaria de la fe cristiana podía tener en un no-creyente. En segundo lugar, descubrieron la necesidad de ministrar a largo plazo a personas con adicciones y con la vida rota. Estas personas, tras la conversión, necesitan ser protegidas y cuidadas hasta que se vuelvan realmente seguras, fortalecidas en su fe cristiana. Aunque con Manolo había fracasado, Daniel atesoró estas lecciones de incalculable valor, vitales para su futuro ministerio especialmente en la atención a los drogodependientes.

Durante los primeros años en España, el matrimonio Del Vecchio vivía al día, a menudo sin saber de dónde llegaría el sustento diario. En una ocasión, cuando se les acabó el dinero por completo, Daniel llegó a su casa terriblemente desanimado. Acababa de gastar sus últimas pesetas en una botella de leche.

"¿A quién puedo acudir?" se angustiaba Daniel. Viviendo en este país como extranjero, no tenía nadie a quien acudir. Daniel sabía que podría llamar a su padre en Estados Unidos y pedirle que les enviara dinero, pero eso no le cuadraba al joven misionero. "Dios me ha llamado a servirle aquí", razonó. "Es responsabilidad de Dios proveer para nuestras necesidades".

Ya habría sido grave la situación si se hubiera tratado sólo de sí mismo, pero el misionero tenía una familia que cuidar: su hijo Daniel junior y su recién nacida hija Deborah junto a Rhoda. Esta crisis supuso una tremenda prueba de fe.

"Cariño, sólo nos queda una botella de leche", dijo Daniel abatido a su mujer. "No sé cómo salir adelante..." Se enfrentaban a la inanición.

Rhoda, que veía la angustia de su marido, quiso aliviarle: "No te preocupes. ¡Todavía tengo medio paquete de arroz!". Daniel agradecía la fe de su esposa que nunca se quejaba ni le agobiaba.

Aquella noche, ocurrió que un guardia civil, miembro de la iglesia de Daniel, no conseguía conciliar el sueño. Daba vueltas en la cama sin cesar, hasta que le dijo a su esposa: "Tengo que levantarme y darle al pastor doscientas pesetas".

"Pero si es americano", replicó ella. "¡Será rico!"

"No lo entiendo pero una voz dentro de mí me dice que tengo que darle doscientas pesetas." El policía se levantó de la cama, se vistió y cruzó la ciudad hasta el apartamento del matrimonio Del Vecchio.

"El Señor no me dejará en paz hasta que te dé esto. Toma", dijo depositando las doscientas pesetas en la mano del sorprendido pastor.

El matrimonio Del Vecchio alabó a Dios por su fiel provisión. El dinero sirvió para comprar comida la semana siguiente también. Después, Adelaida les dio noventa pesetas y vivieron con eso otra semana más. A través de estas experiencias, Daniel y Rhoda aprendieron a confiar en Dios, a confiar en que de verdad Él cubriría siempre todas sus necesidades. Desde entonces sufrieron numerosas pruebas, tiempos de pruebas terribles, pero en todas Dios les sacó adelante.

En aquellos primeros años en España, estaba estrictamente prohibido todo lo que se pareciera a una iglesia protestante. Para evitar que le cerraran un local de iglesia convencional, Daniel, con un préstamo de su padre, compró dos apartamentos contiguos en Málaga y eliminó la pared divisoria. Él mismo hizo los bancos, el altar y el púlpito para comenzar a celebrar las reuniones en la sala que ahora, ampliada, tenía capacidad para cincuenta personas.

Pero los vecinos del edificio se unieron todos y le amenazaron. Si no dejaba de celebrar reuniones, le echarían del bloque.

Frustrado, Daniel se dirigió a la Delegación de vivienda y, sin revelar su ubicación, planteó una hipótesis. "¿Qué pasa si oro con otras personas en mi casa?", consultó ingenuamente.

"Podemos confiscarle su casa", respondieron tajantemente.

"¡Pero si es mi casa!" insistió Daniel.

"Eso no cambia nada. Los pisos no están hechos para fines comerciales".

Daniel se quedó atónito al ver que equiparaban las reuniones de oración a los asuntos comerciales. Poco después, se celebró una junta de vecinos en casa del matrimonio Del Vecchio. Al ver que el grupo de vecinos estaba radicalmente en contra de ellos, Daniel pidió amablemente: "necesito seis meses para mudarme".

"¡No! ¡te tienes que ir inmediatamente!", insistió un maestro de escuela que hacía el papel de líder.

Daniel comprendió que si se negaba a irse, seguramente le denunciarían al Ministerio de Vivienda, arriesgándose a perder los 6.000 dólares que le había prestado su padre.

¿*Qué puedo hacer?* pensó Daniel con desesperación y oró en silencio.

El gestor del apartamento, sentado a su lado, se inclinó de repente y susurró: "¿Por qué no te ofreces para reparar el tejado y mantener limpios los desagües? Así, a cambio, quizás te dejen quedarte".

El rostro de Daniel se iluminó visiblemente ante la acertada sugerencia. Entendía bien a qué se refería ese hombre. Todos los días, los residentes del bloque de siete pisos tiraban restos de comida a la manada de gatos que vivía en el patio de abajo. Este patio, situado frente al apartamento del matrimonio Del Vecchio, en el primer piso, era en realidad el tejado de los locales comerciales situados en la planta baja del edificio. La basura arrojada desde los balcones obstruía el sistema de desagüe. Cuando llovía, se inundaban todo y las filtraciones de agua dañaban los locales de abajo. En una anterior reunión de vecinos, se había desencadenado un tremendo conflicto a causa de esa situación, pues nadie quería desembolsar dinero aunque las reparaciones fueran más que necesarias.

Daniel hizo rápidamente algunos cálculos. Como constructor, sabía que él mismo podía reparar el tejado por menos de 60 dólares.

Se levantó y se dirigió a los acalorados residentes: "Yo quitaré toda la basura, limpiaré los desagües y repararé el tejado, si dejan que me quede", ofreció.

Los residentes hicieron una votación pero el resultado fue de empate.

"¡Rápido, orad!", instó Daniel a Rhoda y Adelaida. "Se va a votar de nuevo".

Cuando llegó el momento de conocer el resultado de la segunda votación, Daniel, Rhoda y Adelaida estaban conteniendo el aliento. ¡Un votante había cambiado de opinión a favor de Daniel! ¡La familia Del Vecchio podía quedarse! Los tres se abrazaron de alegría.

Para el año nuevo, la asistencia a los cultos ya había superado la capacidad de su apartamento doble. Por lo que Daniel se aventuró y compró unas instalaciones más amplias en otro barrio de Málaga, en la calle Los Rosales. Llamó esta nueva iglesia *Casa Ágape*. Con el tiempo, este humilde comienzo se convirtió en una iglesia con más de mil miembros.

Después de tres años en Málaga, Daniel compró un apartamento en Córdoba para comenzar una obra allí. El matrimonio Del Vecchio se proponía celebrar reuniones en esa propiedad particular, situada cerca del lugar donde muchos cristianos habían sufrido torturas y la muerte durante la diabólica persecución llamada

Santa Inquisición.[16] Gran cantidad de sangre de los mártires había sido derramada en esta ciudad.

Daniel descubrió que ser pionero para abrir una obra es muy emocionante, pero que también implica una enorme presión. La policía hizo una redada en su casa-iglesia y confiscó toda su literatura, biblias, etc., quemando y destruyéndolo todo. Aunque durante la redada también se incautaron los discos de vinilo grabados por el matrimonio Del Vecchio en la discográfica RCA, cuando la policía advirtió que esas grabaciones estaban registradas legalmente, se vieron obligados a devolverlos.

A menudo, cuando se enfrentaba a situaciones difíciles, Daniel recordaba una profecía que un pastor estadounidense, amigo suyo, le había dado en Málaga: *"Porque le mostraré cuántas cosas tiene que sufrir por mi Nombre,"*[17] citando las palabras que Dios le dio a Saulo de Tarso en su conversión. El recuerdo de esas palabras ayudaba a Daniel a seguir perseverando en medio de las tremendas pruebas que atravesaban.

Para Daniel, la oposición de la intolerancia y la persecución actúan como viento recio que lleva el *fuego del* Evangelio a arder aún más intensamente. *"Estas cosas os he hablado, para que en mí tengáis paz. En el mundo tendréis aflicción, pero confiad, yo he vencido al mundo."* (Juan 16:33)

---

[16] La Inquisición "española" duró desde 1478 hasta el reinado de Isabel II en 1834. La brutalidad comenzó con la persecución y expulsión de los judíos, y luego se extendió a los protestantes, considerados "herejes". Se utilizaron la confiscación de bienes, las conversiones forzadas y la tortura para aterrorizar a las víctimas. Al menos 2.000 personas fueron quemadas en la hoguera y 32.000 fueron ejecutadas.
(Para más información, consulte: www.britannica.com/topic/Spanish-Inquisition)
[17] Hechos 9:16: *"porque yo le mostraré cuánto le es necesario padecer por mi nombre".*

CAPÍTULO CINCO
TORREMOLINOS

Al ver a las multitudes, tuvo compasión de ellas, porque estaban agobiadas y desamparadas, como ovejas sin pastor. «La cosecha es abundante, pero son pocos los obreros—les dijo a sus discípulos—Pídanle, por tanto, al Señor de la cosecha que envíe obreros a su campo». (Mateo 9:36-38, NVI)

Un día de 1966, después de dos años frustrantes intentando comenzar una obra en Málaga, el pastor Del Vecchio caminaba por la céntrica calle Larios cuando, de pronto, se dio cuenta de la enorme cantidad de extranjeros que deambulaban por allí. Nunca antes había reparado en ellos porque toda su mente y su corazón habían estado concentrados en los españoles. Pero de repente el Espíritu Santo le hizo ver bajo una nueva luz a estos turistas alejados de sus patrias. Hasta entonces, Daniel sólo había identificado esas multitudes en la Costa del Sol como cazadores de gangas o buscadores de placeres, pero ahora les veía como campos maduros listos para la cosecha: les vio como podría estar viéndoles Jesús.

"Vagan como ovejas sin pastor. ¿Quién suple sus necesidades espirituales?", reflexionó Daniel meditando en el versículo que tanto le llamaba la atención de Mateo 9:36.

Sentía compasión por esas personas perdidas que parecían vagar por la vida sin rumbo, sin propósito ni dirección. Que él supiera sólo había una iglesia protestante en toda la Costa del Sol, estaba en Málaga, una iglesia anglicana. El repentino auge de la industria turística española en la costa mediterránea hizo que Torremolinos se convirtiera en un gran descubrimiento reciente para los extranjeros. Gentes de todo el mundo, especialmente de Europa y Norteamérica, llegaba a la Costa del Sol. Daniel empezó a sentir cada vez más interés por esta meca del turismo a quince minutos de coche desde Málaga.

Cuando Daniel buscó en Torremolinos un local idóneo para celebrar reuniones, se topó con una tremenda hostilidad. Pues nadie quería alquilar su propiedad a un grupo de protestantes. Finalmente, un francés, director de un hotel de la zona, accedió a que el misionero celebrara cultos en inglés en el salón de juego. Y al cabo de un mes Daniel tuvo la alegría de que el grupo que se congregaba en ese hotel había crecido y ya eran cincuenta personas. Después de toda la presión del trabajo hecho en Málaga con mucho esfuerzo y poco resultado, en Torremolinos el ministerio a los turistas resultó ser, por fin, de gran satisfacción y alivio.

Sólo habían celebrado cuatro reuniones cuando, un domingo, el director del hotel esperó al pastor a la salida para decirle escuetamente: "Lo siento pero ya no podrás utilizar más la sala. Tenemos que reformarla".

Daniel, acostumbrado a falsas excusas, instó al director: "Venga, por favor, dime la verdadera razón".

"Bueno, en realidad," rectificó el director, "vino el dueño del hotel y casi pierdo mi empleo por haberte permitido usar el salón de juego. Esta mañana he llegado más tarde a posta, para dejarte que celebraras tranquilo la reunión. Pero no puedes volver más".

Su notificación era irreversible.

CAPÍTULO CINCO: TORREMOLINOS

El domingo sucesivo, Daniel se encontró con que la congregación (sin saber que los cultos se habían suspendido) había regresado y esperaba en las escaleras del hotel. Se agruparon junto a una puerta lateral cerca del jardín, entonces oraron juntos pidiendo a Dios dirección. Para muchos de ellos era la primera vez que experimentaban la intolerancia ideológica y se les saltaban las lágrimas.

Tras semanas de búsqueda, Daniel encontró otro hotel donde le permitían utilizar su salón por mil pesetas la hora. Preguntó al dueño, de origen persa: "¿Qué garantías tengo de que no me echará?". Y éste le aseguró: "Mientras usted pague y no venga la policía, se puede quedar".

Se imprimieron varios anuncios y se colocó un cartel en la carretera. Daniel celebró una reunión allí el domingo anterior a Semana Santa, pero en pocos días también ahí le volvieron a pedir que se fuera. Los dos socios españoles del propietario persa temían que el Ministerio de Turismo les cerrara el negocio por consentir actividades protestantes.

El domingo siguiente, Daniel reunió a su congregación errante en la parte trasera del hotel. Con el cielo azul como dosel y el oleaje del Mediterráneo de trasfondo, Daniel dirigió para su congregación itinerante, un culto al aire libre difícil de olvidar.

Siguieron seis meses de búsqueda infructuosa de otro local. Ante cada nueva posibilidad que Daniel veía de alquilar algo idóneo, la respuesta era siempre la misma: de repente, en cuanto se informaba al dueño del uso que se le iba a dar al local, dejaba de estar disponible. Daniel, como hombre perseverante, tanteó en los hoteles, salones y lugares públicos de la ciudad, pero sin éxito, recibiendo muchos portazos.

Por fin un día, cerca del restaurante chino "Happy Buddha", encontró una pequeña sala con capacidad para cincuenta personas.

Como de costumbre, el dueño le preguntó a Daniel: "¿Para qué lo vais a utilizar?".

Daniel respondió: "se trata de un centro de información para turistas", sin aclarar que el tipo de información que iba a ofrecer era "información bíblica".

Daniel permaneció en este local de alquiler durante los tres años consecutivos, predicando el Evangelio a personas procedentes de diversos lugares del mundo. Aunque no podía publicitar las reuniones, dejaba folletos en los hoteles y así los turistas sabían dónde encontrar la pequeña sala-iglesia. Entre otros, una pareja que regentaba un restaurante en la ciudad, recibió al Señor y años más tarde, ellos mismos invitaron a Daniel y Rhoda a su Indonesia natal donde el matrimonio Del Vecchio, durante mes y medio, pudo ministrar a varias iglesias de todo el país.

Una mañana, cuando Daniel llegó al portal de la sala alquilada, encontró en la acera un cuerpo acurrucado delante de la puerta. Cuando estaba a punto de pasar, casi saltando por encima del viejo borracho, el pastor miró más de cerca su cabeza canosa y se sorprendió al reconocer a aquel hombre. ¡Era Manolo, el alcohólico que él y Rhoda habían acogido en su casa durante seis meses! Inclinándose, trató de despertarle.

"¡Manolo! ¡Manolo! Soy yo, Daniel Del Vecchio, ¿Te acuerdas de mí?"

Con dificultad, Manolo trató de enfocar la vista en el rostro del hombre inclinado sobre él. Daniel se horrorizó al ver lo mucho que había envejecido en cuatro años, desde la última vez que le vio. Entonces era un hombre de elegante presencia, pero ahora su rostro se había vuelto cenizo y sin duda estaba muy enfermo.

"¿Me estás esperando, verdad, Manolo?" preguntó Daniel. "¿Sabías que esto es la iglesia, no?"

"No, no tenía ni idea", murmuró Manolo. "He dormido bajo este techo para protegerme de la lluvia. No creo en Dios. Ya no creo en nada".

"Pero Manolo," protestó Daniel con afecto, "¿te imaginas cuántos portales hay en este pueblo? Y sin embargo, Dios te ha traído hasta aquí. Ven de nuevo a vivir con nosotros".

A pesar de los intentos desesperados de Daniel por convencerle de que volviera, Manolo rechazó todos sus ofrecimientos de ayuda. El pastor no podía hacer nada más por él pero sabía que con toda probabilidad, en pocos meses el hombre estaría muerto. De hecho, nunca jamás volvió a verle.

🔥

Después de unos años viviendo en apartamentos alquilados en Málaga y en Benalmádena Costa, Daniel suplicó a Dios por tener una casa propia. Mas Dios le respondió: *Construye primero mi casa y luego la tuya.*

Por aquel entonces, Daniel había reunido dinero suficiente, de numerosas ofrendas, para considerar la compra de una propiedad en la que construir una estructura permanente para reuniones, una verdadera iglesia. En España, Francisco Franco había designado al Príncipe Juan Carlos I de Borbón como su sucesor y éste instauró la libertad religiosa para el pueblo español. Aprovechando esta recién estrenada libertad y en obediencia a la voz del Espíritu Santo, Daniel compró una estratégica propiedad en el corazón de Torremolinos, por seiscientas mil pesetas, unos 12.000 dólares. Un precioso terreno frente a los Apartamentos Mansion Club. Semejante adquisición de terreno para construir una iglesia protestante, antes habría sido imposible.

Habiendo llevado a cabo el pago de la entrada por la compra, con una congregación compuesta por turistas de paso, Daniel y Rhoda no tenían ni idea de dónde saldría el dinero restante para completar la compra de la propiedad y edificar la iglesia. Sin embargo, confiaban en que Dios proveería a su debido tiempo cada plazo a pagar. Estaban seguros de que la dirección de Dios también lleva consigo la provisión divina.

Durante este tiempo, Daniel recibió la impactante noticia de que su hermano mayor, Jim, había muerto repentinamente de un ataque cardíaco masivo. Daniel estaba devastado. Aunque les separaban once años de edad, Daniel había estado muy unido a su hermano, él había sido su principal influencia y ejemplo. Jim, pastor laico y constructor, le había enseñado tanto a edificar casas, como a edificar el reino de Dios predicando.

Aunque no pudo viajar a Estados Unidos para el funeral, Daniel lo hizo varios meses después. Estando ya allí, cuando entró en el garaje de su hermano, al ver todas sus herramientas colgadas en la pared, esas herramientas tan familiares que habían utilizado cientos de veces juntos en la construcción, una gran melancolía se apoderó de Daniel y lloró.

Finalmente, Daniel se dirigió al cementerio. Era una tarde fría de marzo y el viento cortante le punzaba el rostro mientras buscaba la tumba de su hermano. Finalmente, encontró una sencilla placa de metal con el nombre Jim Del Vecchio inscrito en ella. Daniel se arrodilló, abrumado por el dolor insoportable de haber perdido a su mejor amigo y mentor.

En el vacío de su corazón destrozado, el Espíritu Santo le hizo llegar las palabras que Jesús había dicho a Marta después de la muerte de su hermano Lázaro: "*Tu hermano resucitará*". [18] Con esas palabras de esperanza, Daniel se sintió profundamente consolado.

La muerte de su querido hermano trajo consigo muchas preguntas. "¿Le importa a Dios lo que le pase a la familia de mi

---

[18] Juan 11: 23b

hermano? ¿Le importa realmente lo que nos ocurra a mí, a Rhoda o a mis hijos?". Preguntas que le llevaron a lidiar con angustiosas dudas sobre el amor de Dios.

Recientemente Daniel había estado experimentando dolor abdominal y comenzó a temer que la causa de ello fuera un cáncer. En un tratado que escribiría más tarde titulado "La fructificación y el temor paralizante", relataba: "Temía que un cáncer devastador estuviera royendo mi propia vida. No podía pensar de forma positiva o esperanzadora. Permití que la amargura me obsesionara. Empecé a temer a Dios, pero no en el sentido correcto y positivo. Temía por mi propia vida y por el futuro de mi esposa e hijos. Había dado TODO por el Señor y ahora me encontraba afligido, sin ninguna cura a la vista. La alegría de mi servicio cristiano se agotó, la vida se convirtió en una lacra, la oscuridad era total".

Afortunadamente, uno de esos días, estando aún e América, Daniel escuchó a un conocido maestro de la Biblia predicando sobre Proverbios 4:20-22 (NVI):

"Hijo mío, atiende a mis consejos;
escucha atentamente lo que digo.
No pierdas de vista mis palabras,
guárdalas muy dentro de tu corazón;
Ellas dan vida a quienes las hallan;
son salud de todo el cuerpo."

Por primera vez, Daniel empezó a estudiar la Biblia, no sólo para su devocional diario o como material de algún sermón, sino para su propia salud. Comenzó a recibir las palabras de la Biblia cual si de una medicina se tratara, creyendo que mientras la leía, la Palabra de Dios le estaba sanando literalmente. Se desvanecieron la depresión y las dudas, éstas quedaran reemplazadas por una fe mucho más fuerte que la anterior y una renovada determinación de servir al soberano Dios de amor y misericordia.

Regresó a España a bordo de un transatlántico italiano, con un órgano y el proyecto para la nueva iglesia ya dibujado en su mente.

Daniel contrató a un constructor para que asentara los cimientos de la nueva iglesia y a otro para que levantara las vigas de acero, a fin de tener lista la estructura del edificio. Seguidamente, dio paso a la mampostería. Aunque la propiedad se pagó en un año, careciendo ya de fondos, ejecutó él mismo gran parte del trabajo de albañilería.

Poco a poco, Daniel descargó el segundo camión de cinco mil ladrillos. Exhausto, con la piel de las manos destrozada, suplicó con desesperación: "Oh, Señor, envía a alguien a ayudarme, ¡no puedo más!"

Desolado por verse sólo, Daniel se subió al coche y, mientras maniobraba hacia la carretera principal, casi atropella a un joven que deambulaba sin mirar por dónde iba. Daniel observó al joven, de aspecto demacrado y desamparado, con la cabeza ladeada de puro desaliento. Le preguntó: "¿Quieres trabajar?"

"Sí," asintió el joven español enderezándose.

Dando gracias a Dios por esta respuesta a la oración, Daniel contó con Andrés para que le ayudara a descargar los ladrillos del camión. Cuando dio una manzana al joven enjuto observó con asombro la enorme dificultad que tenía para comérsela: su garganta estaba tan contraída que apenas podía tragar.

Mientras Daniel le enseñaba a mezclar cemento, supo algo acerca de su pasado. Andrés le contó que acababa de salir de la cárcel tras cumplir una condena por robo. Había buscado trabajo sin éxito y, finalmente, desesperado, pensaba en el suicidio.

CAPÍTULO CINCO: TORREMOLINOS

Confesó a Daniel que iba a suicidarse cuando, de milagro, conoció al pastor que casi le atropella.

Daniel acogió a Andrés en su propia casa y lo trató como a un hijo, teniendo paciencia con él cuando robaba dinero del bolso de Rhoda o de la hucha de los niños. El matrimonio Del Vecchio le llevó a convertirse a Cristo y le enviaron a una escuela bíblica. Sin embargo, más tarde Andrés se alejó del Señor. Cabe decir que no obstante, acabó convirtiéndose en el próspero propietario de uno de los mayores asadores de Torremolinos.

Mientras Andrés mezclaba cemento, Daniel colocaba los ladrillos. Uno a uno, puso con sus propias manos los veinticinco mil ladrillos necesarios. Mientras el pastor construía la iglesia, seguía meditando en Proverbios 4:20, tomándolo como su medicina diaria, recibiendo fuerza tanto para su espíritu como para su cuerpo. A medida que edificaba ese lugar para dar culto a Dios, su energía parecía revitalizarse diariamente. Con un objetivo tan claro ante él, Daniel se volcó por completo en el trabajo y observaba con satisfacción el progreso del edificio. Por fin había algo visible de sus esfuerzos en España.

Daniel imaginó un tejado inclinado al estilo americano, construido con vigas de acero, madera contrachapada encima y la cubierta con el método de tela asfáltica y grava cuya gran eficacia Daniel había comprobado ya sobradamente en Florida. Sin embargo, como la mayoría de los tejados españoles eran de cemento y teja, el arquitecto se opuso a los planes de Daniel, ridiculizándole y calificando su idea de insensata.

"Podrías ganar un dinerito extra alquilando paraguas cuando empiecen las goteras", se burló el arquitecto con sorna. Sin embargo, el insistente pastor se salió con la suya: el techo barato, ligero y eficaz se construyó como dijo él. ¡Qué cierto es que Dios

71

que siempre ríe el último! Porque la gran iglesia que después este arquitecto construyó en Málaga, tras un fuerte temporal, se inundó con diez centímetros de agua rodeando el altar.

Para proteger el tejado, tenían que pintar las planchas de madera contrachapada con aceite de linaza, lo cual las hacía extremadamente resbaladizas y peligrosas. Aunque desconfiaba de las alturas porque se había caído varias veces de los andamios, hasta lesionarse la espalda mientras construía su casa de recién casados. Por necesidad, Daniel se auto obligó a subir a las vigas de acero. Trabajó en el tejado con la ayuda de un joven alemán. Un día, el joven perdió el equilibrio y se deslizó por todo el tejado cayendo al suelo de pie, afortunadamente, sin sufrir daños.

Para realizar el frente interior de la iglesia, detrás del púlpito, Daniel contrató a un albañil que levantó un refinado muro de piedra maciza, en el que colocó una cruz sencilla, pero predominante. Las piedras llegaban directamente de la cantera, así que fueron talladas a mano en la propia iglesia. En el extremo opuesto de la iglesia, Daniel diseñó una llamativa vidriera para la altura total desde el suelo hasta el techo. Para su ejecución, contrató a uno de los mejores carpinteros de Málaga, quien de entrada quiso disuadir a Daniel de su idea, argumentando que la vidriera no encajaría con el resto del diseño de la iglesia.

Daniel buscó a Dios respecto al problema y más tarde pudo dirigir al carpintero con las instrucciones precisas. El pastor nunca olvidó este episodio en el que él, que prácticamente no sabía nada de carpintería, pudo indicar a un carpintero profesional cómo resolver los obstáculos. De ese modo, Daniel tuvo su lucida vidriera, que daba paso a la luz en la parte trasera, también ingreso de la iglesia. El techo lo revistió de una preciada madera rojiza importada de California.

Cada vez que Daniel se apoyó en el Señor, el Espíritu Santo le ayudó hasta en el más mínimo detalle del diseño de la iglesia. Se enfrentó a numerosas dificultades, pero con la visión, siempre en su mente, del edificio ya terminado, encontró la fuerza necesaria para seguir adelante. En ese tiempo, once palabras se grabaron profundamente en su alma: *"Toma siempre el lado de Dios. Nunca abandones. Espera un milagro."*

En noviembre de 1969, se inauguró oficialmente la Iglesia de la Comunidad Evangélica de Torremolinos, con la asistencia del alcalde y escolta policial dirigiendo el tráfico. Aunque el aforo de la iglesia era de entre ciento cincuenta y doscientas personas cómodas, para esta gran ocasión, cuatrocientas llenaron el edificio. A partir de entonces, la iglesia comenzó a crecer, con visitas de turistas de Gran Bretaña, Holanda, Escandinavia, Alemania y Norteamérica, una congregación verdaderamente internacional. Durante los meses de invierno, la iglesia solía estar tan llena que se desbordaba, con parte de la gente en las salas laterales y parte que se salía hasta la calle por la puerta principal. Como había pocos sitios donde se pudieran reunir otras congregaciones, Daniel permitió que grupos de holandeses y de alemanes celebraran sus reuniones allí durante la semana. Más adelante, una delegación de Alcohólicos Anónimos también empezaría a reunirse en la iglesia.

Para completar la construcción, Daniel había pedido a una hermana inglesa, miembro de la congregación, que le prestara 5.000 dólares de entonces. Gloriosamente y de forma imprevista, Dios intervino supliendo esta necesidad.

Gordon Lindsay, un reconocido siervo de Dios y fundador de la escuela bíblica en Texas, Christ For the Nations, visitó Torremolinos porque le habían regalado un apartamento en la ciudad y no sabía qué hacer con él.

"Debo pagar la hipoteca pendiente y otros gastos, así que me cuesta dinero conservarlo, ¿Qué debería yo hacer con esta propiedad?" le preguntó a su amigo Loren Cunningham, director de Juventud Con Una Misión [19] (JCUM estaba comenzando su ministerio, y uno de sus primeros territorios de alcance fue precisamente España).

"Dáselo a Daniel Del Vecchio que sabrá cómo negociar" respondió Cunningham.

Seguidamente puso a Daniel en contacto con Gordon Lindsay quien, tras visitar a la familia Del Vecchio, decidió regalarle el apartamento. Cuando oraban juntos, Daniel sentía una fuerte presencia del Señor que le daba testimonio de que Lindsay era sin duda un verdadero hombre de Dios. Daniel vendió el apartamento, pagó la hipoteca pendiente y con el dinero restante pudo liquidar la deuda de 5000 dólares del préstamo que le habían hecho.

La continuación de esta historia es que al poco tiempo, Dennis, el hijo de Gordon Lindsay, pasó por Torremolinos. En ese momento, el joven se había apartado del Señor. Pero lo que ocurrió fue que Dennis Lindsay terminó durmiendo en el sofá de la oficina de la iglesia y volvió a entregar su vida a Jesús.

El Dr. Dennis recuerda: "Fue entonces cuando el Señor usó a Daniel y Rhoda para comenzar la obra de arraigar en mi corazón el mensaje del Señor de la Gran Comisión. Me dieron la oportunidad de vivir y trabajar en su congregación en Torremolinos. Allí me uní a la Escuela de Evangelismo de Juventud Con Una Misión y durante tres veranos colaboré en el ministerio de evangelismo con el pastor Del Vecchio. Durante esos años, mi esposa Ginger y yo tuvimos la bendición de poder usar la oficina del pastor para dormir en un colchón inflable que enrollábamos por la mañana, desalojando la oficina antes de que llegara el pastor. Esos primeros

---

[19] Juventud con una Misión (JCUM) es un "movimiento global de cristianos de muchas culturas, grupos de edad y tradiciones cristianas, dedicados a servir a Jesucristo en todo el mundo". (véase el sitio web ywam.org). Fundado por Loren Cunningham en 1960, es ahora un ministerio global con más de 20.000 obreros.

años establecieron la base y el llamado a la misión de nuestra vida. Y así hemos seguido, entrenando a otros para que comprendan en sus corazones cuál es su llamado y vayan por todo el mundo con el mensaje del Evangelio".

El Dr. Dennis Lindsay ahora es el presidente-director de Christ For the Nations, en Dallas, Texas, continuando el legado de sus difuntos padres Gordon y Freda. CFNI es una organización misionera mundial y un Instituto Bíblico que ha formado a más de cincuenta mil estudiantes que difunden las Buenas Nuevas de Cristo por todo el mundo.

Una vez terminada la construcción de la iglesia, Daniel le recordó al Señor que su familia necesitaba una casa propia. El matrimonio Del Vecchio encontró por un precio irrisorio una gran casa de dos plantas en Churriana. La fachada era de piedra tallada y había un huerto. La compraron y se trasladaron al ambiente de campo, más tranquilo y a su vez, próximo a Torremolinos.

CAPÍTULO SEIS
PRUEBAS DE FE

A menudo, mientras conducía por el campo, Daniel había observado el primitivo método de trillar el trigo que todavía se utiliza en algunas partes de España. Los caballos o las mulas dan vueltas y vueltas sobre el trigo cortado hasta convertirlo en mantillo. Cuando hace viento fuerte, los hombres, con rastrillos de aspecto antiguo, lanzan la mezcla al aire. El viento separa la paja del trigo. La paja cae a distancia, mientras que el trigo, más pesado, cae creando un montón dorado. Finalmente, la paja se recoge y se quema.

Daniel pensaba a menudo en cómo Juan el Bautista utilizaba esta analogía para describir la obra del Espíritu Santo en la vida del creyente. Dijo:

"...pero viene uno más poderoso que yo, de quien no soy digno de desatar la correa de su calzado; Él os bautizará en Espíritu Santo y fuego. Su aventador está en su mano, y limpiará su era, y recogerá el trigo en su granero; y quemará la paja la con fuego que nunca se apagará". (Lucas 3:16, 17)

La paja es necesaria para el crecimiento y desarrollo del trigo, pero antes de que pueda ser molido y hecho harina para el pan, debe ser purificado y quemado. Es el Señor quien bautiza al creyente con el Espíritu Santo y con el fuego, Él es quien aviva la llama ardiente hasta convertirla en una hoguera que está destinada a devorar todas las impurezas.

Daniel estaba a punto de soportar dos pruebas devastadoras, una auténtica "purga" de su fe. Pero lo que habría de surgir del fuego, después de que la "paja" fuese quemada por el sufrimiento, sería puro e inquebrantable. Una fe molida por el dolor y la presión, convertida en "harina", para proporcionar "pan" espiritual a multitudes.

Desde hacía siete años, Daniel era consciente de que tenía un bulto interno bajo su mandíbula izquierda. En principio, no había dado mucha importancia al duro quiste pero, a medida que el tamaño aumentaba, también lo hacía su preocupación. Él y Rhoda habían orado muchas veces para que Dios le sanara, pero no había ocurrido nada. Finalmente, cuando el bulto empezó a dificultarle tragar y a causarle dolores de cabeza, Daniel consideró seriamente la posibilidad de operarse.

"Cariño, ¿qué crees que debo hacer?", preguntó a su mujer.

"No importa lo que decidas Dan, tanto si te operas como si esperas a que Dios te sane seguirás estando bajo su poder." le consoló Rhoda.

Decidido a consultar a algún cirujano en América, Daniel voló a Estados Unidos, mientras Rhoda, en su octavo mes de embarazo del cuarto hijo, permaneció en España. Tras examinar el bulto, el especialista de un hospital de Filadelfia informó a Daniel:

"Es un quiste braquial. No es nada preocupante, sólo se trata de una cirugía menor".

Mientras Daniel entraba en el quirófano, se sentía lleno de confianza y fe.

"¿Y si algo va mal?", le preguntó secamente una enfermera que le oía alabar al Señor.

"¿Qué va a salir mal?" Daniel sonrió. "Estoy en manos del Señor."

Durante la operación, hubo que extraer parte de su mandíbula, pues se encontraron con que el tumor había desarrollado tentáculos alrededor de la vena yugular y de varios nervios, interfiriendo el suministro de sangre al cerebro. Era necesario eliminar también esas raíces.

Tras la operación, cuando Daniel recuperó la conciencia, descubrió que no podía mover los músculos de la cara. "Debe de ser todavía el efecto de la anestesia", pensaba intentando tranquilizarse. Pero transcurridos un par de días, cuando la mitad izquierda de su cara seguía paralizada, Daniel temió que de veras algo hubiera ido mal.

Al cabo de tres semanas escasas, los médicos reconocieron que habían cortado accidentalmente un nervio facial. A los veinte días, *in extremis*, se llevó a cabo una segunda operación a fin de unir el nervio dañado, (téngase en cuenta que un nervio dura veintiún días antes de pasar a estar completamente muerto).

Un nuevo cirujano realizó la delicada intervención, era un prestigioso profesor armenio del Hospital Universitario Johns Hopkins de Baltimore. Durante cuatro horas y media, el cirujano buscó minuciosamente el extremo del nervio suelto que se había deslizado por detrás de la oreja. De no ser por la valiente perseverancia de este doctor y las intensas oraciones por Daniel que sus seres queridos levantaron a Dios, podría no haberse localizado nunca el nervio a reconstruir. Tras la operación, el cirujano salió del quirófano y apoyándose exhausto en la pared, exclamó tranquilizando a la angustiada hermana de Daniel: "¡Lo he encontrado!".

Hasta que transcurrieron seis meses, Daniel no supo si la segunda operación había tenido éxito. Era el tiempo necesario para que el nervio se regenerarse y pudiera a activar de nuevo los músculos faciales. Aquella larga espera supuso una de las más duras pruebas para su fe.

"¿Por qué ha permitido Dios que me ocurra esto? ¿Qué he hecho para merecer esto?". Cuanto más se repetía Daniel estas preguntas, más crecían sus dudas y más profunda era la oscuridad en que se veía sumido.

Antes de la primera operación, Daniel había acudido a un culto de Kathryn Kuhlman[20] con la esperanza de que Dios le sanara divinamente de su tumor. Como veía los milagros que ocurrían a su alrededor, estaba confiado en que en cualquier momento Dios iba a tocar su cara y el tumor desaparecería instantáneamente. Tenía plena fe en su sanidad, pero no pasó nada.

Después de la operación, con la mitad izquierda de su rostro paralizado, Daniel asistió en Pittsburgh a otro culto de Kathryn Kuhlman, plenamente convencido de que esta vez Dios haría el milagro. Creía en la sanidad divina, la había predicado y había sido testigo con sus propios ojos de resultados milagrosos. Pero una vez más, se llevó una gran decepción. *¿Por qué no me sana Dios si yo de verdad tengo fe?*

Durante esa época oscura de depresión, un diácono afroamericano visitó a Daniel y le dijo: "Pregunté a Dios ¿qué debo decirle a nuestro hermano Daniel?", haciendo una pausa para abrir su Biblia le explicó: "El Señor me dio para ti esta palabra de Job 23:10: *"Más él conoce mi camino; Me probará, y saldré como oro."*

Cuando el diácono se marchó, Daniel meditó en esas palabras. Supusieron un primer rayo de esperanza en su oscuro túnel, el primer atisbo de comprensión de los propósitos de Dios. En ellas

---

[20] Una evangelista estadounidense muy conocida por sus cultos para la sanidad milagrosa

encontró algo de consuelo. "Cuando me haya probado, saldré como el oro." Daniel se aferró con fuerza a esta promesa.

Unos días después, Dios le habló con una voz casi audible: *Daniel, ve a predicar en Nutley, Nueva Jersey.*

Semejantes palabras sorprendieron enormemente al pastor, que se asustó ante lo que implicaban. Desde la operación se había encerrado en casa de su hermana, sin querer ver a nadie. Se avergonzaba de su rostro deformado... ¡y lo último que deseaba hacer era predicar! De hecho, estaba considerando dejar el ministerio.

Esa serena voz interior persistió: *Ve a Nutley.*

"¿Por qué debería ir allí?" se resistía Daniel, "¡Llegar a una iglesia y decir que Dios me ha enviado, es lo último que estoy dispuesto a hacer!" Como la insistente voz interior no le dejaba tranquilo, por fin, cedió y fue a la iglesia a Nutley. Fue por obediencia, no por ganas.

El pastor no le recibió con mucho entusiasmo. Daniel le dijo sin tapujos. "Bueno hermano, es Dios quien me envía. Si quiere que predique, bien. Si no, me voy. Pero Dios me dijo que viniera y aquí estoy".

A regañadientes, el pastor dio permiso a Daniel para que predicara. Presentó a su congregación al inesperado predicador invitado: "Estamos muy contentos... de tener... al hermano Daniel... aquí..."

¡Dios mío, está peor que yo!, pensó Daniel al descubrir el terrible tartamudeo del aquel pastor.

El pastor había sufrido una tremenda crisis nerviosa en su última iglesia y no se había recuperado bien. Se negaba obstinadamente a reconocer su problema del habla, en lugar de pedir a sus ancianos que oraran por él. El Señor utilizó esta situación para mostrar a Daniel otro caso de necesidad tan grande como el suyo. Gracias a Dios, mientras ministraba cayó el poder del Espíritu Santo sobre la congregación y muchos acudieron al altar llorando. Mientras la presencia de Dios derretía a la iglesia y se desmoronaba toda resistencia, el propio pastor bajó de la tarima y pidió humildemente a los ancianos que oraran por él.

Después de esto, Daniel se dirigió a una iglesia en Burlington, Nueva Jersey. Una semana antes, un hijo del pastor de aquella iglesia, trabajando en la construcción, había sufrido una terrible caída, de quince metros, desde un andamio de acero sobre un terraplén de hormigón, destrozándose la columna vertebral. Estaba paralizado en una silla de ruedas para el resto de su vida.

Mientras Daniel predicaba a la iglesia, sujetando el lado paralizado de su cara, pudo identificarse con las preguntas de ellos sobre las tragedias sin sentido. Mientras ministraba a estas dos iglesias, que estaban experimentando pruebas y sufrimiento agudo, Daniel mismo fue ministrado por Dios. El Señor estaba haciendo algo muy profundo en su ser, ayudándole a empatizar con los que sufren, ablandándole y convirtiéndole en un hombre más tierno.

"¿Qué van a pensar mis hijos?" se preocupaba Daniel durante el vuelo de vuelta a España tras la operación. Físicamente se sentía feo y emocionalmente se sentía apaleado.

"¿les daré miedo a los niños? ¿Y Rhoda, me rechazará?" Cohibido, se tocaba la desagradable cicatriz. Intimidado, se puso unas gafas oscuras y se bajó el sombrero, en un esfuerzo inútil por taparse la cara. Ya en el aeropuerto de Málaga, Rhoda muy embarazada y sus tres hijos se apresuraron a recibir a Daniel efusivamente. Lo rodearon y le abrazaron sin reparar en su rostro medio descolgado.

"Papa, papá", gritaron. "¡qué guapo eres!"

Aliviado por sus reacciones, Daniel intentó sonreír, aunque parecía más bien una mueca torcida con una sola mitad de la boca. El continuo apoyo y cariño de su esposa e hijos significaron muchísimo para él.

Los meses siguientes fueron traumáticos para el pastor: se esforzó por asumir su grave secuela facial y luchó por predicar así. Si hubiera habido alguna vía para escapar del púlpito, la habría tomado sin dudarlo. Anteriormente había orado: "Señor, si me sanas primero, entonces predicaré..." Pero como el Señor, en su sabiduría, había optado por no sanarle, Daniel descubrió en su corazón que estaba resentido contra Dios por haber permitido que se le desfigurase la cara.

"No es justo que tenga que predicar en estas condiciones", se quejó Daniel al Señor. Quería desesperadamente esconderse de la gente, huir y no tener que enfrentarse a una congregación cada domingo por la mañana. Durante su ausencia, Theo, el anciano de la iglesia y Rhoda se habían turnado para predicar cada semana. Si hubiera podido encontrar a alguien que ocupara su lugar permanentemente, Daniel de buena gana se habría retirado. Sin embargo, el Señor no le permitía abandonar su puesto de responsabilidad. Daniel sabía que no tenía más remedio que ser obediente a la voz del Espíritu Santo: y obedeció, aunque con el corazón no muy sereno.

El primer domingo por la mañana, mientras predicaba, apretando de vez en cuando su mejilla con un pañuelo, Daniel miró a la congregación, intensamente atento a sus reacciones. Le asombró ver que bastantes personas, de forma involuntaria, se tocaban un lado de la cara, como una empatía inconsciente con su pastor. Escuchaban el sermón muy atentos, también, porque veían la dificultad que tenía para hablar. El resultado fue que, en lugar de perder audiencia como había temido, Daniel descubrió con sorpresa que todos se mostraron más comprometidos que nunca. Su discapacidad estaba contribuyendo notablemente a la eficacia de la predicación.

Daniel también se esforzó en saludar a la gente a la salida, despidiéndose con un apretón de manos. Aunque nunca había tenido una personalidad arrolladora, ahora se daba cuenta de que incluso evitaba sonreír. Era muy consciente de lo poco atractivo que resultaba alguien con un ojo y la mejilla caídos.

"Sonríe", pedían los visitantes cuando deseaban fotografiarle delante de la iglesia.

"No puedo", murmuraba Daniel, esbozando lo mejor que podía una sonrisa.

Daniel había estado grabando programas para varias emisoras de radio en Estados Unidos, Una potente emisora de 50.000 vatios que cubría California y parte de Méjico, y otras de menor importancia en Nueva Jersey, Pensilvania y Florida. Tenía en onda un excelente espacio de quince minutos entre Kathryn Kuhlman y Billy Graham. Daniel grababa los programas en una anticuada grabadora de cuatro pistas que le había prestado un misionero bautista que a su vez, la usó para las emisiones de Radio Montecarlo en el norte de África. A solas, en la sala de "radio" de la iglesia, Daniel predicaba por el micrófono. Ahora su parálisis facial, le causaba tantos problemas de dicción que, desanimado, tuvo que dejarlo.

Para evitar que se le atrofiaran los músculos, Daniel, a diario, tenía que darse descargas eléctricas en la cara con una máquina. Por la noche, para poder dormir, precisaba de un parche sobre el ojo izquierdo, ya que si no, éste no se cerraba del todo. Aún pasados unos años, sólo lograba cerrar el ojo forzando el lado izquierdo de su cara. Por la dificultad para controlar la saliva Daniel siempre llevaba en la mano un pañuelo para limpiarse la mejilla.

Fue durante este periodo cuando el pastor Daniel Del Vecchio asimiló de verdad lo que había aprendido acerca de la "cruz" del cristianismo. Tardó años en adaptarse al aspecto de su rostro, varios años hasta poder apreciar los beneficios obtenidos de esta adversidad. A partir de su propia experiencia, descubrió que tenía mayor capacidad para identificarse y comprender las diversas

CAPÍTULO SEIS: PRUEBAS DE FE

formas de sufrimiento que azotaban a quienes le visitaban en su oficina.

Poco después de su regreso a España, una mujer de la iglesia de Málaga acudió a Daniel para que se orara por su sanidad. Daniel quedó consternado al ver que ella tenía en la base de la oreja, un bulto idéntico al que le extirparon a él: "¿Cómo puedo orar por ella? ¿Cómo puedo tener fe en su sanidad si yo mismo no me he curado?" Se preguntaba inseguro.

Con poca fe, Daniel oró por la necesidad de aquella mujer. Al hacerlo, una poderosa fe se apoderó de su espíritu. "¡Señor, haz venganza ahora a lo de mi cara!" pidió Daniel con la valentía de Sansón.

Quince días después, el quiste de la mujer había desaparecido por completo.

Aunque Daniel había orado por cantidad incalculable de personas que fueron sanadas milagrosamente en sus campañas en Méjico, en los últimos años y especialmente después de su fallida operación, su ministerio de sanidad divina había disminuido. En cambio, era como si Dios le permitiera ver otro aspecto de su poderosa gracia: cómo el carácter de una persona se desarrolla a través del sufrimiento.

También era más consciente de la soberanía de Dios en su vida, de que no todo dependía de si se tiene fe o no para sanar enfermos. Daniel comenzó a ver que a menudo El Señor podía tener un propósito más alto que la sanidad física, un propósito más alto dirigido al desarrollo y el crecimiento espiritual del individuo. Llegó a la conclusión de que Dios le permitía sufrir como disciplina, como parte de la formación de su propio carácter.

"Si no obtienes la liberación", predicaría Daniel más tarde, "obtendrás crecimiento".

En sus sermones, Daniel comenzó a compartir lecciones que estaba aprendiendo en la "oscuridad de la noche", lecciones que nunca habría aprendido en el "resplandor del día". Podía penetrar en el dolor de los demás, compadeciéndose de sus sufrimientos y consolándoles. Poco a poco fue apercibiéndose de la gran necesidad de sanidad emocional de las personas a quienes aconsejaba, un campo ampliamente ignorado por la iglesia de aquellos tiempos. Su ministerio empezó a orientarse cada vez más en esta dirección.

CAPÍTULO SIETE
LA LLAMA DE DIOS

El 9 de septiembre de 1972, sólo un mes después de su operación facial, Daniel se paseaba inquieto de un lado para otro por el pasillo de una pequeña clínica de Torremolinos. Rhoda estaba dando a luz su cuarto hijo y Daniel esperaba impacientemente noticias de tan deseado alumbramiento. Transcurrido lo que al inquieto padre le parecieron horas, apareció el médico.

"Si el niño no nace inmediatamente, tendré que practicarle una cesárea", dijo el doctor, muy alterado, a Daniel: "El bebé está en mala posición y no puedo hacer nada para impedirlo".

Daniel trató de asimilar la noticia en silencio. Pero enseguida le rogó al médico: "Por favor, espere otros veinte minutos", tratando de intuir qué era lo mejor para Rhoda y qué sería lo que ella hubiera querido. Daniel continuó su inquietante vaivén por el pasillo. El miedo le asaltó al recordar que, ante una decisión forzosa, un médico católico puede escoger dar prioridad a salvar la vida del niño.

"¡Oh Dios mío, salva a Rhoda y al bebé!" suplicó Daniel, "Líbrales de cualquier daño".

Por fin, la tensión se rompió con la aparición de una enfermera que anunció escuetamente: "Su esposa ha dado a luz a un niño".

Daniel aliviado se desplomó contra la pared. Pero, extrañamente, la alegría que siempre le había acompañado al nacimiento de cada uno de sus hijos, esta vez no existía. Por el contrario, sentía una sensación inexplicable, como de entumecimiento. Cuando volvió el médico, con Daniel estaba Adelaida que había acudido para darle apoyo moral. La ex enfermera conocía al doctor de cuando trabajó en el hospital con él. Este, cansado y de mal talante, se acercó a ella ignorando a Daniel por completo: "El bebé tiene síndrome de Down. Está terriblemente deformado. Tiene el hígado esparcido y el bazo dilatado. Es imposible que viva más de veinticuatro horas", informó fríamente el médico a Adelaida, sin comprender el efecto traumatizante que esas palabras estaban produciendo en el padre.

Daniel se sentó sin fuerzas, con la garganta completamente seca y obstruida. Este cruel golpe era algo totalmente inesperado. La mente de Daniel se adelantó frenéticamente a hacer los planes para el funeral.

"Asegúrate de no decírselo a la madre. Podría sufrir un shock o una hemorragia, dado su estado de debilidad". El consejo del médico interrumpió los pensamientos de Daniel.

Con pisadas plomizas, Daniel subió por las escaleras evitando mirar la sala pediátrica donde su hijo recibía cuidados intensivos Al entrar en la habitación de Rhoda, Daniel la encontró tumbada en silencio, aún bajo los efectos de la anestesia, con el rostro blanco y exhausta. Daniel la besó suavemente.

Rhoda abrió los ojos y entre su agotada expresión se dibujó una sonrisa. "¿Cómo está el bebé?"

Daniel buscaba las palabras con que enfrentarse a la temida pregunta.

"¿Es niño?" preguntó Rhoda con entusiasmo. "Un niño, ¿no? ¿Cómo está nuestro David Paul?" Habían escogido este nombre meses antes, incluso años. Ahora a Daniel todo le parecía un sinsentido.

"Está bien, ¿no?" insistió Rhoda.

Viendo que Daniel no respondía inmediatamente, una mirada de preocupación ensombreció el rostro de Rhoda.

"¿Cómo está mi bebé? ¿Está bien?", entonces como empezaba a levantar la voz, Daniel intentó calmarla, pero ella seguía. "¿Le faltan dedos? ¿Es algo en las piernas?"

"No cariño", dijo Daniel, tratando de contenerse. "No le pasa nada en las piernas".

"¡Pasa algo malo con nuestro bebé!" gritó Rhoda.

Ver tanta angustia en su rostro no hacía más que agravar la agonía de corazón de Daniel que luchaba por mantener sus emociones escondidas. El médico le había advertido de que, encontrándose su mujer sin fuerzas, no debía saberlo hasta que se recuperara del parto. Con aquel tenso silencio, la verdad cayó lentamente sobre Rhoda.

"Tiene síndrome de Down", susurró ella, y en ese mismo instante pareció contar con una reserva interior de fuerza. Más tarde le dijo a Daniel que había percibido en la enfermera una extraña mirada de compasión.

Daniel asintió y se apresuró al baño. Allí, a escondidas, todo el dolor contenido salió a borbotones. "¿Dónde está Dios? ¿Por qué nos ocurre esto? *¿Por qué? ¿Por qué? ¿Por qué?*" Más tarde, Daniel compondría la letra de una canción:

¿Hay un Dios que entienda?
   ¿Existe un Dios que sostenga mis manos?
   ¿Existe un Dios que sienta mi dolor?
   ¿Existe un Dios, pregunto de nuevo...?
   Aunque la oscuridad oculte su hermoso rostro y el dolor nuble su gracia salvadora

sí, hay un Dios, todavía creo
¡HAY UN DIOS!
Algún día entenderé
algún día, en esa otra tierra resplandeciente,
donde no hay dolor, ni noche, ni muerte,
donde Dios mismo será la luz.
Entonces Él me hablará de su plan
moldeará mi vida según su mandato.
Sí, hay un Dios, todavía creo....
¡HAY UN DIOS!

Transcurridos los tres días que David permaneció en el hospital bajo cuidados intensivos, llegó un pediatra joven, de unos treinta años, para examinar al bebé. A diferencia del tocólogo, habló infundiendo mucho ánimo a Daniel y Rhoda. Finalmente, Daniel, incapaz de retener por más tiempo la pregunta que ardía en su interior, dijo "Pero doctor, ¿vivirá?"

"¿Vivir? Sí, vivir sí", respondió sorprendido el pediatra. "Se está recuperando rápidamente. Vivirá por lo menos treinta años".[21]

Daniel casi se desmaya sobre la cama vacía junto a la de Rhoda. Destrozado, se había resignado ya a la terrible tragedia de la muerte de su hijo.

Rhoda recibió la noticia con gran calma e insistió en ir a la sala de pediatría en cuanto el médico se hubo marchado, "Quiero ver a mi bebé", decía ella:"¡Quiero tenerle en mis brazos!"

Después de la cruda descripción del tocólogo que asistió al parto, la imagen que Daniel se había formado de su hijo contrahecho, atormentaba su mente. Daniel no podía soportar la idea de sostenerle en sus brazos, pero admirado de la valentía interior de su mujer, aunque con dificultad, aceptó acompañarla.

---

[21] En el momento de escribir este artículo, David tiene casi 50 años y vive sano en un hogar-comunidad cerca de sus padres.

Entonces, aún desconocía la dura batalla que Rhoda había librado durante los últimos tres días. El Espíritu Santo le había insistido: *Ve a buscar a tu bebé.* Pero Rhoda no había sido capaz de responder a ese impulso interior. Todavía no podía aceptar la supuesta "deformidad" de su hijo. Era un reto al que se negaba instintivamente. No podía encontrar ningún motivo de alegría en esa "cruz". Sólo dolor, vergüenza y desesperación.

Entonces, a través de las palabras de Jesús recogidas en Mateo 18:10, el Señor le hizo una solemne advertencia: *"Mirad que no despreciéis a uno de estos pequeños, porque os digo que sus ángeles en los cielos ven siempre el rostro de mi Padre que está en los cielos."*

Rhoda cogió a su hijo en brazos y le llevó a la intimidad de su habitación. Mientras sostenía al pequeño David, el Espíritu Santo la cubrió con un dosel glorioso como protección contra el terrible dolor. Su presencia en la habitación era tan fuerte que ella se sintió envuelta por el calor del amor de Dios. En su mente, podía ver a Jesús colgado en la cruz con sus manos ensangrentadas y los brazos, libres de los clavos, abiertos de par en par. Comprendió, como nunca antes, que ella se debía a su amor. Con esos brazos dispuestos a abrazar, Jesús nos había recibido voluntariamente. No se avergonzó de nosotros, criaturas viles y deformes, sino que nos atrajo hacia sí. Ahora le hablaba suavemente al corazón de Rhoda: *¿Acaso no vas a recibir a tu propio hijo?*

Rhoda apretó al pequeño David contra su pecho, abrazándole con fuerza. El Señor le reveló que su amor la fortalecería y que le daría la gracia de convertir la dura realidad en una bendición. La fe comenzó a resurgir en su corazón, con esperanza en que Dios sanaría a su hijo.

Es para la gloria de Dios, pensó. *Él hará un milagro.*

Sin embargo, Daniel y Rhoda aprendieron más tarde que, aunque resulte que Dios no cambie nuestras circunstancias externas con un milagro, puede hacer un milagro mayor cambiando nuestros corazones. Aunque Él decida no librarnos de nuestras pruebas, las utiliza para librarnos de nosotros mismos.

Descubrieron que cuando el Señor permite que el corazón de uno de sus hijos se haga pedazos, Él deposita una porción de sí mismo en ese corazón.

Pocos días después, el Señor habló a Daniel, pues hasta entonces el dolor había sido tan intenso, que no podía, no quería oír... pero aún así penetró en él este mensaje: *"Cualquiera que reciba en mi nombre a un niño como éste, a mí me recibe"*. (Mateo 18:5)

En los meses siguientes, Daniel y Rhoda se preguntaron cómo explicar a sus otros tres hijos que David nunca sería un niño "normal". Pero tales temores habían sido infundados pues los tres hermanos le querían muchísimo, es más, le adoraban.

La experiencia de amar a su hijo como un don único, abrió un nuevo mundo para Daniel y Rhoda. Ensanchó la fuente del amor de Dios en sus corazones para que pudiera fluir sin obstáculos hacia las personas consideradas "diferentes" y "no amadas". También les dio un mayor afecto por todos los niños, regalos de incalculable valor, que Dios concede a los padres.

Daniel recordó las palabras que Dios le había grabado profundamente en su corazón: *Te haré padre de muchas naciones*. Estaba descubriendo que, tanto en el ámbito natural como en el espiritual, convertirse en *padre* era un proceso, a menudo desgarrador. El sufrimiento que Daniel padeció produjo profunda limpieza y purificación en su corazón. A través del crisol del dolor, la llama del amor de Dios quemó la "escoria" de su corazón, liberando su amor divino de una forma más resplandeciente y pura. Durante este tiempo intensísimo, Daniel compuso esta canción:

LLAMA DE DIOS

Arde en lo más profundo de mi corazón, oh llama de Dios,
    Porque sin tu amor, arcilla estéril soy yo;
Arde en lo más profundo de mi corazón, oh llama de Dios
    Y bautízame de nuevo, divina paloma del Señor.
Arde en lo más profundo de mi corazón, oh llama de Dios,
    Limpia, Señor, mi camino hasta que oro puro sea yo;
En lo más profundo de mi corazón, arde oh llama de Dios,
    Que combustible para alumbrar el mundo, pueda ser yo.
    Envía tu llama purificadora, para la escoria quemar
    Y que abrace yo ahora mi cruz con amor,
    Arde en lo más profundo de mi corazón, Señor
    Deja que en mí brille el cielo en su esplendor.

SEGUNDA PARTE
CRÓNICAS DE UNA COMUNIDAD

CAPÍTULO OCHO
LOS PRIMEROS FRUTOS

Al principio, la congregación de la iglesia de Torremolinos se componía principalmente de turistas y de ancianos jubilados. Pero Dios tenía planes mayores para esta iglesia. Sobre esta base más bien inestable, Él edificaría las Iglesias Cristianas Evangélicas Apostólicas de España. Una figura clave del futuro crecimiento de la obra española iba a ser un joven y apuesto camarero de pelo negro y largas patillas...

En 1971, Benito limpiaba la barra de un bar, mientras otro camarero compañero suyo le hablaba del dramático cambio que había sobrevenido recientemente en su vida. Benito sabía que poco tiempo antes, su compañero se había enfadado seriamente con un tal reverendo Del Vecchio por haber guiado a su novia a la conversión cristiana. Tras lo cual, este pastor, acompañado de su hijo pequeño, había empezado a visitarle en el bar y mientras tomaban algo, le hablaba no de "religión", sino de un Cristo vivo. Cediendo a un giro total de dirección, este compañero había decidido asistir regularmente a la iglesia del pastor Del Vecchio.

Benito sólo esperaba que su compañero dejara de una vez de hablarle de Jesús. Durante los últimos tres años, había trabajado en bares de hoteles de la Costa del Sol, disfrutando de un estilo de vida despreocupado. *¿Para qué necesitaba a Dios?* Cada vez que iba a misa, experimentaba cierto deseo pasajero de cambiar su vida, pero le faltaba la fuerza de voluntad para seguir sus convicciones.

Cuando Benito cumplía el servicio militar obligatorio, su amigo del bar le envió una Biblia y algún folleto. Al final de uno de esos folletos, se leía una invitación a entregar la vida a Jesucristo. Debido a la culpabilidad que sentía por su estilo de vida inmoral, Benito no estaba seguro de si Dios le perdonaría. A pesar de todo, clamó a Jesús y, de pronto, experimentó con profunda paz la certeza interior de que el Señor le había perdonado. El primer cambio notable en su vida fue que tenía poder para resistir ante las tentaciones. Sus compañeros le tachaban de fanático y loco, pero Benito sabía bien que desde entonces, era un hombre diferente.

Al terminar el servicio militar, Benito trabajó en la construcción, para evitar "meterse en la boca del lobo" yendo de nuevo a trabajar en el bar de algún hotel. Asistió a la iglesia del pastor Del Vecchio, donde en poco tiempo sintió la llamada de Dios para su futuro. Su atención se centraba cada vez más en la salvación de las almas. Para Benito, el punto de inflexión decisivo llegó una noche en la que visitó la casa del pastor en las afueras de Torremolinos.

Rhoda saludaba en la puerta a Benito que le explicó llorando: "El Señor me ha dicho que entregue mis ahorros para Su obra".

"Pero ¿por qué lloras?" le preguntó Rhoda con preocupación.

"Se supone que me voy a casar y este dinero iba a ser para comprar nuestro apartamento", aclaró Benito entre lágrimas, "pero aunque no lo entiendo, siento este impulso de Dios en mi corazón de entregar este dinero a la obra de Dios. ¿Qué va a pasar?" Benito se dejó caer en una silla, desgarrado por su tremendo conflicto interior. Estaba temblando bajo una poderosa convicción de Dios.

"¿Qué pasa, Ben?" inquirió Daniel al entrar en el salón, sentándose junto al atribulado joven. Benito se desahogó con el pastor al que consideraba cariñosamente como un padre. Después,

Daniel le explicó lo que pensaba sobre su prometida. Por varias razones, Daniel creía que era un grave error que Benito se casara con ella.

"¿Estás dispuesto a dejar esta relación?" le preguntó Daniel, "Ben ¿estás dispuesto a entregarle todo al Señor? Piénsalo, depende de ti."

Benito asintió con la cabeza y secándose las lágrimas, le entregó a Daniel la mitad de todos sus ahorros, que eran cuarenta mil pesetas. "Toma" le corroboró Benito.

Cuando el pastor se convenció de que el joven había calculado bien el precio de seguir para siempre a Jesús, entonces aceptó el dinero profundamente agradecido. La campaña de evangelización en Málaga que se aproximaba, iba a costar setenta mil pesetas. La ofrenda de Benito, a precio de lágrimas, serviría oportunamente para sufragar parte de los gastos.

A medida que Daniel hablaba más y más con Benito, quedó convencido de que este joven sincero anhelaba genuinamente seguir al Señor. El sacrificio del paso económico que Benito acababa de dar expresaba su deseo profundo de servir a Cristo en lugar del dinero. Daniel recordó que su propio ministerio también había comenzado de ese modo. Y ahora, aquí estaba Benito, dispuesto a dejarlo todo a favor del Evangelio.

¿Es éste el hombre que busco? estudiaba Daniel a Benito muy seriamente. *¿Es el hombre clave que necesito para llegar a los españoles con el Evangelio?*

Benito confió a Daniel su sensación de que Dios le estaba llamando a dedicarse al ministerio a tiempo completo.

"¿Por qué no te mudas con nosotros?" le ofreció Daniel, comprendiendo que Dios tenía un plan especial para la vida de este joven.

Benito renunció a su trabajo, a su futuro apartamento y se mudó a casa del pastor, donde, apresuradamente, el garaje había sido convertido en un dormitorio. Allí vivió con la familia Del Vecchio durante los dos años siguientes, convirtiéndose en un hijo más de la familia.

Día a día, Daniel le iba discipulando. En lugar de ser un "predicador de mármol", en el pedestal del púlpito, que mantiene las distancias con su congregación. Daniel creía firmemente en la eficacia de ser transparente en todo, dejando que Benito pudiera ver su modo de vivir y compartiendo con él estrechamente su forma de trabajar (como haría con otras muchas personas a las que guiaría en el futuro). En las comidas con Daniel y Rhoda, hablando con ellos, orando juntos, etc., Benito descubría el verdadero estilo de vida cristiano y el azaroso viaje de la fe.

A menudo Daniel llevaba a Benito a predicar con él en las concurridas calles de Torremolinos, Málaga y Marbella. Normalmente, el pastor empezaba a predicar, pero luego se apartaba y animaba a su joven discípulo a tomar el relevo. Un entrenamiento realmente práctico para el ministerio. Benito apreciaba enormemente el tiempo, la energía y la sabiduría que el pastor invertía en él. Igual que el apóstol Pablo había enseñado a Timoteo, Daniel instruía y discipulaba a Benito. Por último, le envió al Instituto Bíblico.

La inversión que Daniel había hecho en la vida de Benito pronto iba a multiplicarse: el joven discípulo desempeñaría un papel fundamental en la futura evangelización de los españoles. El sacrificio económico de Benito, la renuncia a su trabajo, a su novia, a sus propios sueños y su disposición a entregarse al servicio de Cristo, darían abundante fruto.

Es un principio espiritual probado: *del sacrificio brota vida.*

🔥

La Iglesia de la Comunidad Evangélica de Torremolinos atrajo a personas de muchos países. Si bien la mayoría de los asistentes

CAPÍTULO OCHO: LOS PRIMEROS FRUTOS

a los cultos eran turistas de paso, otros eran residentes, de habla inglesa, que vivían en la Costa del Sol. Uno de los primeros que se convertirían a Cristo en esta iglesia internacional fue un joven llamado Robby, que regentaba una tienda de muebles en el pueblo. Cuando Daniel le bautizó estaba exultante de felicidad. Bastante después, Robby fue ordenado por la Iglesia Metodista y sirvió como ministro del Evangelio en Escocia.

Durante varios años, Rhoda dirigía el coro y Robby tocaba el órgano Hammond que Daniel había importado de Inglaterra. Un día Robby le habló a Daniel de dos enfermeras inglesas que se habían quedado sin dinero en Torremolinos y buscaban un lugar donde alojarse. "¿Qué podemos hacer? ¿Dónde podemos alojarlas?" preguntó preocupado.

Daniel no estaba seguro de cómo ayudar a las chicas, porque la iglesia no disponía de un sitio donde se pudieran acomodar las dos jóvenes. Más tarde, cuando supo que habían estado dando tumbos, habiéndose quedado embarazada una de ellas, le pesó enormemente.

Si tan sólo hubiéramos tenido una casa para ellas, tal vez se podrían haber salvado. se lamentó Daniel.

En un taburete de un oscuro bar, se encontraba sentada una mujer inglesa, de unos cincuenta años y cabellera plateada, balanceando su copa con hastío. Afuera, bajo el sol de una calurosa tarde, decididos a disfrutar de sus vacaciones, se agolpaban los turistas en la principal calle peatonal de Torremolinos, la calle San Miguel. Bárbara era ajena a cuanto le rodeaba. Recientemente había sufrido su cuarto infarto, y la experiencia le había obligado a afrontar la muerte.

Este no era un tema al que hubiera prestado mucha atención la alta burguesía. Bárbara, de porte excéntrico y bohemio, había pasado la mayor parte de su vida persiguiendo el placer y la aventura. Nacida en el seno de una rica familia inglesa que encomendó su educación a un sinfín de institutrices. Tras concluir sus estudios en París, había sido presentada oficialmente en sociedad en la Corte del Palacio de Buckingham, quedando así introducida en el torbellino de la alta sociedad británica.

A Bárbara le aburrían los jóvenes que conocía por considerarles esnobistas y engreídos. Por eso se enamoró de un hombre sencillo que trabajaba en una granja cercana. Aunque su padre se opuso a semejante elección de pareja amenazándola con desheredarla, Bárbara se casó de todos modos con el joven granjero. El matrimonio duró tan sólo unos breves meses y la novia desilusionada regresó de nuevo a casa.

Poco después, dio a luz a una preciosa niña. Desgraciadamente, antes de que su bebé cumpliera tres meses, Bárbara enfermó de tuberculosis y tuvo que enviar a su hijita a vivir con los suegros. Entre los veinticinco y los treinta años, Bárbara estuvo entrando y saliendo de los hospitales, habiendo sido necesario extirparle la mayor parte del pulmón izquierdo y varias costillas.

Después de algunos años viajando, Bárbara sentó cabeza y se casó de nuevo. Trágicamente, su segundo marido resultó ser un desequilibrado y tras sufrir un ataque brutal, Bárbara huyó a Torremolinos, donde compró un chalet en una tranquila colina. Ahí esperaba encontrar ese "algo indefinible" que buscaba en su interior.

Yendo a menudo a bares y discotecas, observaba que la gente que se daba a la bebida era igual que ella: personas infelices, con matrimonios rotos, desesperadamente solas y que sin embargo fingían, aparentando que todo estaba bien.

¿Es esto todo en la vida? ¿Soledad, depravación? suspiró Bárbara desesperada, mirando con desgana el vaso entre sus manos. *¿Otro trago que me destruya el alma para arrastrarme a la tumba...?*

CAPÍTULO OCHO: LOS PRIMEROS FRUTOS

Estaba a punto de hacer una señal al camarero para pedir otra copa, cuando de pronto vio un folleto en el mostrador. *"Hombre de la Tierra, hombre del espacio"*, leyó intrigada aquel extraño título. Al girar el folleto, vio que estaba escrito por un tal reverendo Daniel Del Vecchio, de la Iglesia Evangélica de Torremolinos. Curiosa, empezó a leerlo y de repente le llamó la atención: "Jesucristo está VIVO hoy. Jesucristo está VIVO EN NOSOTROS".

¿Podría ser esto cierto? se preguntó asombrada. Algo en su interior se agitó de emoción. *¿Podría ser este el "algo" que estaba yo buscando? Si este reverendo habla tan bien como escribe,* decidió Bárbara, *yo quiero ir a escucharle.*

El domingo siguiente por la mañana entró en la iglesia, que estaba abarrotada de gente y pasó discretamente hacia un banco del fondo. Mientras el pastor Del Vecchio predicaba el Evangelio con fuerza, las lágrimas comenzaron a correr por las mejillas de Bárbara, lágrimas de remordimiento, de arrepentimiento. Sintió un anhelo abrumador de saber más sobre este Jesús que da vida abundante aquí en la tierra. El lunes por la mañana, se apresuró a entrar en una librería de segunda mano y compró el único Nuevo Testamento que les quedaba. Se lo llevó a casa y lo leyó por completo. Cuando llegó a Romanos 8:38-39, pensó que era el pasaje más hermoso que jamás había leído:

> *Por lo cual estoy seguro de que ni la muerte, ni la vida, ni ángeles, ni principados, ni potestades, ni lo presente, ni lo por venir, ni lo alto, ni lo profundo, ni ninguna otra cosa creada nos podrá separar del amor de Dios que es en Cristo Jesús, nuestro Señor.*

De repente, Bárbara comprendió el amor de Dios por ella, comprendió que Jesús estaba a su lado con la mano extendida, ofreciéndole su infinito amor y poder para sanar su vida. Cayendo de rodillas, le pidió que le perdonara por todo lo que, hiriéndole, había hecho. Le pidió que entrara en su corazón, que la transformara, que fuera su Señor y Salvador y la aceptara como hija en la familia en Cristo.

Cuatro días después, el pastor Del Vecchio se reunió con un pequeño grupo de personas que anhelaban recibir el bautismo del Espíritu Santo. Bárbara siguió a todos con entusiasmo, por una de las dos puertas laterales situadas detrás del púlpito, hasta la cocina de la iglesia. Había dejado el alcohol en cuanto supo que, mediante su conversión, su cuerpo era ahora el templo de Dios. Y deseaba ardientemente que Él la llenara con su Espíritu.

El pastor Daniel oró por el pequeño grupo reunido a su alrededor. El Espíritu Santo cayó poderosamente sobre Bárbara haciéndola temblar. El pastor le impuso las manos y ella, rebosante de alegría, alabó al Señor en un idioma nuevo.

"Bárbara, no volverás a fumar", le dijo Daniel a la radiante mujer.

En casa, después de una hora adorando al Señor, Bárbara vio un cigarrillo en la repisa de la chimenea y lo encendió por pura costumbre. "¡Uuuf, qué mal sabe esto! ¡El pastor tenía razón!" y con una mueca de asco tiró el cigarrillo.

Esa noche, Bárbara se durmió tranquilamente con un Nuevo Testamento en la mano. A la mañana siguiente al despertarse, estaba empapada de sudor, con el pelo mojado y pegado a la frente. Bárbara notó con asombro que las sábanas estaban manchadas de amarillo por la nicotina que habían eliminado sus poros. ¡El Señor limpió milagrosamente su cuerpo! A pesar de haber estado fumando más de dos cajetillas diarias, su ansia de tabaco desapareció por completo y nunca más volvió a fumar ni a tener problemas de corazón.

"Soy realmente una nueva criatura", se repetía Bárbara con regocijo.[22]

---

[22] Adaptado de Barbara Fletcher, *Unusual: Believe it or not* (1981), 6-7

CAPÍTULO OCHO: LOS PRIMEROS FRUTOS

El 20 de febrero de 1972, Bárbara fue bautizada en agua. "Quiero seguir los pasos de Jesús", testificó públicamente. "quiero caminar como Él caminó, amar como Él amó". Se entregó al Señor con total rendición, al destino que Él había planeado para su vida. No sabía cuán pronto su sincera disposición sería altamente fructífera.

"Ahora que soy cristiana, ¿qué puedo hacer por el Señor?" preguntó Bárbara al pastor.

Sabiendo que los *hippies* fumadores de hachís se reunían en su gran chalet, Daniel le sugirió: "Echa a los *hippies* y abre, en cambio, tu casa a los jóvenes que buscan a Dios".

El Señor había puesto preocupación en el corazón del pastor por ayudar a los mochileros que pasaban por Torremolinos sin rumbo ni propósito. Algunos eran estudiantes universitarios curiosos, que habían leído sobre la ciudad en la novela de James Michener *The Drifters*[23]. Otros se dirigían a Marruecos en busca de drogas. Hasta entonces, Daniel sólo les había visto como meros aventureros, pero ahora les veía como posibles candidatos al ministerio del Evangelio. Cuando Jesús encontró a los pescadores remendando sus redes en las costas de Galilea, en su Espíritu, vio ya a los *apóstoles* que irían llevando el Evangelio por todo el mundo.

"Muchos de estos mochileros necesitan un lugar donde alojarse. Podrías ofrecerles comida y refugio y luego darles también las Buenas Nuevas del Evangelio".

Bárbara se quedó mirando al pastor, tratando de entender si hablaba en serio.

"¿Cómo voy a tener la capacidad necesaria?", exclamó. "Para empezar, no sé distinguir un libro de la Biblia del otro. Sólo he leído el Nuevo Testamento una vez. Necesito mucho más tiempo para prepararme en el Señor".

---

[23] James A. Michener (autor ganador del Premio Pulitzer) *The Drifters* (NUEVA YORK, NY: Random House, 1971)

Daniel sonrió. "Eso te llevaría toda la vida, querida Bárbara. Será tu forma de vivir lo que tenga valor para el Señor. De la enseñanza Bíblica me ocupo yo".[24]

En pocos meses, el chalet de Bárbara se llenó con quince jóvenes. Los chicos dormían en el garaje y las chicas en los dormitorios. La mayoría de estos *hippies* de pelo largo estaban encantados de encontrar un alojamiento donde podían comer y dormir gratis. El pastor y Bárbara decidieron establecer un límite de tiempo para la permanencia. Se les permitiría quedarse un mes y luego deberían marcharse. Ese era el plazo en el que serían confrontados con una decisión: si iniciar una relación personal con Jesús o no.

Uno de los primeros jóvenes invitados a instalarse en el garaje de Bárbara fue un canadiense que hacía autostop por Europa. En Rotterdam, Wayne se había unido a un grupo de compañeros *hippies* en un viaje a Marruecos. Tras unas semanas en Marrakech, había decidido pasar la Navidad en España. Aunque era creyente e hijo de un predicador, Wayne tenía muchas dudas y atravesaba un periodo de búsqueda espiritual. Durante el culto de Nochebuena en la Iglesia de la Comunidad Evangélica de Torremolinos, Dios dio un vuelco total a su vida. Aquella noche, sentado en el banco de atrás, Wayne recibió una clara llamada para dedicar el resto de su vida al ministerio a tiempo completo. Años más tarde, el Dr. Wayne Hilsden y su esposa Ann se asociaron con otra pareja para fundar la mayor comunidad cristiana de Jerusalén, la Comunidad Rey de Reyes.

---

[24] *Unusual: Believe it or not*, 11

CAPÍTULO NUEVE
OVEJAS Y NO CABRAS

En septiembre de 1973, una joven francesa de poco más de veinte años entró en el interior oscuro de la pequeña parroquia de San Miguel de Torremolinos. Todos los días, a la hora de la siesta, Ana Mari acudía a esta tranquila iglesia para leer el Nuevo Testamento. Ella era una ferviente católica que buscaba dedicar su vida a Dios por completo. A lo largo de los años, su deseo de ingresar en un convento había aumentado, convencida de que era el único lugar donde poder vivir con Dios cada minuto del día. A fuerza de leer la Biblia, este deseo se había intensificado y aquel día, por fin, iba a preguntarle al sacerdote a qué convento ir.

Pero mientras Ana Mari leía las Escrituras, de repente, observó con asombrosa claridad que Jesús no había llamado a sus discípulos *a retirarse* del mundo, sino *a ir* por el mundo a llevar las Buenas Nuevas a la gente. Hasta entonces siempre había pensado que "entregar su vida al Señor" significaba entrar en un convento, pero ahora descubría que significaba "entregarle su voluntad". Durante los tres días siguientes, Ana Mari luchó interiormente con esta posibilidad, rebelándose contra la idea de ceder a Dios el control de su vida. Sin embargo, finalmente, le dijo: "Dondequiera que me pidas ir, iré. Lo que me pidas que haga, lo haré".

El domingo siguiente por la mañana, la joven francesa vio en un poste un cartel que indicaba "Iglesia Evangélica". A pesar de sus firmes convicciones católicas, decidió seguir la dirección de la flecha. Al llegar se sentó al final de la iglesia y trató de asimilar el culto, del que entendió bien poco.

A la salida, el pastor Del Vecchio le dio la mano. A Ana Mari le sorprendió su amabilidad pues nunca antes había estado en una iglesia en la que el cura le saludara.

"Hola", respondió ella. "Me llamo Ana Mari, soy francesa".

"¿Ah, sí?" respondió el pastor. "Mi secretaria habla francés. Estará encantada de charlar con usted".

En la cocina, Ana Mari conoció a la secretaria del pastor, Anne, una mujer suiza que había llegado de Ginebra como intérprete de una convención internacional en Torremolinos. Las dos simpatizaron al instante.

"¿Por qué no vienes a comer conmigo?" preguntó Anne espontáneamente, y Ana Mari se encontró sentada en un acogedor rincón de un restaurante chino. Aunque normalmente era una persona tímida, Ana Mari se sintió muy cómoda con la amable secretaria suiza que le hablaba del Señor y de lo que Él había hecho por ella. Pudo ver que, aunque se trataba de una joven secretaria tan normal como ella misma, su vida, en cambio, estaba llena de milagros.

Eso es lo que estoy buscando, pensó Ana Mari con entusiasmo. *Esta gente conoce a Dios personalmente.*

A la vuelta del restaurante, Anne le indicó dónde había una especie de cafetería de Juventud con una Misión (JCUM), situada en un chalet abandonado con un jardín delantero lleno de maleza. "Si quieres saber más, ve a visitar a esos cristianos".

Poco después, cuando su amiga se volvió a Suiza, Ana Mari visitó la cafetería de JCUM, donde habló con una de las chicas durante media hora. Luego la voluntaria de JCUM invitó a Ana Mari a ir a la cocina para orar tranquilas. La amable joven y Ana Mari se sentaron en dos latas de pintura que utilizaban como sillas, pues el equipo de JCUM "acampaba" en aquella casa en condiciones muy precarias, sin agua corriente ni electricidad. Mientras oraron a Dios, tuvo una profunda experiencia con el Señor. En aquella cocina vacía, Ana Mari nació de nuevo espiritualmente.

El domingo siguiente, Ana Mari se encontró en la puerta de la iglesia con Daniel, que le propuso: "¿Te gustaría venir esta tarde a una reunión de bautismos?" El culto se hacía en Málaga.

"Sí", dijo Ana Mari encogiéndose de hombros, "¿por qué no?"

En la pequeña iglesia de Málaga, Casa Ágape, el pastor Del Vecchio predicó un sermón sobre el eunuco etíope que dijo a Felipe: "Aquí hay agua. ¿Qué me impide ser bautizado?"[25] Al final del culto, Daniel se dirigió a la congregación: "¿Quién quiere bautizarse?"

Ana Mari fue la primera en reaccionar. Después, mientras se alejaba del recinto bautismal, Bárbara, la elegante señora inglesa de pelo rubio plateado, la saludó diciéndole simplemente: "*Hija*". Aquel cálido saludo, viniendo de una desconocida, le impactó hondamente.

Al domingo siguiente, Ana Mari fue con el equipo de JCUM al chalet de la señora inglesa para el habitual almuerzo juntos, con deliciosa empanada de carne. Ella se sentó a la derecha de Bárbara que presidía la mesa en un extremo. A un cierto punto, Ana Mari encendió un cigarrillo.

"Disculpa, por favor, ¿podrías fumar afuera?" le preguntó Bárbara con un tono firme y amable. Ana Mari lo aceptó sin problemas y pocas semanas después ya había dejado de fumar por completo.

---

[25] Hechos 8:38: *Y yendo por el camino, llegaron a cierta agua, y dijo el eunuco: Aquí hay agua; ¿qué impide que yo sea bautizado?*

En noviembre de ese mismo año, Ana Mari estaba trabajando en su puesto de recepcionista de una agencia inmobiliaria, cuando dos chicas rubias de su misma edad se presentaron preguntando por el director.

"¿Sabes de algún trabajo por aquí?" preguntó Sylviane, una de las dos, sintiendo cierta complicidad al descubrir que Ana Mari era francesa, como ella.

"No, que yo sepa no hay nada disponible", respondió Ana Mari. Observó a las dos chicas y por simpatía hacia ellas, les preguntó: "¿Habéis comido ya?"

"No", respondieron.

"Mirar ese edificio", señaló Ana Mari desde la ventana. "Ahí es donde vivo yo. ¿Por qué no vais allí y me esperáis? Cuando termine de trabajar, podemos irnos a comer a un restaurante. Tomar mis llaves", abrió su bolso y se las dio a Sylviane.

Sylviane estaba perpleja. No sabía qué decir a esa joven que estaba dispuesta a entregar sus llaves a dos completas desconocidas. "Bueno, a mí me encanta cocinar", respondió Sylviane desconcertada, "Podríamos comprar algo y preparar nosotras la comida".

"Claro, también eso está bien ", sonrió Ana Mari.

Sylviane y su amiga sudafricana, Pat, fueron al apartamento de Ana Mari y prepararon el almuerzo. Mientras la esperaban, comentaron la sorprendente muestra de confianza de su anfitriona. Sylviane miraba los objetos de valor que había en el apartamento y balanceaba la cabeza con asombro. "¿Por qué ha hecho esto?" le preguntó a Pat, que estaba igualmente atónita.

Cuando se sentaron para empezar a comer, Ana Mari inclinó la cabeza y oró. A Sylviane no le gustó eso nada, porque le recordaba a las monjas que rezaban en las comidas, en el campamento de verano cuando era niña. Mientras Ana Mari dirigía la conversación hacia su reciente experiencia de encuentro con Jesucristo, las dos jóvenes escucharon educadamente. Sylviane, que se declaraba atea, comentó con respeto: "Bueno, si hay un Dios, hay muchas maneras de llegar a Él".

"No", declaró firmemente Ana Mari. "Sólo hay una. Jesucristo dijo: "Nadie viene al Padre si no es a través de mí".[26]

Esta chica es realmente estrecha de mente, pensó Sylviane.

Ana Mari les habló a las dos de Bárbara y de que tal vez estaría dispuesta a alojarlas en su chalet. Como manifestaron interés, Ana Mari llamó por teléfono a Bárbara y le preguntó si quería conocerlas.

"Sí", afirmó Bárbara. "Tráelas para el almuerzo de mañana".

En la comida del día siguiente, Bárbara sirvió suculentos sándwiches. Cuando entraron en su casa, Sylviane y Pat se quedaron mirando con asombro los carteles que decoraban las paredes diciendo *"Jesús salva"* y una mesa con Biblias apiladas. No sabían cómo catalogar a la animada mujer británica que las recibió, con un llamativo colgante de una cruz de madera.

"Hemos estado en situaciones raras antes," susurró Pat a Sylviane, "¡Pero como ésta...!"

Bárbara invitó al pastor Del Vecchio y a su madre, para que conocieran a las dos recelosas chicas. Esta vez, Bárbara quería asegurarse de que las personas a las que invitaba a quedarse en su chalet fueran de verdad espiritualmente receptivas y no que buscaran sólo aprovecharse de un lugar gratuito para vivir. Ella quería tener "ovejas" y no "cabras".[27]

Sylviane dejó que Pat se encargara de conversar. Pero cuando se sentó sola en el sofá rojo, se sintió repentinamente impactada por

---

[26] Juan 14:6: "Jesús le dijo: *Yo soy el camino, la verdad y la vida. Nadie viene al Padre sino por mí".*

[27] Mateo 25:32: *"y serán reunidas delante de él todas las naciones, y apartará los unos de los otros, como aparta el pastor las ovejas de los cabritos."*

una intensa ola de amor. Trató de contener las lágrimas porque le abochornaba que quedara al descubierto su fragilidad. No fueron las palabras de los cristianos lo que le emocionó tan profundamente, sino lo que más tarde reconocería como la Presencia de Dios. Antes de que las chicas se marcharan, Bárbara les invitó a instalarse en su chalet, añadiendo el aliciente: "¡Es gratis!".

Sylviane y Pat discutieron la invitación mientras regresaban a su hostal en Málaga. Sylviane no quería de ningún modo quedarse en el chalet de Bárbara. Cuando abandonó la iglesia en su adolescencia, había cerrado definitivamente la puerta al cristianismo.

"¡Venga, pero vale la pena!", insistía Pat sin dudarlo "Es gratis y apenas me queda dinero".

Sylviane y Pat se mudaron al chalet de Bárbara, "The Way Inn", como se llamaba desde hacía poco. Compartieron un dormitorio. Una chica de Malasia, embarazada, ocupaba otro y la propia Bárbara el tercero. La primera tarde, las chicas francesas conocieron a dos atractivos chicos de Sudáfrica, y a partir de entonces salían con ellos todas las noches a los locales de moda de Torremolinos.

Así que Bárbara, apenas veía a sus dos invitadas, pues durante el día salían a buscar trabajo y cuando volvían por la noche, ella ya se había acostado. La única oportunidad que tenía de hablarles del Señor era en la mesa, durante la cena. Las dos chicas escuchaban educadamente, pero en cuanto se trataba de sus citas para salir, se desvanecía el interés por lo espiritual, atraídas por la posibilidad inmediata de divertirse.

Al cabo de una semana, las chicas estaban exultantes de alegría. A Pat le habían ofrecido un maravilloso trabajo en una boutique de uno de los mejores hoteles de Marbella y le ofrecían un apartamento gratis disponible. "¡Libertad! Libertad", le gritó Pat a Sylviane en el jardín, mientras se acercaba a su amiga. Las dos jóvenes querían irse del chalet de Bárbara tan pronto como fuera posible.

Bárbara oró fervientemente para que Dios tocara las vidas de las dos jóvenes, pidiéndole este milagro: "que se salvaran durante la convención anual que se celebraría la semana siguiente". Ciento cincuenta cristianos de los Estados Unidos llenarían la iglesia, en adoración y alabanza a Dios. Bárbara sabía que ella tan sólo podía poner todo de su parte para mantener a las chicas en su chalet durante este tiempo especial, pero el Espíritu Santo tendría que hacer el resto. Tenía la convicción de que se convertirían en "ovejas" dispuestas a seguir al Buen Pastor.

Aunque Bárbara no tuvo conocimiento de ello, una noche Ana Mari se había encontrado en la calle San Miguel a Sylviane y Pat con los dos chicos sudafricanos y les había hablado de la cafetería cristiana. Sylviane, cansada ya de la vida nocturna superficial, quiso conocer el lugar. En la cafetería de JCUM, un chico bien afeitado y aseado les dio la bienvenida y les hizo pasar a una gran sala, muy acogedora gracias a la chimenea y a los farolillos de gas. En aquel ambiente sano, Pat y los dos amigos se sintieron incómodos y enseguida pidieron marcharse, pero Sylviane admitió para sí misma: *Me gusta este lugar. Voy a volver.*

Durante las siguientes tardes, Sylviane volvió sola a la cafetería cristiana. Un francés entabló conversación con ella. Mientras hablaba del amor de Dios, le invadió el mismo sentimiento que había experimentado en el chalet de Bárbara. Se sintió conmovida, reprimiendo las lágrimas, porque nunca antes había oído hablar del amor de Dios.

"¿Quieres orar?" le preguntó Maurice amablemente.

"Sí", asintió Sylviane. Cuando el joven comenzó, a ella le entró pánico pensando: *¿Qué voy a orar? He olvidado todas las oraciones.*

Mientras Maurice seguía orando, para sorpresa de la chica francesa, dijo: "Señor Jesús, esta es Sylviane."

Qué extraño, se maravilló Sylviane, *le habla a Jesús como a un amigo.*

Mirando por la ventana el resplandor de las estrellas en la clara noche, pensó sobre la inmensidad y la belleza de la creación. Al mismo tiempo, le ardía el corazón con una cuestión que no se había planteado antes durante años: "¿Existe Dios?". La pregunta le atormentaba con fuerza. Como si su vida entera dependiera de la respuesta, se encontró clamando: "Dios, ¿estás ahí?"

Mientras seguía admirando el cielo, parecía que desde algún lugar más allá del firmamento, le llegaba una respuesta límpida para penetrar en su corazón: *Sí, aquí estoy.* Una profunda certeza se apoderó de ella. Sylviane supo con total convicción que ya nadie podría arrebatarle esta seguridad, era una respuesta de Dios mismo.

Sylviane salió de la cafetería sin contarle nada a Maurice. Se dio cuenta de que él estaba decepcionado porque había tenido la esperanza de que ocurriera algo en ella. Y en efecto, así fue. De regreso a casa de Bárbara, Sylviane danzaba de felicidad.

"¡Hay un Dios! ¡Hay un Dios y hay esperanza!", sonreía con alegría. Después de buscar en tantas direcciones y no haber encontrado más que vacío, sintió que aquella fuerte emoción brotaba de su interior. Ahora Sylviane se consideraba "creyente", porque creía en Dios. *Esto es la fe,* pensó, sin percatarse de lo mucho que aún le quedaba por descubrir.

"¡Pat, hay un Dios!" le declaró Sylviane con entusiasmo a su amiga sudafricana. Sin embargo, Pat no quería saber nada más del tema. Sylviane, en cambio, no contó nada a Bárbara de su nuevo hallazgo, pues pensaba que esa profunda experiencia espiritual era demasiado personal como para compartirla.

Después de mucho orar, Bárbara preguntó a las dos chicas si asistirían a la próxima convención. Sylviane quería hacerlo, pero Pat no estaba tan segura. El último domingo en casa de Bárbara, las dos jóvenes asistieron a la iglesia (que, además, era requisito para alojarse en el chalet The Way Inn). El pastor Del Vecchio predicó sobre el pasaje de Pedro negando a Cristo tres veces, un sermón que convenció rotundamente a Pat, quien al terminar el almuerzo llamó al pastor y le preguntó con lágrimas en los ojos: "¿Qué debo hacer?"

Su respuesta fue directa: "¿Qué es más importante para ti, Dios o el dinero?". En ese momento, Pat tuvo claro que Dios era lo más importante. Las dos jóvenes decidieron quedarse y aprender más acerca de la fe cristiana. A pesar de que habían deseado tanto poder mudarse para vivir por su cuenta, rechazaron el trabajo en Marbella y el nuevo apartamento.

Sylviane y Pat asistieron con Bárbara a la primera reunión matinal de la convención. Estaban asombradas por la forma en que la gente se abrazaba y se saludaba: ¡parecían tan llenos de vida, tan alegres y con tanto amor! *Si ser cristiano significa ser así*, decidió Sylviane al observar el amor no fingido que fluía entre toda aquella gente a su alrededor, *entonces yo también quiero serlo*.

A la hora de comer, volvieron al chalet. Cuando Sylviane entró en la cocina, Bárbara dejó de remover el guiso que preparaba y la afrontó con su típica mirada directa: "Hoy pareces realmente feliz".

Sylviane, que ya no sentía su habitual timidez, se lanzó hacia ella directamente para darle un gran beso.

"¡Oh, querida!" retrocedió Bárbara sorprendida. "¿Te ha ocurrido algo?

Sylviane no entendía a qué se refería.

"¿Has aceptado al Señor?" insistió Bárbara. Viendo a la joven francesa tan radiante, dio por sentado que efectivamente había sido así. Mientras Bárbara servía el almuerzo, comunicó a los demás invitados la buena noticia.

"¿Pero a qué se refiere?" susurró Sylviane a Pat, que tampoco tenía mucha idea. Después, los otros invitados abrazaron a la desorientada joven y la llamaban "hermana".

El tercer día de congreso, mientras escuchaba la predicación, al no estar familiarizada con el vocabulario cristiano, Sylviane le pidió a Dios que le ayudara a comprender esas cosas que necesitaba entender. Cristo se le reveló y de repente comprendió la responsabilidad de la humanidad en su muerte. *¿Por qué, por qué tuvo que sufrir de ese modo?*, se lamentaba interiormente. *Él era perfecto, tan puro y santo, tan lleno de amor.* Al pensar en la maldad del ser humano, se irritaba. *Tal es la crueldad humana, como para hacer algo así.*

De repente, el dedo con que ella apuntaba se volvió hacia sí misma. Una voz interior le dijo: *Tú tienes parte en esto.* Sylviane comenzó a llorar al ver su culpa, su corrupción y su propia naturaleza pecaminosa. Al cabo de un rato, se dio cuenta de que el culto había terminado y la gente se estaba yendo de la iglesia. Abochornada, se levantó para irse con Pat. Le abrumaba tanto la convicción de su propia culpa que hasta le costaba andar.

"¿Qué te pasa?" preguntó Pat con ansiedad a su amiga, deseando consolarla.

Sin embargo, Sylviane conocía su propia condición: a la luz de Dios, había visto quién era ella realmente. Después de la cena, cuando los demás ya se habían retirado, la joven se retiró en el salón del chalet. Bajo el peso de la convicción, se arrodilló en la alfombra y entre lágrimas, pidió perdón al Señor. Nadie le había dicho que lo hiciera: el Espíritu Santo mismo la llevó soberanamente a confesar sus pecados y a arrepentirse de su vida egoísta. Un rato después, esa mujer profundamente feliz volvía de puntillas a su habitación. *Me siento tan limpia como cuando todo queda lavado por la lluvia después de una tormenta*, se decía Sylviane maravillada, *Por fin tengo paz.*

Dos días más tarde, Pat también entregó su corazón al Señor y ambas fueron bautizadas en agua ese fin de semana. Cuando le llegó el turno, Sylviane dijo simplemente: "Jesús, aquí estoy". Aquella breve declaración resumía todo un cambio de vida.

En el culto de clausura del congreso, anunciaron que quien deseara recibir el bautismo del Espíritu Santo podía ir a orar a la sala lateral. Sylviane fue una de las primeras en interesarse. Daniel fue orando por cada persona de una en una. Cuando llegó a Sylviane, le levantó los brazos por encima de la cabeza en alabanza e inmediatamente se desató en ella la adoración en un idioma nuevo.

"Señor, tú sabes que no soy digna de recibir algo así". El corazón de Sylviane rebosaba de agradecimiento a Dios porque la bendecía con semejante don. De pronto sintió que alguien se acercaba a ella de rodillas. Con la mirada hacia abajo, descubrió que era Ana Mari, arrodillada a su lado, llorando de felicidad.

CAPÍTULO DIEZ
LA POSADA EN EL CAMINO

Mark, un joven alto, de veintiún años, con cabello y barba largos, caminaba enérgicamente por el arcén. De tipo esbelto portaba sin esfuerzo la mochila, pero el muchacho canadiense se sentía muy desanimado. Había visto alterado su plan de volver a casa desde Málaga porque no le habían aceptado el billete de vuelta en avión y necesitaba una agencia de viajes que le actualizase los datos de salida. Se encontraba tan cerca de Torremolinos que ni siquiera se molestó en hacer autostop.

De pronto, un vehículo redujo la velocidad y se detuvo a un lado de la carretera delante de él. En su interior, un amable hombre de ojos azules bajó la ventanilla.

"¿Quieres que te lleve?", le preguntó en inglés.

"¡Claro, gracias!", dijo Mark sorprendido y subió al asiento trasero descargando su mochila. Desde el puesto del copiloto, el colaborador español de Daniel le saludó: "¡Hola!".

Con mirada diestra, el conductor americano estudió por el retrovisor al viajero canadiense y le gustó lo que vio: el airoso joven, aunque desaliñado, tenía una expresión honesta y abierta.

"¿Tienes dinero?" inquirió sin rodeos el pastor Del Vecchio.

Mark se extrañó de su pregunta tan directa. Tocando las escasas veinticinco pesetas que llevaba en el bolsillo, respondió cohibido: "No".

"¿Tienes donde alojarte?", insistió el pastor.

"No", dijo Mark encogiéndose de hombros.

"Bueno, sé de un sitio en el que te puedes quedar ", ofreció el pastor sonriendo. "¡Es muy económico!, es más, ¡es gratis!"

El interés de Mark aumentó ya que, prácticamente sin dinero en su poder, estaba dispuesto a correr riesgos.

"Soy el pastor de la iglesia evangélica local", se presentó Daniel.

"Y este es Benito, mi colaborador. Dirigimos una comunidad cristiana formada por jóvenes de diferentes nacionalidades. Eres bienvenido a quedarte en ella".

Mark se sintió abrumado por la oferta de alojamiento gratuito y aceptó con gratitud. El pastor condujo al joven a la casa de Bárbara, "The Way Inn". A Mark enseguida le llamó la atención un cartel en la pared de la cocina que decía: *"Venid a mí todos los que estáis trabajados y cargados, y yo os haré descansar"*.[28]

En el salón se encontraban Sylviane y Pat, que ya habían terminado su almuerzo. Daniel les presentó al canadiense alto y desenvuelto, mientras Bárbara preparaba una bandeja con comida para su nuevo invitado. Cuando Bárbara le sirvió el plato caliente, el joven hambriento lo engulló en un instante. Al principio, estas incuestionables muestras de compasión inquietaron al canadiense.

¿Por qué hacen esto por mí?, pensaba mientras se daba una magnífica ducha caliente como no había disfrutado desde que salió de Canadá.

Durante los siguientes días, Mark observaba a Bárbara y a los jóvenes y poco a poco se iban conociendo. Tenía muchas incógnitas sobre su fe y ese estilo de vida. Había venido a Europa en busca de respuestas, buscando un modelo de vida idóneo

---

[28] Mateo 11:28

para él. Se había sentido persuadido por la idea de viajar como mochilero por Europa, sin restricciones de tiempo ni esquemas.

Al observar el cristianismo práctico, Mark quedó tremendamente impresionado de lo que veía. Esa gente se amaba de verdad y su amor lo ponían en práctica en la vida diaria. No era necesario que le hablaran del amor de Jesús; él lo veía en la realidad. Dos días antes de volar de vuelta a casa, Mark aceptó a Jesucristo en su propia vida.

Una noche, de camino a la cafetería de JCUM, Ana Mari se encontró con otro joven canadiense de pelo largo desaliñado, Mo, de veinticuatro años. Se paró a hablar con él y descubrió que le interesaban las cosas espirituales.

"Voy de camino a una cafetería cristiana. ¿Por qué no vienes conmigo?" le invitó Ana Mari.

"Sí, sí", asintió Mo espontáneamente. "Ya estuve allí anoche. Conocí a uno de esos chicos en el camping y me invitó a jugar al ajedrez. De hecho, ahora voy para allá".

Mientras caminaban juntos por la calle hacia la cafetería, Mo le explicó a Ana Mari que acababa de llegar de Marruecos y que allí encontró ciertas personas que le incitaron a analizar su vida. Un musulmán le había animado incluso a probar el ayuno.

Esa noche, en la cafetería cristiana, el pastor Del Vecchio habló de la gracia de Dios. Refiriéndose a esta gracia como algo inagotable. Mo escuchó el mensaje con atención. Aunque no creía en Dios, se reconocía indigno de tantas cosas buenas como había recibido en la vida.

"No se puede merecer el amor de Dios", recalcó el pastor y las palabras calaron hondo en el corazón de Mo. Comprendió que Dios le estaba ofreciendo un don gratuito.

Estás tratando de hacerlo por ti mismo, le acusaba la conciencia a Mo, cuando pensaba en sus ayunos y otros esfuerzos religiosos. *Estás tratando de ganarte la salvación.*

Aquella noche, de regreso al camping, Mo pensó en su vida sin propósito y en la búsqueda de sentido que necesitaba darle. Se había matriculado en la universidad creyendo que la cultura era la respuesta a los problemas de la vida, pero en realidad, por el contrario, habían aumentado su profunda insatisfacción y su vacío interior. Por eso Mo se había lanzado a la carretera probando todos los estilos de vida imaginables, desde "colocarse con ácido" hasta "la vuelta a la naturaleza". Finalmente, la incesante búsqueda del canadiense le había llevado a Europa, y por último a Marruecos, "a por más droga, arena y sol".

Mientras permanecía despierto en su tienda meditando, Mo se dio cuenta de que su búsqueda no le había aportado ni una sola respuesta al enigma de la vida. Había sido un proceso inútil de intercambio de valores, tan inservibles los unos como los otros. Pensó en los cristianos que había conocido y en la hospitalidad que había encontrado en la cafetería de JCUM. Le habían hablado de la Biblia y regalado un Evangelio para que lo leyera.

Esta gente es sincera y seria con la vida... ¡Y tan alegre!, reflexionó con envidia. Lo que más le conmovió fue la forma en que practicaban sus creencias en la vida diaria. Esa misma noche, solo en su tienda bajo una bóveda de estrellas, Mo experimentó un encuentro personal con Dios. "Te entrego el control de mi vida", oró con humildad. Seguidamente, Mo se trasladó a la comunidad cristiana The Way Inn.

Aquella primavera de 1974, los fervientes jóvenes cristianos pasaban la mayor parte del tiempo en la calle testificando de su fe a la gente. Daniel creía que tan pronto como alguien se convertía a Cristo, la mejor forma de crecer espiritualmente, era comunicar a otros la propia fe. Después de desayunar y orar, Bárbara los llevaba a todos en su furgoneta hasta la concurrida calle peatonal San Miguel, de Torremolinos, repleta de tiendas, bares y discotecas. Al pie de San Miguel, cerca de las escaleras de descenso a la playa, el entusiasta grupo de jóvenes instaló un bar portátil de madera y servían a los paseantes bebidas frías y galletitas gratis. Era un lugar magnífico, con una espléndida vista panorámica sobre el Mediterráneo, justo al pie de la vieja torre del molino en ruinas que da nombre a Torremolinos.

"¿Quiere un poco de limonada fresquita?", preguntaban con simpatía a los turistas que pasaban por allí, esperando una oportunidad para hablar del Evangelio. Muchas de las personas con las que se encontraban desconfiaban de su amable oferta gratuita, pero otras, especialmente los jóvenes mochileros, se detenían y escuchaban sin prisas.

Así estos nuevos cristianos compartían sus testimonios personales, repartían literatura cristiana e invitaban a los turistas a la iglesia. El ir a testificar a la calle resultó ser un eficaz campo de entrenamiento para la evangelización. Los jóvenes creyentes aprendieron a confiar en el Espíritu Santo para saber expresarse bien y a menudo, cuando les confrontaban con preguntas que no eran capaces de responder, se sentían aún más inspirados a estudiar la respuesta en las Escrituras. De esta manera, aprendieron a luchar usando la "espada del Espíritu"[29]. A medida que daban testimonio del amor de Dios y de su poder para transformar una vida, su propia fe se consolidaba.

---

[29] Efesios 6:14-17: "*Manténganse firmes, ceñidos con el cinturón de la verdad, protegidos por la coraza de justicia y calzados con la disposición de proclamar el evangelio de la paz. Además de todo esto, tomen el escudo de la fe, con el cual pueden apagar todas las flechas encendidas del maligno. Tomen el casco de la salvación y la espada del Espíritu, que es la palabra de Dios*". (NVI)

Daniel y el anciano Theo se turnaban presentando a diario estudios bíblicos en la iglesia para alimentar espiritualmente a los jóvenes recién convertidos. Después del estudio de la Biblia, Sylviane solía preparar en la pequeña cocina el almuerzo para todos, a veces de forzosa improvisación vegetariana y lo servía en la sala de oración. Con poco dinero disponible, Sylviane descubrió cómo el Señor le daba ideas culinarias creativas para las comidas. En ocasiones, cuando le preocupaba que no hubiera suficiente cantidad para todos, Dios multiplicaba sobrenaturalmente lo que tenían.

En uno de estos estudios bíblicos, el pastor puso un casete que trataba del tema de los "ídolos" y los "altares" en el corazón de una persona. Al final del estudio, todos oraron. Ana Mari cerró los ojos y, de repente, tuvo una nítida visión de la calle donde trabajaba y vivía. Mientras, una voz interior le susurraba: *Altares...*

"¡Oh, no!", se sobrecogió Ana Mari cuando esas dos palabras le sacudieron la conciencia. Sabía que el Señor le estaba pidiendo que dejara su cómodo apartamento y su trabajo en la agencia inmobiliaria. Tras lidiar con esta cuestión durante tres días, visitó finalmente al pastor en la oficina y le explicó su conflicto interior.

"Daniel, no tengo paz dentro de mí", confesó Ana Mari. "No puedo seguir en mi situación presente. ¡Es terrible!".

"¡Al contrario, eso es maravilloso!" le contradijo el pastor sonriendo. Entonces le relató la historia de Abraham e Isaac y cómo Dios le había pedido a Abraham que entregara a su propio hijo, siendo el final una gran victoria. Mientras Ana Mari escuchaba esta historia de sacrificio y obediencia, decidió encomendar al Señor completamente su vida y su trabajo. Así volvió a sentir paz de nuevo.

"Recuerda, cuando dejes tu trabajo, tienes sitio aquí" dijo el pastor Del Vecchio.

Unas semanas después, Ana Mari se trasladó al chalet de Bárbara, "The Way Inn". Entonces la casa se encontraba llena con cinco chicas, incluidas Sylviane y Pat, ocupando las habitaciones y Mark, Mo y varios chicos, durmiendo en el garaje. Así que Ana Mari se vio obligada a dormir en uno de los sofás del salón. Al poco tiempo, el ex jefe de Ana Mari abrió otro hotel y le pidió que aceptara el puesto en la recepción. Lo aceptó pero cuando hacía el último turno, terminaba de trabajar a medianoche y volvía andando por las oscuras calles hasta el chalet de Bárbara en la colina de El Pinar. Por las mañanas, al levantarse temprano para orar junto a todos, Ana Marí se daba cuenta de que enseguida se sentía sin fuerzas. Y consciente de que debía tomar una decisión sobre sus prioridades, renunció a su trabajo.

Un miércoles por la tarde, después del estudio bíblico y la comida, Ana Mari salía de la iglesia cuando el pastor Dan la detuvo. "¿A dónde vas?"

"A dar una vuelta para testificar", respondió Ana Mari con naturalidad.

Daniel balanceó la cabeza con mirada chispeante y le sugirió: "Tu ayuda sería muy útil en la oficina".

"¡De acuerdo!", aceptó Ana Mari. Así se convirtió en la fiel organizadora y secretaria del pastor Del Vecchio, cargo que ocupó diligentemente durante catorce años.

En una tarde de otoño de 1974, Sylviane y Mo estaban testificando en la calle San Miguel. Se detuvieron para hablar con un australiano enjuto y bronceado que se apoyaba despreocupadamente en un muro esperando a que su amigo saliera de una tienda. De nombre Barry, con barba, pelo largo y un pendiente con la silueta de su país en una oreja, este surfista despreocupado era indudablemente un "anti sistema". Sin dejarse influir por su aspecto exterior, Mo habló al mochilero australiano del amor de Dios.

Barry se mantuvo a una fría distancia, pero en su interior aquellas palabras tocaron una fibra sensible. "Fueron como lluvia", declararía él mismo más tarde. "Estaba endurecido contra el mundo, pero en el fondo anhelaba el amor de Dios para liberarme de mí mismo".

Cuando Barry tenía nueve años, su madre abandonó a su padre, dejando al pequeño al cuidado de sus hermanos. Con la ruptura de su hogar, Barry sintió que algo dentro de él se había desmoronado. Sentía que todo estaba en su contra, pero se prometió que iba a triunfar en la vida y que nada lo iba a impedir. Barry dejó Australia y viajó durante unos años, para acabar en Europa. Mientras Mo y Sylviane seguían hablando con él, Barry se encontró clamando en su corazón: ¡*Dios, si esto es verdad, yo lo quiero!*

Mo invitó espontáneamente al australiano. "¿Por qué no vienes con nosotros al chalet?" Era costumbre de los jóvenes evangelistas llevar a comer a casa de Bárbara a las personas que encontraban con interés por conocer el estilo de vida cristiano.

Barry y su amigo, de nuevo con él, accedieron. Una comida gratis resultaba irresistible, así que siguieron a Mo y Sylviane colina arriba hasta The Way Inn. Como de costumbre, Bárbara sirvió sándwiches con pepino, almuerzo habitual en la comunidad durante los primeros años. Los otros jóvenes cristianos hablaron con Barry y su amigo durante toda la tarde. Llegada la noche, los dos viajeros llevaron sus mochilas al garaje y durmieron allí. Todos los demás oraban fervientemente para que Dios tocara sus corazones.

A la mañana siguiente, cuando Sylviane entró en el salón para desayunar, se encontró con Barry y se cruzaron las miradas. Había estado orando por su salvación y sentía un profundo amor y preocupación por él. Barry giró rápidamente la cabeza, incapaz de soportar la penetrante mirada de Sylviane. Después del desayuno, Bárbara confrontó a los dos jóvenes: "Tenéis que tomar una decisión", les anunció con seriedad. "Tenéis que elegir: iros o quedaros".

Estaba claro que los dos jóvenes australianos ya habían escuchado el Evangelio. Si estaban interesados en seguirlo, eran libres de quedarse, pero si no, estarían ocupando un puesto muy valioso. "Bueno", respondió primero el amigo, "yo me voy".

Las miradas se dirigieron a Barry, esperando en suspenso su respuesta. Barry lo pensó durante unos minutos. "Me gustaría quedarme...", respondió finalmente.

Al día siguiente, Barry entregó su vida a Cristo, cuarenta y ocho horas después de conocer a Mo y Sylviane en la calle. Poco después, en la reunión de jóvenes del domingo por la noche Barry testificó: "Cristo tocó mi corazón, abriéndolo de par en par y llenándolo con su amor".

CAPÍTULO ONCE
"FE, ESPERANZA Y AMOR"

A finales de 1974, la comunidad evangélica necesitaba desesperadamente una cafetería. La de JCUM había sido demolida hacía seis meses. Daniel había abierto temporalmente la sala de oración y la cocina de la iglesia para que sirviera de cafetería los miércoles por la noche, pero estas instalaciones ya se estaban quedando pequeñas. Un lugar informal al margen del contexto eclesiástico, en el que los jóvenes pudieran acudir y hablar de la fe cristiana, había demostrado ser un eficaz medio de evangelismo.

Un día que Benito estaba testificando cerca de la Oficina de Correos, observó una vieja mansión abandonada, a sólo dos casas del lugar original de JCUM. Como estaba justo en el centro de la ciudad y era perfecta para una cafetería, Benito se sintió impulsado a reclamarla para la obra del Señor. Copiando el método de JCUM de tomar propiedades abandonadas por fe, comenzó a ir allí él solo a limpiarlo. Poco después, Daniel localizó al propietario, un sacerdote, que dio permiso para utilizar la casa durante seis meses.

Todos los chicos ayudaron a Benito a limpiar el chalet, en estado de terrible deterioro. Encalaron las paredes, repusieron las baldosas del suelo que faltaban, pintaron las puertas, repararon techos, recogieron montones de basura y cortaron el césped del jardín. Paul, de Inglaterra, rotuló en la pared: *"Jesús es el camino"*, y Max, de Madagascar, reparó un enorme agujero en el techo de la cocina. Cuando terminó de enlucirlo, dio un paso atrás para admirar su obra y en un par de minutos, el techo se derrumbó reducido a un montón de escombros a los pies del pobre Max que, a pesar de todo, retomó de nuevo la reparación con ánimo.

En enero de 1975, Daniel inauguró oficialmente la cafetería "Ebenezer" con una sencilla oración de dedicación a Dios. Para entonces, el chalet de Bárbara estaba abarrotado de jóvenes franceses, británicos, canadienses, estadounidenses, australianos y sudafricanos. Mientras las chicas ocupaban los dormitorios, los chicos se apiñaban en el suelo del garaje. Para los vecinos curiosos, la casa de Bárbara parecía un camping. Tenían una caravana aparcada en la entrada y dos tiendas de campaña instaladas en el jardín con tres personas durmiendo en cada una de ellas.

"¿Qué tal si trasladamos a todos los chicos a Ebenezer?" sugirió el pastor a Bárbara cuando vio su chalet saturado.

Bárbara le miró, con las cejas alzadas, y exclamó de inmediato: "¡pero Daniel, le quitas toda la gracia!"

En deferencia a los deseos de Bárbara, algunos chicos se quedaron en el chalet, pero la mayoría se trasladó a los locales de Ebenezer recién renovados. Como la cafetería estaba en pleno centro de Torremolinos, era un lugar perfecto para celebrar las reuniones de divulgación del Evangelio de los miércoles por la tarde. Sin embargo, en parte no era tan ideal: cada vez que llovía, había goteras y, a pesar de los tenaces esfuerzos de Max, el agua que se infiltraba por el techo salpicaba a veces a los jóvenes reunidos. A pesar de todo, este inconveniente no logró desanimar a los jóvenes cristianos, que siguieron adelante con sus actividades.

La casa también resultó decisiva para el inicio de la proyección de los jóvenes españoles. Benito se había trasladado a una

CAPÍTULO ONCE: "FE, ESPERANZA Y AMOR"

habitación grande en la casa principal, separada de los internacionales. Allí pasaba mucho tiempo de rodillas, ayunando y orando por los suyos. Luego recorría las calles de Torremolinos solo en busca de almas perdidas entre los españoles.

Después de haber vivido, trabajado y sido discipulado durante dos años por el Pastor Del Vecchio, Benito atravesó un año de su vida muy oscuro durante el cual se había desanimado de veras. A pesar de todos los esfuerzos sinceros por alcanzar con el Evangelio a la gente, los resultados de su labor entre los españoles eran desalentadores. Así que empezó a dudar de su llamada al ministerio. Una noche, mientras estaba acostado, bombardeado por mil dudas, el Señor le habló al corazón. Sintió literalmente la mano del Señor en su hombro y el poder de Dios que recorría todo su cuerpo. Después de este toque fortalecedor del Señor, Benito continuó predicando audazmente el Evangelio en la calle. La falta de resultados visibles ya no le desanimaba, porque sabía que el Señor estaba con él. Benito también sabía que su responsabilidad era dar testimonio de Jesucristo. Lograr resultados era misión de Dios.

El Señor honró la seriedad de Benito y le dio "hijos espirituales". El primero fue un español llamado Juan, que más tarde se encargaría de una obra en el centro de Villafranca de los Barros. Jorge, drogadicto y delincuente, también se convirtió en esa época y llegó a ser por varios años pastor de la iglesia española en Torremolinos. Estos dos jóvenes se mudaron a la habitación de Benito en la casa de Ebenezer. Con el contacto diario y las relaciones personales cercanas, Benito les discipuló, instruyéndoles perseverantemente en el estilo de vida cristiano.

Al cabo de seis meses, en mayo de 1975, el chalet de Ebenezer tuvo que ser devuelto a sus propietarios y los ocupantes, que entonces ya eran treinta jóvenes, se dividieron. Los internacionales se trasladaron al chalet de Bárbara, que volvió estar, una vez, más abarrotado. Benito y su grupo de jóvenes discípulos españoles se trasladaron al sótano de la iglesia Casa Ágape, recientemente abierta en Málaga.

En el chalet de Bárbara, diez chicos dormían en el suelo del garaje, tres más en una tienda de campaña montada en el enmarañado jardín, mientras que el resto dormía en la azotea, bajo las estrellas del verano. Las chicas se apiñaban en literas en los dormitorios, el salón y el cuarto de estar, mientras que en el exterior dos enfermeras neozelandesas compartían una *roulotte* aparcada a la entrada. Los vecinos se maravillaban de la variedad de huéspedes que tenía la "excéntrica" Bárbara.

Los españoles se unieron al grupo internacional para los estudios bíblicos en la iglesia, en Torremolinos, los martes y jueves, y los viernes acudían a la "noche familiar" en casa de Bárbara. Ana Mari, que ya había estado traduciendo para Benito, se encontraba ahora rodeada de un pequeño grupo de jóvenes españoles, la mayoría de los cuales eran hippies melenudos y algún que otro drogadicto. Ana Mari no sentía la más mínima afinidad natural con este grupo variopinto y desaliñado, más bien, le repelía su aspecto.

Ana Mari confesó a Dios ese estado duro de su propio corazón. Desesperada, un viernes por la noche, dio un ultimátum al Señor: "Señor, necesito que me des amor por esta gente, porque yo así no puedo seguir", se desahogó con franqueza, "O me das amor por ellos o envías a otra persona a traducir".

Esa misma tarde, el Espíritu Santo envolvió a Ana María de forma extraordinaria, como con un "bautismo de amor". Le sorprendió el tremendo amor que sintió de repente por los españoles. A partir de entonces, experimentó siempre gran unidad en espíritu con los españoles.

En los cultos de la iglesia de Torremolinos, el grupo español se sentaba en los últimos bancos para que la traducción no interfiriera la reunión en inglés. Ana Mari se sentaba en un banco detrás de

CAPÍTULO ONCE: "FE, ESPERANZA Y AMOR"

todo el grupo y, con su limitado español, les traducía los sermones de Daniel. Años después, algunos españoles le confesaron que apenas entendían nada de lo que decía, pero que, aún así, habían participado siempre de buena gana. Sin embargo, a pesar del obstáculo del idioma, el Espíritu Santo se movió entre los españoles y los creyentes comenzaron a multiplicarse a un ritmo prodigioso.

En el verano de 1975, Daniel echó el ojo a una propiedad cerrada al final de la calle de la iglesia. Constaba de un gran chalet y dos pequeñas casitas con un patio central. Un lugar perfecto para albergar las necesidades de la creciente comunidad que ahora contaba con veintiséis personas. Daniel conocía al propietario, un abogado cordobés, y le preguntó si los jóvenes cristianos podrían instalarse en su casa y mantenerla libre de ocupantes ilegales a cambio de una pequeña cuota de alquiler. Sorprendentemente, el abogado aceptó encantado.

El pastor Del Vecchio envió a Ana Mari sola a la casa durante unos días. Se alegró de que este nuevo lugar fuera un verdadero hogar y bien amueblado, a diferencia del chalet de la antigua cafetería, que estaba sucia, en mal estado y necesitada de tantas reparaciones. Cuando, poco después, llegó de visita un grupo de cristianos holandeses de La Haya, el pastor les alojó en el gran chalet, y Ana Mari se instaló definitivamente en uno de los bungalós más pequeños junto a Sylviane, que se fue con ella para acompañarla.

En otoño, se unieron a Ana Mari y Sylviane más chicas en su modesto bungaló y varios chicos se trasladaron al otro de la esquina. Inspirado por las Escrituras, Daniel bautizó el bungaló de los chicos con el nombre de "Fe", el de las chicas con el de "Esperanza" y el más grande con el de "Amor". "... *el amor es el más importante*".[30]

---

[30] 1 Cor.13:13: *"Ahora, pues, permanecen estas tres virtudes: la fe, la esperanza y el amor. Pero la más excelente de ellas es el amor"*. (NVI)

Con el tiempo, una docena de jóvenes ya vivían en Fe, la casa de tres habitaciones y un baño con sus humildes literas triples. El desafortunado de turno que dormía en la litera superior solía despertarse con un chichón en la cabeza. De hecho, se convirtió en un chiste de la comunidad decir que las casas Fe, Esperanza y Amor eran campos de entrenamiento perfectos *"to comfort the afflicted and afflict the comfortable."* *(para consolar a los afligidos y afligir a los acomodados)*

Durante el verano de 1975, Barry y Mo se instalaron con una tienda de campaña en un camping de Málaga, para acercarse a la juventud mochilera. Uno de estos jóvenes a los que se dirigieron a través de la "estratégica tienda de campaña" fue un australiano de veintitantos años, llamado Gus. Dos chicos de la comunidad pasaron tiempo hablando una noche con él en su camping de Los Álamos, a las afueras de Torremolinos. Gus llevaba cuatro meses de viaje y apenas había oído hablar del Evangelio en su tierra natal. Escuchó tranquilamente a los cristianos expresando su relativo interés por lo que escuchaba. Probablemente ese interés no hubiera aumentado si no hubiese sido por lo que de repente zarandeó su condición: al día siguiente, mientras Gus estaba en la playa, le robaron la mochila con todo. El joven australiano, abatido, se pasó por la comunidad para buscar a alguien que le tradujera en la comisaría. Mike, que el día anterior ya había hablado con él, se ofreció a acompañarle y presentaron denuncia.

"¿Qué vas a hacer ahora?" le preguntó Mike.

"Supongo que me quedaré por aquí unos días", respondió Gus encogiéndose de hombros, "Quizá la policía encuentre mi mochila o se la entregue alguien".

"¿Por qué no vuelves conmigo a la comunidad y te quedas con nosotros?" le propuso Mike, sospechando que no era "casualidad" que le hubieran robado la mochila a Gus. "Te ayudaremos en todo lo que podamos".

CAPÍTULO ONCE: "FE, ESPERANZA Y AMOR"

Mike llevó a Gus a la oficina de la iglesia y le presentó al pastor. "¿Así que eres australiano?", el pastor estrechó la mano de Gus y luego se volvió para presentarle al joven sonriente que estaba sentado en el sofá. "Este es Barry. También es de Australia". "Eres bienvenido a quedarte con nosotros, Gus. Barry te llevará a casa de Bárbara" concluyó Daniel.

En la comunidad The Way Inn, Gus tuvo el privilegio de la mejor cama del garaje, la más cercana a la puerta, con aire fresco. Pero él preveía que no aguantaría durante mucho tiempo unas condiciones tan incómodas.

"Esta es una vida dura", murmuró Gus a la mañana siguiente mientras desayunaba. Más tarde descubrió que la leche que le pasaron de color grisáceo era leche de alfalfa, con la que normalmente se alimenta a los terneros.

"Esta gente debe de estar realmente consagrada", bromeó Gus, maravillado de que nadie pareciera darse cuenta o quejarse de tan austero estilo de vida. Tras cuatro días viviendo en el chalet de Bárbara, Gus se sintió abrumado por la sinceridad y la dedicación que veía en la convivencia cotidiana de los cristianos en torno a él.

Este cristianismo es un compromiso enorme, pensó Gus para adentro con sobriedad. El australiano estaba convencido de necesitar un Salvador, pero el precio para seguirle le parecía un coste demasiado alto. La noche anterior, en el culto, había salido adelante en respuesta a una llamada al altar, pero en su corazón sabía que se resistía a un compromiso total con Cristo. *¿Puedo permitirme entregar mi vida a Cristo?* sopesó. Después de una gran lucha interior, Gus se decidió a dejar la comunidad. *Si me quedo aquí mucho más tiempo, me voy a quedar atrapado*, razonó. *Mis amigos del camping se van hoy a Marruecos. Me voy con ellos.*

"¿Bajas a la iglesia para la reunión de oración?" preguntó Barry alegremente.

"Ves, ves tú", respondió Gus con evasivas. "Antes tengo cosas que hacer".

Cuando se quedó solo, Gus metió en una pequeña bolsa la poca ropa con que contaba, ya que no le habían devuelto su mochila robada. Pasó por delante de la iglesia y se encontró con Dory en la puerta. "Sólo quería despedirme", espetó Gus, pisoteando la grava con nerviosismo. "¿Te despedirás de Barry y del pastor Daniel de mi parte?"

Gus no podía soportar enfrentarse al pastor, y menos aún a Barry. El enérgico australiano, tan ardiente por Dios, había impactado su vida. Gus había encontrado una persona parecida a él, porque se identificaba con el estilo de vida anterior de Barry. Y le había dedicado muchas horas pacientemente hablando con él.

Gus se fue a Marruecos sabiendo, en el fondo de su corazón, que estaba huyendo de Dios y engañándose a sí mismo. *Algún día entregaré todo mi corazón a Cristo, pero no ahora,* pensó con obstinación. *Tengo muchos planes y quiero pasar años viajando antes de pararme.*

Cuando Barry descubrió que Gus le había engañado y se había largado, se entristeció. Apesadumbrado por su compatriota, Barry buscó un lugar tranquilo para orar. "Señor, yo habré cometido algún error. Pero tú sabes dónde está Gus. Creo que mantendrás tu mano sobre él y le salvarás. Reclamo su salvación, en el nombre de Jesús, para tu gloria", suplicó Barry.

Cuatro meses después, esa oración fue respondida. Gus, viajando por África, había acabado en Zimbabue, donde encontró trabajo como electricista en una urbanización de la compañía eléctrica estatal. En una de las primeras casas en las que prestó sus servicios, vivía un pastor cristiano y mientras trabajaba, Gus charlaba de buena gana con él. El día de Navidad, el pastor y su esposa invitaron al australiano a comer y le regalaron una Biblia. Muy impactado, Gus abrió su corazón al pastor y oró con él, aceptando finalmente a Jesucristo como su Señor y Salvador. Exultante, Gus sabía que esta vez sí se había rendido de todo corazón a Cristo, haciendo la decisión que no había estado dispuesto a tomar antes en España. Enseguida escribió a Barry para comunicarle la buena noticia y así, un año después de haber abandonado la comunidad cristiana en Torremolinos, Gus regresó.

Durante décadas, visitantes de casi todas las naciones del mundo han entrado por la puerta de la iglesia de Torremolinos recibiendo un toque de Dios. Miles de personas han sido decisivamente impactadas a través del alcance internacional que comenzó allí. Profundamente transformadas, estas personas luego han regresado a sus respectivos países, llevando una preciosa semilla para sembrar en otros corazones. El pastor Del Vecchio descubrió que no tenía que salir en busca de todo el mundo, ¡el mundo entero iba a Torremolinos! Incluso ciertos cristianos célebres internacionalmente como el Hermano Andrew, "El Contrabandista de Dios", que introducía miles de Biblias de contrabando en la antigua Unión Soviética, y el gran maestro de la Biblia, Derek Prince, participaron en conferencias celebradas en la iglesia de Daniel.

Un día, la revista mundialmente conocida, People, tuvo noticias de la comunidad y de su impacto en los jóvenes mochileros que pasaban por Torremolinos. Dicha revista publicó un artículo muy positivo de dos páginas "Jóvenes Viajeros en Dificultad en el Sur de España Reciben Ayuda de un Americano Evangélico" en su número de julio de 1976:

> "...en los alrededores de Torremolinos, el pastor Del Vecchio y su esposa Rhoda, han fundado una iglesia, un centro de reinserción social y una próspera comunidad religiosa destinada a rescatar a jóvenes que abandonan los estudios y

a víctimas de la droga... Los ochenta y cinco jóvenes acogidos por Daniel Del Vecchio llegaron a España procedentes de todo el mundo. En palabras de Del Vecchio, "El 99% de ellos son resultado de hogares rotos o infelices. A medida que reciben a Jesucristo en sus corazones, comienzan a querer cortarse el pelo, asearse, lavarse la ropa, dejan de beber y de drogarse". [31]

Las fotografías de la revista muestran a Del Vecchio predicando en el púlpito; a los miembros de la comunidad reunidos en torno a una mesa al aire libre, donde hasta setenta jóvenes convertidos se reunían los martes para un festivo pero discreto almuerzo;[32] y a Rhoda con sus hijas Deborah, de once años y Rebecca, de nueve, "compartiendo sus vidas con jóvenes de todo el mundo y el collie mascota".[33]

La creciente comunidad "se llenó de jóvenes de numerosos países: Canadá, Estados Unidos, Inglaterra, Francia, Alemania, Australia, Nueva Zelanda, Italia, Colombia, Dinamarca, Suecia, Suiza, Escocia, Irlanda, Finlandia y Sudáfrica, entre otros orígenes del continente africano. Algunos, antes de llegar a la comunidad, vivían como hippies dados al hachís en Marruecos, otros habían sido víctimas de un robo y se encontraban sin dinero ni documentos y otros, sencillamente, buscaban una razón para vivir". [34]

Daniel pensó que la iglesia estaba haciendo el papel de "ballena de Jonás", recogiéndoles y rescatándoles de sus propias rebeliones. Estos recientes cristianos, ahora "llenos del Espíritu Santo y del fuego de Dios salían en parejas a evangelizar. Su alegría era contagiosa y había tal amor y tal poder de Dios entre ellos que,

---

[31] Maurice F. Petrie, "Troubled Young Travelers in Southern Spain Find Help from an EvangelicalAmerican", revista *People*, 19 de julio de 1976, 53.
[32] Ibid
[33] Ibid, 52
[34] Del Vecchio, *El Manto de José*, 125

cuando llegaban nuevos jóvenes de la calle, enseguida se convertían y recibían también el bautismo del Espíritu Santo".[35]

"¿Ves el viento que sopla balanceando esos árboles?" dijo el pastor Del Vecchio al reportero de la revista People, indicándole desde la ventana de la iglesia. "Cuando observes esta comunidad, quiero que veas el viento y no los árboles. La razón por la que esos árboles se mueven es porque hay viento que sopla y la razón por la que estos jóvenes están siendo ayudados y liberados aquí, es la intervención del Espíritu Santo. Nosotros sólo somos una manifestación visible, pero Él está aquí trabajando entre nosotros y esa es la imagen que queremos obtener de Dios: La Causa detrás de todo esto".

---

[35] Ibid

La autora y su hermana con las mochilas

La autora y su hermana en la playa de Torremolinos

FOTOGRAFIAS

*Postal de la Iglesia de Torremolinos
(la familia Del Vecchio arriba a la derecha)*

La familia Del Vecchio (Deborah y Daniel junior)

El Tabernáculo de Málaga (la magnífica cúpula geodésica)

FOTOGRAFIAS

Interior de la iglesia El Tabernáculo

La Casa en la Roca

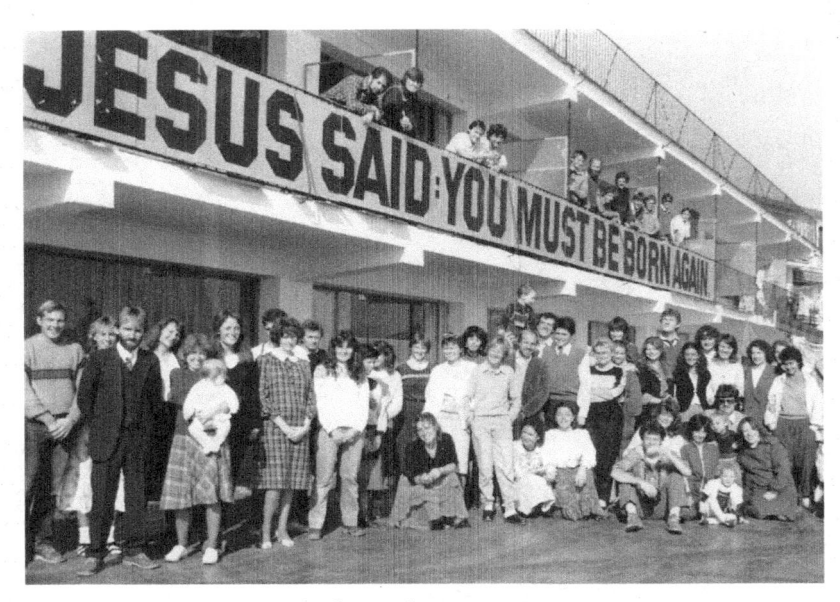

El Hotel Panorama

Conferencia con ex drogadictos (en la plataforma)

FOTOGRAFIAS

Leslie, heroinómana curada

Daniel y Rhoda

Daniel y Rhoda con su hija Deborah

Culto en Sevilla

FOTOGRAFIAS

La Finca de Antequera con la cúpula geodésica

Vista aérea de la Finca de Antequera

Daniel Lucero y el pastor Del Vecchio en la Finca

La iglesia de Antequera

FOTOGRAFIAS

La comunidad en 1985

El Reencuentro de 2014, delante de la iglesia de Torremolinos

CAPÍTULO DOCE
"SU GRANJA" Y "SU ESCUELA"

En una velada en familia en marzo de 1976, Daniel compartió su visión de tener una finca de cultivo para abastecer las necesidades alimenticias de la comunidad. Por aquel entonces Bárbara servía a más de setenta comensales en las cenas en familia, en total, hacían falta más de seis mil comidas al mes. Además, Daniel pensaba que el trabajo agrícola, físicamente exigente, podría resultar terapéutico dado que algunos de los jóvenes no sabían nada del trabajo físico. Quería contar con un lugar donde poder formarles, enseñarles a trabajar y a ser autosuficientes. En la reunión de oración, después de la cena, presentaron la idea ante el Señor. Le pidieron a Dios que abriera las puertas y que todo se hiciera conforme a su voluntad.

El primer día que Daniel comenzó seriamente a buscar una finca, Dios le mostró el lugar de su elección: una propiedad cerca de Alhaurín el Grande, un pueblecito a media hora de coche de Torremolinos. Estando en la cima de la colina que domina la finca, Daniel y sus hijos se cogieron de las manos y, por fe, la reclamaron para Jesús.

Después, sin embargo, todo pareció ir de mal en peor. Durante semanas, Daniel y su abogado intentaron llegar a un acuerdo con propietario y abogado sobre la compra de la propiedad. En dos ocasiones se reunieron todos en el despacho de uno de ellos para resolver los enredos legales presentes, pero una vez tras otra, las negociaciones se rompieron. Finalmente, Daniel, confundido y abrumado por las dudas, decidió descartar ese sitio en particular y empezó a buscar otra finca sin obtener resultados.

Durante este período de incertidumbre, uno de los jóvenes de la comunidad recibió una palabra del Señor a través de la Biblia: Números 14:8: *"Si Jehová se agradare de nosotros, él nos llevará a esta tierra, y nos la entregará; 'tierra que fluye leche y miel'"*.

Daniel creyó que esta palabra era para aplicarla a su situación actual, así que recibiendo esperanza y confianza nueva, reanudó las negociaciones ya iniciadas con el propietario. Aunque desde el principio el Espíritu Santo le había insistido en que no pagara más de 14.000 dólares por la propiedad, durante las conversaciones anterior, Daniel había aceptado, aunque de mala gana, que el precio fuera algo más alto. Ahora, por tercera vez, con tres abogados y el propietario, intentó llegar a un acuerdo. En cambio, nadie podía resolver el tecnicismo legal que emergió: al parecer, los propietarios cuyos campos rodeaban la finca en venta, ostentaban el primer derecho a comprar la propiedad.

"Lo siento", dijo el propietario a Daniel. "Aunque tengas el dinero, no puedes adquirir la tierra a menos que todos los demás propietarios colindantes renuncien a sus derechos de primera reclamación".

Desanimado, Daniel abandonó la reunión y se fue a casa. En el camino, sin embargo, Dios vertió una palabra de sabiduría en su corazón y le mostró lo que tenía que hacer. Al día siguiente, un determinado Daniel, se montó en su motocicleta bajo una lluvia torrencial y visitó a todos los agricultores vecinos. Presentó a cada uno de ellos un documento que había redactado en el que declaraban renunciar a todos sus derechos de compra sobre la

CAPÍTULO DOCE: "SU GRANJA" Y "SU ESCUELA"

propiedad en cuestión. Milagrosamente, todos los propietarios, de uno en uno, lo firmaron. Daniel jubiloso lo celebró ante el Señor. Los impedimentos legales estaban resueltos. Esta vez, ofreció al propietario la primera cantidad que originalmente Dios le había mostrado y la oferta fue aceptada.

Toda la comunidad visitó la propiedad, que se encontraba sin labrar desde hacía varios años. Oraron por ella y luego lo celebraron con un picnic. Bautizaron la nueva finca como "Su Granja". Dentro de sus límites, Su Granja contaba con ocho variedades de árboles frutales, incluyendo naranjos y limoneros. Daniel esperaba que gran parte de esta fruta se pudiera preparar en conserva y guardarla para el invierno. Con la escasez de comida y los precios siempre en aumento, creía que todo esto era una parte fundamental del plan de Dios para la futura dirección de la comunidad, permitiéndole por fin ser autosuficiente.

Lo primero a lo que Daniel dedicó su atención fue al problema del riego. Si la granja iba a producir hortalizas para abastecer las necesidades de la comunidad, era primordial localizar una fuente de agua importante. En Andalucía, los veranos eran secos, y a veces podía no llover en seis meses, pero con un suministro de agua suficiente se podrían obtener dos cosechas al año.

Daniel eligió un lugar para empezar a cavar un pozo cerca del pequeño río que hay en la parte inferior de la propiedad, pero no encontraron agua subterránea. Seguidamente, tantearon otro punto en la parte superior de la propiedad. El equipo empezó a remover la tierra, encontrando una capa verde de arcilla debajo. A medida que se profundizaba, el suelo se hacía cada vez más duro, hasta que fue necesario utilizar un martillo neumático y un compresor. A nueve metros de profundidad, desenterraron un fósil de pez.

"Probablemente ha estado ahí desde el Diluvio", comentó Daniel, sin poder ocultar su terrible decepción ante el pozo sin agua. Todo su duro trabajo no había servido de nada. Y para empeorar las cosas, los granjeros vecinos sacudían la cabeza ante esta muestra de insensatez, declarando que no habría agua en ese lugar.

"Señor, por favor, dame una palabra", suplicó Daniel con frustración. Toda la comunidad cristiana buscaba al Señor en oración a causa de la pésima situación. Transcurrido otro día hallando nada más que terreno pedregoso, un desalentado Daniel abrió su Biblia en Isaías 35. Los versículos seis y siete resaltaron de entre las páginas:

"Entonces el cojo saltará como un ciervo,
Y cantará la lengua del mudo;
porque aguas serán cavadas en el desierto,
y torrentes en la soledad.
El lugar seco se convertirá en estanque,
y el sequedal en manaderos de aguas".

Daniel sabía que Dios le había hablado y compartió las buenas noticias con la comunidad: "Pronto tendremos agua". En lugar de cavar más profundo, decidió taladrar un agujero en el centro del pozo ahondando otros seis metros. Pero sólo encontraron una arcilla más dura todavía que la anterior. Al final dejaron de cavar. A pesar del aparente chasco, Daniel no perdió la esperanza que Dios había sembrado en su corazón.

Pasaron muchas semanas y llegaron algunas lluvias ligeras. El pozo comenzó a llenarse y, extrañamente, incluso después de que la lluvia hubiera cesado, permaneció prácticamente lleno. Daniel examinó el pozo con algunos de los chicos. "¿De dónde viene toda este agua?", les preguntó perplejo a causa del extraño fenómeno.

Daniel bombeó toda el agua del pozo. A medida que el nivel bajaba, el agua fluía reponiendo el suministro y continuaba llenando en el pozo a nivel desde doce metros de profundidad. Más tarde descubrieron que esa agua no procedía del pozo, sino del canal de riego fluvial del vecino.

La finca en la actualidad funciona como centro de rehabilitación bajo la dirección de Betel, una organización cristiana con sede en Madrid. Años más tarde, Daniel y Rhoda visitaron la granja y cuán grande sorpresa se llevaron al ver una piscina grande en la propiedad.

"¿Cómo has conseguido agua?" preguntó Daniel al líder con asombro.

"Decidimos construir una casa no muy lejos de tu pozo y nos encontramos con un arroyo subterráneo que impedía hacer los cimientos, así que ¡en su lugar hicimos una piscina!"

Aunque se descubriera algunos años después, era cierto: Dios sí había provisto *"arroyos en el desierto"*.

🔥

Daniel y Rhoda llevaban bastante tiempo preocupados por la mala educación escolar que recibían sus tres hijos, Daniel junior, Debbie y Becky. Los costes de los colegios privados de habla inglesa eran exorbitantes y en las escuelas públicas locales proliferaba la inmoralidad, por lo que no sabían qué hacer.

Un día, Carol y Bárbara, dos profesoras de profesión, acudieron consternadas a Daniel. Ambas habían sido contratadas provisionalmente por un grupo de padres de Mijas para dar clases en un pueblo de montaña a media hora de coche hacia el interior de Torremolinos. Cuando descubrieron que las dos eran cristianas, el director de la escuela se apresuró a redactar un acta en la que imponía que no se podía mencionar a Jesucristo ni impartir la más mínima enseñanza religiosa.

"Pastor, ¿qué hacemos?", preguntaron las dos profesoras. "No podemos comprometernos a no hablar de Jesucristo".

Daniel estaba de acuerdo en que no debían aceptar la oferta de trabajo de ese colegio. Entonces, ante dos profesoras de educación escolar americana, cualificadas pero desempleadas, se le ocurrió una idea: "¿Por qué no fundamos nuestro propio colegio para nuestros hijos?"

Como era ya finales de julio, empezaron a buscar frenéticamente un edificio en alquiler para comenzar una escuela. A pesar de haber buscado con ahínco en Mijas y Arroyo de la Miel, no encontraron nada idóneo, sólo puertas cerradas. Entonces, durante la reunión de oración, que se celebraba todos los miércoles por la mañana, Debbie Del Vecchio, con once años, se acercó a su padre y le susurró: "Papá, ¿por qué no empezamos la escuela en la finca de Alhaurín?"

"¡Sí!, ¿Por qué no?" reflexionó Daniel, maravillado de que "*de la boca de los niños*"[36] emergiese la sabiduría.

Sin embargo, la granja no tenía instalaciones para albergar un colegio. Llegar a construir la estructura necesaria se planteaba imposible: no había tiempo para contratar a un arquitecto que elaborase el proyecto... y además, todo el proceso costaría demasiado dinero. Pero entonces Daniel descubrió que los edificios de madera no requerían permisos de obra, por ser considerados vivienda provisional. Aunque allí nadie hubiera construido con madera dado que en ese clima se pudre con facilidad, Daniel sabía que aplicando el tratamiento adecuado era posible protegerla del deterioro.

"Construiremos cabañas de madera y cada cabaña será un aula," anunció Daniel a los miembros de la comunidad.

Los jóvenes, inexpertos pero dispuestos, trabajaron duro en la construcción. Contando sólo con medios primitivos, removían la tierra manualmente con grandes palas y el hormigón necesario para

---

[36] Mateo 21:16b: "*...Y Jesús les dijo: Sí; ¿nunca leísteis: "De la boca de los niños y de los que maman perfeccionaste la alabanza?"*".

los cimientos, se mezcló todo a mano. Para el comienzo del curso escolar, en septiembre, las cabañas aún no estaban terminadas. Inalterables, las cuatro profesoras (Carol, Bárbara, Beth y Sue) eligieron cada una "su naranjo" y distribuyendo unas cuantas sillas bajo las fragantes ramas, procedieron a impartir las clases del nuevo curso. ¡Los niños estaban encantados con su singular "aula" al aire libre!

Daniel y algunos jóvenes de la comunidad continuaron con su agotador propósito, contrariados a menudo porque la madera que llegaba era de calidad inferior a la prevista. Para cuando empezaron las lluvias en octubre, Daniel y sus ayudantes ya habían terminado las dos primeras cabañas. La primera fue nombrada "Paciencia", porque su construcción había puesto verdaderamente a prueba su paciencia. Y a la segunda, Daniel la llamó "Perseverancia", porque había estado tentado a abandonar y contratar ayuda, pero perseveró hasta concluirla. Una tercera cabaña, construida en menos de la mitad de tiempo que las otras dos, fue bautizada con acierto como "Paz". En poco tiempo se completó la escuela con otras cinco cabañas más: Prudencia, Providencia, Prosperidad, Promesa y Alabanza.

Incluso sin haber hecho publicidad, el Señor envió a diecisiete niños, de edades comprendidas entre preescolar y primer curso de secundaria, a inscribirse en la escuela. Los profesores, que pronto llegaron a ser ocho, ofrecieron con sacrificio su tiempo, sin recibir salario alguno. A su vez, la matrícula de los alumnos era completamente gratuita.

Desde el principio, el énfasis del nuevo colegio cristiano fue sobre estas prioridades: primero la adoración, luego el estudio y luego el trabajo. Daniel la bautizó como "His School" (Su Escuela). Cada mañana se comenzaba en oración. Después de cuatro años, His School alcanzó un censo estable de unos sesenta y cinco estudiantes, con catorce profesores a tiempo completo y parcial. Los alumnos procedían de Finlandia, Suecia, Inglaterra, América, Alemania y de familias mixtas hispano-expatriadas. En los ocho años que His School funcionó abierto al público en general, cientos de niños tuvieron la oportunidad de escuchar el Evangelio y muchos aceptaron a Jesucristo en su corazón.

Para satisfacer las crecientes necesidades de transporte de la comunidad, Bárbara, con su característica generosidad, había cambiado el coche por una furgoneta de nueve plazas a la que ocurrentemente apodaron "The Bug" (El Bicho). La furgoneta pronto se hizo famosa en todo Torremolinos. De hecho, era imposible no fijarse en ella, ya que tenía pintadas referencias a Jesús por todas partes. Delante, en el capó, Bárbara había escrito "Jesús viene" en letras rojas y gruesas. Pero por error, escribió mal "viene" poniendo una doble "n".

"¡Oh, cielos! ¿Qué hago?", se agobió al comprobar que la pintura ya no podía borrarse. Entonces tuvo la brillante idea de modificar una de las enes convirtiéndola en una gran llama amarilla y roja, ofreciendo esta explicación a los curiosos: "Representa la llama del Espíritu Santo o el fuego del infierno. Escojan".

Una vez a la semana, Bárbara llevaba a dos chicos al mercado para comprar comida para la comunidad en la que vivían treinta jóvenes, para los huéspedes de su propio chalet y para "His School" que contaba ya con cincuenta niños. Un día, compró todo a granel y cargó gran cantidad de sacos de patatas, cebollas, tomates, etc. Cuando quiso percatarse, había ocurrido lo inevitable: el suelo de la furgoneta había cedido. Stuart, el mecánico de la comunidad, vio que el pobre "Bug" tenía también un eje roto y reparó todo lo mejor que pudo.

Pronto Bárbara decidió que era hora de comprar una furgoneta más grande. Le encantaba una Ebro verde, una furgoneta de alta

CAPÍTULO DOCE: "SU GRANJA" Y "SU ESCUELA"

gama muy cara. Así que para poder comprarla, Bárbara vendió el pequeño estudio que tenía en la ciudad. Aunque perdió dinero en la operación, obtuvo la cantidad exacta que necesitaba para comprar la furgoneta. Bárbara se sentía muy orgullosa de conducir "la carroza de Dios", como la llamaba cariñosamente. La Ebro verde resultó ser una enorme bendición para la comunidad.

"Hoy hace falta tu furgoneta, Bárbara. ¡Gracias!" le solicitaba Daniel a menudo.

Aunque ella era consciente de que su actitud no era buena, Bárbara llevaba mal estas peticiones. Cuando le dijeron que su furgoneta era el único medio para llevar todos los días a los profesores a la escuela de Alhaurín, Bárbara echaba humo. "Ahora tendré que ir en autobús a todas partes", pensaba enfadada.

A raíz de su conversión, Bárbara había empezado a visitar, una vez a la semana, a los enfermos de un hospital en Málaga. Como ella misma pasó mucho tiempo en hospitales cuando contrajo tuberculosis, se sentía muy familiarizada con esos pasillos. Era un hospital lleno de turistas de mediana edad que habían sufrido problemas de salud durante sus vacaciones, generalmente neumonía, ataques al corazón o fracturas de huesos. Con su visible placa que decía "Jesús es el Señor", Bárbara oraba, de uno en uno, con los turistas de habla inglesa que encontraba. Ahora, no contando con su furgoneta, las visitas semanales al hospital requerirían cinco cambios de autobús y en verdad, no le hacía ninguna gracia semejante "sacrificio".

Sorprendentemente, dos meses después de estar haciendo los desplazamientos en autobús, Bárbara descubrió que era capaz de disfrutar de los trayectos. Apenas experimentó este cambio en su corazón, un miembro de la iglesia le puso a disposición un coche. A raíz de eso, ya nunca le importó que utilizaran su furgoneta siempre que fuera necesaria.

Bárbara aún tenía que aprender más "lecciones de humildad", como la comunidad se refería al entrenamiento del Espíritu Santo para la obediencia a Dios. Las cenas familiares de los viernes, que ahora servían a ochenta personas, se celebraban tradicionalmente en el chalet de Bárbara antes del culto de la noche. Éste era siempre un día especial para ella, que pasaba la mañana en el campo cogiendo flores silvestres para decorar las mesas para la cena.

Un viernes por la mañana, Daniel informó a Bárbara de que a partir de ese día, las cenas se servirían después del culto, en lugar de antes y estilo bufet. Pues, al parecer, las raciones que se servían normalmente tan copiosas, daban sueño a algunas personas, que también se habían lamentado de estar engordando. Así que ahora cada uno se serviría por sí mismo. A Bárbara no le gustó nada este nuevo acuerdo. Pero para ella, la espinita más grande de todo era que ya no estaría en su lugar habitual presidiendo la mesa. Así pasó tres días malhumorada, dando voces a todo el mundo. Finalmente, entrando en su habitación, se puso de rodillas y pidió a Dios que perdonara su enojo. Más tarde, Bárbara, que toda su vida había hecho lo que quería, confesó al pastor: "En realidad, por si quieres saberlo, ¡la persona más rebelde de toda la comunidad soy yo!"

Daniel se rió: "¡Ah sí, lo creo!"[37]

Años atrás, cuando el matrimonio Del Vecchio había estado ministrando en México, Daniel había sugerido a Rhoda vender su "chalecito de luna de miel". Rhoda presentó a Dios el asunto que tanto le pesaba en el corazón: "Padre, tú lo sabes que esta casa es un lugar al que siempre podríamos volver, pero si quieres que la vendamos, entonces quita el amor y la preocupación de mi corazón por esta casa y dame fe para soltarla..."

---
[37] Fletcher, 43-44

Entonces, mientras Rhoda leía su Biblia, una escritura de Marcos 10:29-30 resaltó de entre las páginas y la tomó como una promesa de Dios especial para ella:

"Respondió Jesús y dijo: De cierto os digo que no hay ninguno que haya dejado casa, o hermanos, o hermanas, o padre, o madre, o mujer, o hijos, o tierras, por causa de mí y del evangelio, que no reciba cien veces más ahora en este tiempo; casas y hermanos y hermanas y madres e hijos y tierras, con persecuciones; y en el siglo venidero, la vida eterna."

Después de aquello, la alegría del sacrificio inundó el corazón de Rhoda, que estuvo dispuesta a renunciar a su casa y a utilizar el dinero que recibirían de la venta, para difundir el Evangelio.

Cuando la furgoneta de Bárbara ya no era suficiente para cubrir las necesidades detransporte del colegio His School, Daniel necesitaba comprar un gran autobús escolar. Sugirió a Rhoda que para comprar el costoso vehículo se utilizara el dinero que habían recibido de la venta del "chalecito de luna de miel" y que habían estado atesorando como su "ahorro".

Ahora Daniel proponía a Rhoda utilizar esa suma de dinero, sus "ahorros", para la necesidad inmediata de un autobús escolar. Y ella accedió a hacer esta ofrenda de sacrificio, creyendo que el Señor se mostraría fiel a la hora de multiplicar su costosa donación.

CAPÍTULO TRECE
CASA ÁGAPE

El principal trabajo por difundir el Evangelio entre los españoles se centró en Málaga, la concurrida ciudad portuaria de Andalucía. Allí, en el sótano de la iglesia Casa Ágape, durante cinco años, Benito perseveró fielmente en el discipulado de jóvenes recién convertidos a Jesucristo. Les transmitió todo lo que el pastor Del Vecchio le había enseñado sobre la Biblia y la vida cristiana práctica. Muchos de ellos, aunque en el pasado habían sido drogadictos y delincuentes, con el tiempo se convertirían en pastores, líderes, maestros en sus iglesias locales y directores de centros de rehabilitación de toxicómanos por toda España.

A diario, Benito y su grupo de jóvenes discípulos repartían folletos en la concurrida calle Sánchez Pastor, de Málaga. Estos atípicos jóvenes acabaron haciéndose familiares para los peatones habituales de dicha calle. Uno de quienes la atravesaban con frecuencia y se detenía a charlar con los cristianos era un drogadicto de veinticinco años llamado Luis.

Luis llevaba ya ocho años en el mundo de las drogas y el Rock. Era uno de los componentes de un conjunto muy conocido en Andalucía. Aunque tenía todo lo que podía desear (fama, drogas, dinero y chicas) sentía siempre insatisfacción y vacío en su vida.

Cada vez que Luis paseaba por la calle Sánchez Pastor, aunque iba "colocado" como de costumbre, Benito le saludaba y le hablaba de Jesús. Luis bromeaba burlón e intentaba ofrecerle drogas, pero algo muy fuerte de la mirada y la voz de Benito impactaba a Luis. Quedó cautivado por el amor y la compasión que percibía. Durante dos años, Luis siguió topándose con Benito y su variopinto grupo de discípulos que le predicaban fervientemente el Evangelio, pero él siempre se encogía de hombros objetando: "Sí, lo veo bien, pero aún no es mi hora".

Un día, cuando él y su banda de Rock se encontraban en Sevilla, Luis sintió un dolor insoportable en la parte posterior de la cabeza. Estaba realmente mal, corrió al baño y vomitó un líquido negro horrible. Aterrado, pidió a sus amigos que le llevaran al hospital, donde acabó perdiendo el conocimiento. Cuando recuperó la conciencia estaba en cuidados intensivos, conectado a gran cantidad de tubos y rodeado de médicos enmascarados.

"¡Por fin abres los ojos!", exclamó uno de los médicos, con evidente preocupación en su voz. "Has estado en coma durante dos días. ¿Sabes lo que tienes?"

"No..." respondió Luis asustado.

"Tienes meningitis... de la clase más peligrosa y contagiosa".

Transcurrieron once días en el hospital hasta que Luis recuperó las fuerzas. Los médicos, sorprendidos ante tal mejoría, programaron darle el alta. Sin embargo, a la mañana siguiente, Luis volvió a sentir el mismo terrible dolor. Cuando estaba a punto de llamar al médico responsable, una voz interior le detuvo: *¿Recuerdas cuando de niño clamabas a Dios? Hazlo ahora igual.*

Entonces Luis se acordó de Benito y del Dios del que tanto le hablaba. Algunos de sus propios amigos ya habían abandonado la vida de drogas para seguir a este Dios. *¿Podría él dar el mismo* *paso? ¿Habrá llegado mi hora?* se preguntaba Luis, cuestionándose si la mano de Dios estaría quizás detrás de su enfermedad. Luis oró: "Dios, si existes, si eres verdadero, entonces sáname, libérame, sácame de aquí. Y te prometo que dejaré mi música, las drogas y mis malas amistades, para seguirte".

Unos minutos después, el dolor desapareció por completo. Luis salió del hospital pero, olvidándose de su promesa a Dios, cogió un autobús hacia Málaga para ir al bar "La Buena Sombra", su local habitual, en busca de sus amistades y de droga. Extrañamente, ninguno de sus amigos estaba allí. Fuertemente contrariado, salió del bar y de pronto se encontró rodeado por cuatro jóvenes cristianos: Benito, Felipe, Paco y Vicente. Éste último era un viejo amigo de Luis, de Algeciras, que había entregado su vida a Jesús un mes antes.

"Hemos orado mucho por ti", le abrazó Vicente. "Incluso hemos ayunado por ti para que Dios te sanara y le conozcas".

En ese momento, Luis sintió la convicción de que el Espíritu Santo le decía *Recuerda tu promesa. Me dijiste que si te sanaba, me seguirías. Aquí estoy. Estas personas son mis discípulos. Sígueme tu también.*

Dos días después, Luis asistió a la iglesia en Málaga, Casa Ágape. Cuando Felipe terminó de predicar en el púlpito, invitó a los que querían aceptar a Jesús como su Señor y Salvador a pasar al frente. Profundamente consciente de su propio pecado, Luis se dirigió al altar y Felipe oró con él. Luis pidió al Señor que le perdonara y le liberara de la esclavitud de las drogas. A partir de ese momento, no volvió a fumar nunca más, ni beber, ni drogarse. Dejó atrás a sus viejos amigos y el mundo del Rock. Poco después, Luis se trasladó a vivir al sótano de Casa Ágape, uniéndose a Benito y a otros seis fervientes cristianos. Ahí comenzó de verdad su discipulado práctico para la vida cristiana.

Bajo el firme liderazgo y el fiel ejemplo de Benito, Luis creció rápidamente en la fe. Todas las mañanas se levantaba a las siete y media como los demás para empezar el día en oración. Esta era una disciplina especialmente dura para Luis que estaba acostumbrado a acostarse a las seis de la mañana y levantarse al mediodía. Su antiguo estilo de vida se invirtió por completo.

Al día siguiente de su conversión, Luis salió a la calle a dar testimonio con los cristianos, repartiendo folletos y compartiendo su fe. Benito o Felipe permanecían siempre a su lado para apoyarle y animarle. Algunos de los antiguos amigos de Luis, estaban sorprendidos por el cambio que veían en él y tenían miedo.

"¿De verdad te crees lo que predican estos tipos?", se burlaban. "¡Estás loco! Pronto volverás a tus cabales. Volverás con nosotros..."

Sin embargo la gracia del Señor, fortaleció a Luis y permaneció en Casa Ágape durante más de dos años sometiéndose a una formación cristiana y discipulado muy profundos. Entre los ocho jóvenes que vivían en el sótano de la iglesia creció un fuerte vínculo de verdadero amor. Aunque el sol no llegaba a sus húmedas habitaciones, la luz del Señor sí y dispersaba la oscuridad uniendo a los jóvenes en un verdadero hermanamiento. La mayoría de los futuros líderes de la obra española salieron de este sótano, comprometidos con una vocación cristiana forjada en la austeridad, las dificultades y la abnegación.

A menudo, para desayunar, los jóvenes sólo podían hacerse una papilla de harina y leche, y cuando se encontraban sin dinero se reemplazaba la leche con agua. A veces, sólo podían permitirse una comida al día, que frecuentemente consistía en sopa de espinacas y patatas, pero sus almuerzos juntos transcurrían siempre en la presencia, casi tangible, de Dios.

Vivían con un presupuesto mínimo. Benito bajaba regularmente a la lonja y recogía el pescado fresco que no se había vendido en los mercados. En una ocasión, le dieron tanto que decidió

CAPÍTULO TRECE: CASA AGAPE

colgar el pescado en el tendedero, puesto que seco duraría más. Toda una revolución para los gatos del barrio que codiciaron el banquete inalcanzable.

Durante ese tiempo, Benito y los demás, aprendieron a luchar para sobrevivir. Esta vida simple y ruda produjo en los jóvenes una extraordinaria capacidad de perseverancia, dedicación y celo por el Señor Jesús. Vivían dispuestos a dejar cualquier posibilidad de vida cómoda, a fin de servir a Cristo.

Ganar un alma para el Evangelio se convirtió en la prioridad del grupo. Ser un verdadero discípulo de Cristo era el más intenso deseo de cada uno de ellos.

En Casa Ágape, estos fervientes jóvenes, se levantaban todos los días temprano para orar. Después del humilde desayuno, caminaban algunos kilómetros hasta la concurrida calle peatonal, Sánchez Pastor, en el centro de Málaga. En una mesa plegable exponían libros cristianos, y predicaban contando sus propios testimonios personales a la muchedumbre que transitaba. A menudo oraban: "Señor, danos hoy un alma para traer a tus pies. Danos un alma".

Cierto día, Diego[38] dio un folleto a dos jóvenes mujeres. Se trataba de dos enfermeras, una de las cuales, Sofía[39], era adicta a la morfina. Su amiga había intentado sin éxito, por todos los medios, que lo dejara. Con una comedida apertura, las dos enfermeras escucharon a Diego mientras les explicaba cómo Jesús había cambiado su vida.

"Venid a nuestra reunión del sábado por la noche", les instó Diego. "Tenemos una velada de música". En realidad la música era algo escasa, pues tan solo Benito sabía tocar un poco la guitarra, pero todos cantaban.

"*Sí, quizás vayamos*", medio prometieron las chicas.

---

[38] No es su verdadero nombre.
[39] No es su verdadero nombre.

El sábado por la noche, Diego esperaba junto a la parada del autobús con la ilusión de encontrar a las personas que había invitado a la reunión. No estaba seguro de si las dos chicas vendrían, pero su gran sorpresa fue cuando las vio bajar del autobús. Las dos enfermeras se sentaron al final de la iglesia. Mientras Benito predicaba, Diego oró en silencio para que el Señor tocara sus corazones. La oración fue respondida antes de que terminara la reunión, cuando las dos chicas rompieron a llorar. Desde aquella noche, ambas decidieron a asistir a los cultos con regularidad.

En el transcurso de poco tiempo, Diego se dio cuenta de que se estaba enamorando de Sofía. Esto le preocupó mucho porque él quería servir sólo al Señor y nada más. Dudaba de poder compartir su corazón con Jesús y con una novia. En aquellos días, Benito solía predicar sobre el tema de ser "consagrados totalmente para el Señor". Cada vez que los pensamientos de Diego se desviaban hacia Sofía, él los rechazaba.

Pero un día, Diego leyó en su Biblia el proverbio: *"Mejor es represión manifiesta que amor oculto"*[40]. Con esto en su mente, se acercó a Sofía en una reunión y llevándosela aparte, le declaró sus sentimientos por ella. Le llenó de felicidad que ella admitiera: "Yo también me he fijado en ti". Durante los dos años siguientes, Diego sufrió mucho con esa relación intermitente, pues Sofía, tenía dificultad para dejar su adicción a la morfina a causa de los traumas que había sufrido en la infancia.

En el otoño de 1977, en la iglesia, Ana Mari observó a Sofía y sintió gran preocupación por la joven. Era evidente que estaba en mal estado y drogada. "¿Te parece bien que acoja a Sofía para que viva conmigo en el Coffee House?" preguntó Ana Mari a Daniel, que enseguida aprobó su propuesta.

Desde el principio, Ana Mari reconoció que no tenía ni idea de cómo atender a un drogadicto. Sofía era una de las primeras

---
[40] Proverbios 27:5

personas con este problema, que la comunidad de Torremolinos acogía, así que nadie tenía mucha experiencia en ese ámbito. Dado que Sofía trabajaba como enfermera, tenía fácil acceso a la morfina. Llevaba la droga a la comunidad del Coffee House y allí se la inyectaba, dejando restos de algodón manchados de sangre. Esta provocación enfurecía terriblemente a Ana Mari.

Un día, Ana Mari se enfrentó a ella con rabia: "¡Te estás auto destruyendo!"

A menudo, Ana Mari la registraba para quitarle la morfina que escondía. En una ocasión, sospechando que la enfermera había introducido de nuevo droga en la comunidad, irrumpió en su habitación y tumbó a la joven en el suelo. Mientras uno de los chicos la sujetaba, Ana Mari la registró minuciosamente: Sofía ocultaba las bolsas de plástico con morfina líquida en los bolsillos de los vaqueros y enrolladas a su cintura. Una a una, Ana Mari le arrebató las bolsas de droga mientras Sofía forcejeaba furiosamente.

La presión de vivir con un drogadicto transformó interiormente a Ana Mari. Al llegar al límite de sí misma, se derrumbó en el suelo del cuarto de oración. Sentía en su corazón el peso por Sofía y percibió que el Señor le preguntaba: *Pero hija, ¿tu aceptas a Sofía?*

Ana Mari respondió con toda sinceridad: "¡No!"

¿La aceptarás? seguía insistiendo la voz de Dios.

Ana Mari se resistía a esta suave voz, pero finalmente cedió: "Sí, sí lo haré." Sabía que esta era la única respuesta que podía agradar al Señor. Entendió cómo debió sentirse Jesús en Getsemaní, sudando sangre cuando "la copa" que debía beber significaba tomar el pecado del mundo sobre sí mismo y sufrir por ello el abandono de Dios Padre. Para Ana Mari, esta experiencia le llevó a una comprensión mucho más profunda de Cristo y su sufrimiento.

Ese mismo día, más tarde, después de que Ana Mari se hubiera rendido al Señor completamente, Daniel le dijo que había decidido llevarse a Sofía a vivir a su casa con su familia. Ana Mari suspiró tremendamente aliviada y entendió que Dios no había permitido que le quitaran la carga de tener a Sofía a su cuidado, hasta que Él hubiera completado Su obra en su propio corazón, cambiando de actitud y rindiéndose a Su voluntad sin escatimar el precio.

En una de sus visitas a Casa Ágape, Daniel preguntó a Diego "¿Sigues enamorado de Sofía?" Diego se sonrojó y asintió con la cabeza, temiendo en parte que su comportamiento se pudiera interpretar como rebelde. Para su sorpresa, el semblante del pastor se endulzó y le dijo: "Entonces creo que será bueno que vengas a verla de vez en cuando. Tener un amigo, alguien que la quiere como tú, le ayudará".

Dos meses después de haberse mudado a casa de la familia Del Vecchio, Sofía se entregó totalmente al señorío de Jesucristo. Los hermanos cristianos de Casa Ágape oraron por ella y finalmente fue liberada por completo de su adicción a las drogas.

Un tiempo después, Diego y Sofía se casaron.

El pueblo español estaba hambriento de las buenas nuevas del Evangelio. Se fundaron iglesias en Córdoba, Sevilla, Fuengirola, Madrid y muchos más puntos de España.

CAPÍTULO CATORCE
MIJAS

En un estudio bíblico de los martes por la mañana, las profesoras de His School, Carole y Bárbara, informaron al grupo reunido de la gran necesidad de evangelización en Mijas, el pueblo donde ellas vivían. Aunque en el pueblo sólo residían 12.000 personas fijas, anualmente lo visitaban más de 300.000 turistas.

"Cientos de personas de habla inglesa se han comprado un chalet allí", explicaban con entusiasmo las maestras, "y no hay ningún testimonio del Evangelio. Esas gentes necesitan oír hablar de Jesús".

En primavera, Barry y Sylviane cogieron un autobús para ir a Mijas, el pueblecito blanco encaramado en lo alto de las montañas con vistas al Mediterráneo, a una media hora de coche de Torremolinos. Su misión era "estudiar el terreno" y explorar las posibilidades de evangelización en la zona. Después, durante los dos años siguientes, fueron enviados regularmente equipos para testificar del Evangelio de Jesucristo en el pintoresco municipio y establecer grupos de estudio bíblico en algunos hogares.

Paradójicamente, aunque en el siglo I los primeros cristianos perseguidos se refugiaron en las cuevas de Mijas, este pueblo de montaña resultó ser un terreno muy árido para la siembra de la Palabra de Dios. El pueblo se había convertido desde hacía tiempo en un baluarte de la tradición "religiosa andaluza", con prácticas más paganas que genuinamente espirituales. La oposición contra los jóvenes creyentes españoles era muy fuerte: todo el pueblo se burlaba de ellos e incluso pagaba a chivatos para que les delataran. Aunque en Mijas un buen número de españoles se convirtieron a Cristo, ante semejante presión, la mayoría abandonó.

Por fin, tras dos años de perseverancia, la comunidad estableció una pequeña iglesia bilingüe. Se reunían en un humilde cobertizo con una única estancia en la que aparecían grandes goteras cuando llovía. Así se hizo cada vez más evidente la necesidad de un lugar adecuado para una iglesia.

Finalmente, se puso la mirada en un precioso terreno panorámico con vistas a la extensa costa mediterránea, como lugar ideal para la construcción de una iglesia. Sin embargo, el coste del terreno resultaba astronómico: 11.500 dólares. Además de esa cantidad, el pastor Del Vecchio calculó que, incluso contando con la ayuda de mano de obra voluntaria, el coste de la construcción de la iglesia sería en torno a unos 30.000 dólares más. Creer que Dios iba a proveer esta enorme suma suponía un gran reto de fe para la comunidad formada por un grupo de creyentes relativamente jóvenes todavía.

Durante un culto dominical en febrero de 1979, Daniel sintió que era su deber hablar a la congregación sobre las necesidades financieras para la compra de esta propiedad. Él raramente hacía peticiones de dinero, pero en este caso, sintió que debía pedir toda la cantidad necesaria. Al final de su sermón, el Espíritu Santo le inspiró las palabras *"ocho panes"*. Esto le recordó los panes y los peces que Jesús había multiplicado.

"Los ocho panes representan las 800.000 pesetas que necesitamos para comprar esta propiedad", dijo el pastor. "Cada pan representa 100.000 pesetas". Dirigió a la iglesia en oración, e invitó a hacer compromisos de dar dicha cantidad en el plazo de un mes.

Increíblemente, en pocos minutos, tan rápido como se pudieron contar las tarjetas de compromiso, estaban garantizadas 800.004 pesetas. Los turistas que visitaban la congregación estaban asombrados. Gran parte del dinero fue donado por los jóvenes de la comunidad, que habían dado con abnegación todo lo que poseían. Este era el *"espíritu de sacrificio"* en acción, el espíritu que siempre ha caracterizado la Comunidad desde sus comienzos.

En abril de 1979, el pastor Del Vecchio pagó en efectivo 825.000 pesetas para adquirir la propiedad en Mijas. Para preparar los cimientos de la nueva iglesia, contrató una excavadora y 220 contenedores de tierra sobrante que se retiraron del lugar con camiones.

La iglesia de Mijas se construyó sobre roca maciza. Mientras los jóvenes de la comunidad golpeaban la roca con sus picos, a menudo descubrían que el trabajo físico producía simultáneamente un quebrantamiento interior de sus actitudes negativas.

Uno de los jóvenes que experimentó este descubrimiento fue Gordon, un rudo camionero escocés de veintisiete años. El primer día que trabajó en los cimientos de la iglesia, tuvo que cavar sólo con un simple pico, un hueco de un metro cúbico. Mientras golpeaba la roca, se encontró, por revelación del Espíritu Santo, comparando el duro suelo bajo sus pies con su propio corazón endurecido.

Supongo que el Señor está tratando de romperme, pensó Gordon, con un repentino destello de comprensión: *Al igual que yo estoy desmenuzando esta roca, Él está rompiendo la dura coraza de mi corazón, tratando de entrar en él...*

Aunque unos meses atrás Gordon había entregado su vida al Señor, aún quedaban en él muchas actitudes negativas con las que el Espíritu Santo tenía que lidiar. Para Gordon, ese primer año de duro trabajo construyendo la iglesia, fue un tratamiento que ablandó su corazón. Gordon había sido conductor de camiones en Escocia durante doce años, de los cuales los últimos cinco se había enganchado a las drogas, incluida la cocaína. Su vida se había vuelto decadente y la sólida relación con su novia Mairi se había desintegrado por completo. Tras haber sido ya detenido una vez por posesión de drogas, lo único que quería era alejarse de su ciudad de origen, Dumfries.

En ese periodo, un amigo que acababa de regresar de la Comunidad de la Iglesia Evangélica de Torremolinos pasó a visitarle. Este amigo compartió fervientemente con Gordon su nueva fe y al cabo de un mes, Gordon mismo también había aceptado a Cristo y se encontraba de camino a España.

Su novia Mairi, de 25 años, enseñaba inglés en un colegio privado de Zaragoza, en el norte de España. Gordon hizo planes: "Me pararé en el camino para ver a Mairi, quiero contarle lo que me ha pasado."

Cuando Gordon llegó en noviembre, con un saco de dormir en una mano y una Biblia en la otra, Mairi se quedó estupefacta. "Esto debe ser sólo otra fase por la que está pasando", pensó Mairi con guasa. "¡en cuanto consiga que unos amigos le emborrachen se le pasará esta ridícula fijación cristiana!"

En cambio, Gordon convenció a Mairi para que fuera con él a Torremolinos en sus vacaciones de Navidad. En la comunidad, ella vio el cambio drástico de George y Lyn, entre otros amigos de Dumfries, y sintió una profunda convicción. Así, después de una semana, la tozuda Mairi cedió y aceptó al Señor en su vida. Cinco días más tarde, cuando terminaron sus vacaciones, regresó a Zaragoza, sin Gordon.

CAPÍTULO CATORCE: MIJAS

Gordon sabía que tenía que permanecer en la comunidad, pues llevaba sólo dos meses viviendo como cristiano y ya había vuelto a caer en sus viejos hábitos. No había duda de que si quería crecer en la fe, necesitaba el apoyo, enseñanza, formación y compañerismo de un grupo de creyentes fuertes. Durante la primera semana, el enjuto escocés pelirrojo, de pelo largo y barba, durmió en el suelo de la iglesia con otros tres chicos. Sin embargo, la segunda semana, se instaló con una cama extra en el garaje de Bárbara, con otros ocho jóvenes.

Desde el principio, a Gordon le impactó que los líderes de la comunidad le confrontaran abiertamente con sus problemas. Siempre había pensado que los cristianos eran sólo personas súper amables con dulces sonrisas... pero en esta comunidad le desafiaban, le corregían y todo ello con amor sincero. Por primera vez en su vida, se vio obligado a enfrentarse valientemente a sí mismo.

Cinco meses después, Mairi dejó su puesto de profesora en Zaragoza y volvió a Torremolinos. Se presentó en la iglesia con sus maletas y llamó a la puerta del despacho del pastor Del Vecchio. "Bueno, ya he vuelto", anunció Mairi con aire de seguridad. "¿Puedo quedarme aquí en la comunidad?"

Daniel estudió a la guapa muchachita escocesa, a la que había clasificado como una testaruda muy rebelde, cuando la conoció en Navidad. "Bueno, es que no sé si te queremos en la comunidad", respondió con franqueza.

"¿Qué?" exclamó Mairi desconcertada. "¡Pero si lo he dejado todo para venir aquí!". Le resultaba increíble que el pastor pudiera rechazarla.

"Bueno", cedió Daniel. "Puedes vivir en casa de Bárbara y veremos si esto funciona..."

Mairi se trasladó al chalet de Bárbara y compartió cuarto con otras dos chicas. Al principio, temía a la impecable dama británica

175

de clase alta, con su porte erguido y sus modales directos. Bárbara, en su casa, mantenía orden y disciplina estrictos. Mairi guardaba las distancias con ella con "temor y temblor". Pero con el paso del tiempo, Bárbara hacía reír a Mairi con anécdotas divertidas y poco a poco Mairi fue encariñándose con ella.

A principios de 1980, en un paseo de palmeras de Málaga, un joven suizo llamado Bernard se columpiaba plácidamente en la hamaca que había atado a dos troncos. Clavado en una de las palmeras un anuncio en cuatro idiomas decía: "Se vende hamaca". De vez en cuando, algún transeúnte interesado se detenía para preguntar por el precio de la gran hamaca mexicana. Como no tenía prisa por venderla, Bernard pedía una cifra elevada. Pasaba el tiempo rasgueando su guitarra clásica columpiándose a la sombra.

"¡Oh, qué vida!", suspiraba Bernard con satisfacción, orgulloso de poder combinar los negocios con el placer.

Tras graduarse en una escuela de negocios en Suiza, Bernard había decidido cumplir su sueño de viajar por el mundo. Durante los últimos seis meses había estado viajando por el Mediterráneo, pasando meses idílicos tomando el sol en las islas griegas, recorriendo las pirámides de Egipto y trabajando en Israel. Le había encantado la libertad que le proporcionaba viajar con una hamaca: dormir en las playas, nadar y hacer lo que le diera la gana.

¿Por qué no empiezo un negocio de hamacas? pensó con entusiasmo. *Puedo viajar a Sudamérica y comprar hamacas por diez dólares y luego venderlas en Suiza por cincuenta dólares. Venderé esta hamaca y luego volveré a Suiza para hacer un estudio de mercado.*

Cuando vio que los negocios en Málaga no prosperaban, Bernard hizo las maletas y se trasladó a la costa, al cercano pueblo de Torremolinos. Enseguida encontró un lugar ideal para exponer su hamaca, en la calle principal San Miguel. Frente a un bar cerrado, colgó su anuncio y se tumbó en la hamaca a la espera de posibles clientes. A última hora de la tarde, una pareja belga que pasaba por allí decidió que esa hamaca sería el complemento perfecto para su velero. Acordaron el precio y dijeron que se la pagarían el lunes siguiente.

Contento con el acuerdo, Bernard recogió su hamaca y paseó por la calle San Miguel, con un buen cono de helado para celebrarlo. Mientras descansaba en el poyete de roca de la parte superior de la calle, se le acercaron una chica australiana y un inglés.

"Somos de la comunidad cristiana", dijo Anita. "Tenemos una velada de música esta noche y nos gustaría invitarte. Canciones y buena música con guitarras..."

"¿Guitarras?" El interés de Bernard aumentó.

Cuando Bernard aceptó ir a la velada de música, Anita le dio un plano con indicaciones para llegar al Coffee House de la comunidad. Mientras Bernard seguía sentado en el poyete con su helado, George y Lyn, el matrimonio escocés, se acercaron a hablar con él. Más de un año atrás, antes de formar parte de la comunidad, habían trabajado fabricando y vendiendo marionetas en la calle.

"Sí, sí, ya sé todo sobre la velada de música", explicó Bernard. Agobiado porque su helado goteaba y porque no se sentía muy cómodo con el tema de Dios del que la pareja le estaba hablando. "Allí estaré" dijo, cortando la conversación.

En la velada musical informal que se celebraba en la Coffee House, Bernard pudo escuchar a Gordon, el camionero pelirrojo y barbudo de marcado acento escocés, que se estrenaba dando su testimonio personal. A la mañana siguiente, Bernard asistió a un estudio bíblico en la iglesia. Daniel habló del "proceso de la poda" que tiene lugar en la vida de un cristiano. Bernard no entendía nada de lo que se decía. Al final del estudio, cuando todo el mundo se iba, Sylviane y otras dos chicas se sentaron al piano y tocaron una canción de estilo clásico, así que Bernard se acercó para escuchar. Sylviane miró al apuesto joven de pelo oscuro y sonrió. "¿Eres cristiano?", le preguntó en francés.

"No, no lo soy", admitió Bernard con sinceridad. Pero el hecho de escuchar esa pregunta le hizo descubrir que él también quería convertirse.

Durante la tarde en familia de los viernes, en el chalet de Bárbara, Bernard tuvo convicción total de que Dios estaba en medio de ellos. Inicialmente su actitud hacia estos cristianos había sido de superioridad, pensando que, a diferencia de él, todos ellos tenían serios problemas, como la adicción a las drogas o al alcohol, que les había llevado a convertirse a Jesucristo. Sin embargo, después de hablar con algunos de ellos, vio que procedían de diversos contextos de edad, educación, nacionalidad y experiencias. Lo que todos tenían en común era que decían haber encontrado la verdad.

Aquí hay algo que no llego a entender, reflexionaba Bernard, reconociendo esa paz que veía en sus vidas. *Yo también quiero eso, pero no ahora. Primero voy a poner en marcha mi negocio,* se decía a sí mismo. Después de aquello Bernard decidió evitar a los cristianos.

Un día, el conserje de la pensión en la que se alojaba, le pidió que hablara con un huésped alemán enfermo de tuberculosis. Sintiendo compasión por el anciano enfermo, Bernard le habló de la iglesia y se ofreció a acompañarle hasta la puerta. Cuando llegaron, Bernard se encontró con que otros cinco suizos entraban en el culto. *"Bueno, me quedaré hasta el final de la reunión para poder hablar con ellos",* pensó Bernard. Paradójicamente, a mitad del culto el anciano alemán se fue, dejando a Bernard solo. Al cierre de la predicación, Barry preguntó: "¿Quién quiere ser cristiano?"

CAPÍTULO CATORCE: MIJAS

Bernard levantó tímidamente el brazo sólo hasta la mitad, con el codo doblado, con la idea de que pensaba hacerse cristiano... pero no inmediatamente.

Barry continuó: "Quien quiera recibir a Jesucristo esta tarde que pase al frente".

Entonces Bernard se encontró de pronto caminando hacia el frente. Barry comenzó a orar de uno en uno, con sus manos sobre los hombros o la cabeza de los que habían salido al altar y cuando llegó a Bernard, Barry no dijo nada, solo le dio dos escrituras: "*...al que a mí viene, yo no le echo fuera*" (Juan 6:37b) y "*Si confiesares con tu boca que Jesús es el Señor y creyeres en tu corazón que Dios le levantó de los muertos, serás salvo*" (Romanos 10:9). Cuando Bernard terminó de orar para aceptar a Cristo, supo con absoluta seguridad que desde ese momento tenía a Jesús en su corazón.

Esa noche, mientras estaba despierto en su cama, se preguntó qué debía hacer con su hamaca. Tenía que reunirse con el comprador belga a la mañana siguiente. Pensaba: *pero si me prometí a mí mismo que si vendía la hamaca, dejaría Torremolinos.*

El Señor le inspiró: *Hay una manera de no incumplir tu promesa: regala la hamaca y así no estarás atado a las palabras de tu propia boca.*

Al día siguiente, Bernard se presentó en la casa de la pareja belga. Como no había nadie, dejó la hamaca de regalo junto a la puerta, con una nota explicando que se había convertido en cristiano y un folleto invitándoles a ir a la iglesia.

Durante los tres meses siguientes, Bernard durmió en el suelo de la iglesia, con otros doce jóvenes, porque el chalet de Bárbara y el Coffee House estaban hasta los topes. Durante el día, los colchones se guardaban en la sala de oración y por la noche los chicos los cogían y hacían sus camas. Uno elegía dormir junto al altar, otro bajo la cruz. Bernard dormía bajo el órgano y el gran André, un joven de más de dos metros de altura, también de Suiza, dormía en el pasillo, el único espacio suficiente para sus medidas. Cuando Daniel llegaba a la iglesia temprano para orar, tenía que pasar de puntillas entre los colchones, para alcanzar su despacho.

Bernard fue salvo el domingo y André aceptó a Jesús como su Salvador el miércoles. "¡Señor, toma mi vida! Quiero seguirte. ¡Toma todo lo que tengo!" clamó André con sinceridad. Aquella mañana, después de guardar su colchón, André fue a coger algo de ropa de su mochila y descubrió que había desaparecido. Le habían robado todas sus pertenencias. Pero André se lo tomó con buen humor "Bueno, ¡será que el Señor ha respondido a mi oración!"

En quince días conocieron la salvación seis suizos francófonos, Bernard, André y otros cuatro más. Fue el comienzo de una saludable comunidad francófona que llegaría a agrupar a veinticinco personas de las que, con el tiempo, Bernard se convirtió en su pastor. Antes de llegar a esa responsabilidad, el Señor llevo a cabo un profundo "quebrantamiento" en su interior, a fin de que su voluntad se sometiera completamente a Él.

Bernard, acostumbrado a un estilo de vida plácido, encontró sumamente difíciles los primeros meses de duro trabajo construyendo la iglesia en Mijas donde contribuyó a levantar los muros de la iglesia, pasando horas mezclando el cemento manualmente bajo el intenso sol y ayudando a Daniel a poner ladrillos. Al final de la jornada terminaba exhausto. Sin embargo, su principal "quebrantamiento" tuvo lugar en la granja de Alhaurín. Allí Bernard tenía que llevar hasta la cima de la colina pesadas cajas de fruta, labrar el terreno y empujar carretillas llenas de tierra. Para él, que tenía la columna frágil, este trabajo le resultaba extremadamente doloroso. "Señor, yo estoy dispuesto a desempeñar este trabajo, pero tienes que sanarme..." suplicó a Dios. La siguiente jornada, tomó la pala y con fe, como si nada, comenzó a cargar la carretilla. Después de aquello, no volvió a sufrir nunca más dolor de espalda.

CAPÍTULO CATORCE: MIJAS

Los chicos de Su Granja trabajaban en los campos desde primera hora de la mañana y a menudo, hasta bien entrada la noche. Cuando oscurecía demasiado para poder ver y los jóvenes decidían dejarlo, aparecía Mike con una lámpara de gas que enganchaba a un árbol diciéndoles: "¡Aquí tenéis luz para seguir, chicos!".

A las fincas de la zona se les asignaban seis horas de riego a cada una, canalizando el agua que fluía desde la montaña hacia sus tierras. Normalmente, la granja recibía su suministro de agua por la noche, así que cuando Mike tenía conocimiento del turno de riego que les tocaba, despertaba a su equipo de jóvenes en pleno sueño.

En marzo, pasados tres meses escasos de la conversión de Bernard, Lyn, una de los jóvenes que le habían invitado a la primera velada de música, murió en un trágico accidente. Su muerte asestó un golpe terrible a George, su marido, conmocionó a toda la comunidad y, en especial, a los que ya la conocían de Escocia.

Destrozada por la terrible noticia, Bárbara reunió en el salón a todos los que se alojaban en su chalet. "Tengo algo muy triste que deciros", comenzó Bárbara, luchando contra las lágrimas mientras relataba lo que Rhoda, a primera hora de la mañana, le había comunicado en una llamada telefónica. "Anoche, después de la reunión que hicimos aquí, cuando George y Lyn volvían al Coffee House paseando. Mientras cruzaban la carretera principal cogidos de la mano, en medio de la carretera titubearon". Bárbara se aclaró la garganta y continuó, con todas las miradas clavadas en ella. "George tiró de Lyn para que cruzara con él, pero ella le soltó la mano y él cruzó solo. Mientras Lyn esperaba a que el coche de su derecha pasara, un coche por su izquierda la golpeó, lanzándola directamente contra otro vehículo en sentido contrario".

Bárbara hizo una pausa tratando de recuperar el control de sus emociones. "Cuando George se abalanzó sobre ella, Lyn abrió los ojos durante un instante para mirarle y murió".

Todos los presentes rompieron a llorar. "El Señor tendrá una razón para haber permitido que ocurra esto", añadió Bárbara tratando de consolarles. "Un minuto estaba viva, y desde el minuto siguiente está en los brazos de Jesús".

Esa tarde, durante la reunión de oración del sábado, todos permanecían en silencio en la iglesia. A algunos les costaba entender por qué había ocurrido semejante tragedia. De repente, George, que estaba delante de todos orando de rodillas, levantó los brazos en señal de adoración y comenzó a glorificar al Señor. Con ello, pareció descender el Espíritu de gozo sobre el abatido grupo de cristianos y todos rompieron en cánticos espirituales espontáneos que se elevaron hacia el trono de Dios, adorándole.

"Veo a Lyn delante de Jesús", describía Barry delicadamente la visión que estaba recibiendo: "Tanto Jesús como Lyn tienen vestiduras blancas. Jesús sostiene en sus manos algo que parece un fino tachonado de joyas preciosas como un arco iris. Es absolutamente deslumbrante. Ahora lo coloca como una corona sobre la cabeza de Lyn. Ella se inclina con reverencia. Entonces, con un movimiento de la mano hacia Dios Padre, el Señor Jesús dice: "Padre, mira a tu hija, es mi joya preciosa, mi novia". Jesús está presentando Lyn a Dios Padre y Lyn, vestida con manto de justicia, porta su corona de vida y victoria".[41]

En esa misma hora, Daniel estaba en su casa preparando el sermón para el culto del día siguiente en memoria de Lyn. El Espíritu Santo le recordó las palabras de Esteban registradas en Hechos 7:

---

[41] Se animó a Barry a seguir cediendo al Espíritu Santo en el área de las visiones, los sueños y las revelaciones del Señor a través de las escrituras, como por ejemplo: " *Cosas que ojo no vio, ni oído oyó; Ni han subido en corazón de hombre; Son las que Dios ha preparado para los que le aman, pero Dios nos las reveló a nosotros por el Espíritu; porque el Espíritu todo lo escudriña, aun lo profundo de Dios.*" (1 Corintios 2:9-10).

CAPÍTULO CATORCE: MIJAS

"Pero Esteban, lleno del Espíritu Santo, puestos los ojos en el cielo, vio la gloria de Dios, y a Jesús que estaba a la diestra de Dios, y dijo: "He aquí, veo los cielos abiertos, y al Hijo del Hombre que está a la diestra de Dios."[42]

Los padres de Lyn volaron desde Escocia a Torremolinos para el funeral. Ellos no eran cristianos, pero durante el culto el Señor tocó sus corazones. Después de regresar a Escocia, acudieron a la iglesia a la que Lyn les había instado, a menudo, a asistir. Aunque siempre lo eludieron con excusas. Esta vez, sin embargo, fueron a dicha iglesia y ambos sintieron la voz de Lyn, casi audible, recordándoselo y se convirtieron a Cristo. Después de aquello, abrieron su casa para reuniones de jóvenes. En ocasiones, Lyn había comentado a sus amigos de la comunidad que tenía dos deseos principales: estar más cerca de Jesús y ver a sus padres convertirse en cristianos. Sin duda, ambas oraciones fueron plenamente respondidas.

En septiembre de 1981, Bárbara dejó España para volver a Inglaterra. Dos años antes, durante una noche, el Señor le había hablado: *Te envío de vuelta a tu país, no sólo para adorar, sino para proclamarme como Señor y Rey.*

A Bárbara le entristecía dejar este "refugio" que el Señor le había dado. La comunidad The Way Inn estaba cargada de recuerdos. Por las puertas de su chalet, en los últimos ocho años, habían pasado cientos de jóvenes de numerosos países y ella había servido con orgullo miles de comidas. Para ella, esos años habían sido ricos en bendiciones de Dios. Algunos momentos de gran dolor (como el funeral de Lyn), e innumerables momentos de alegría, incluyendo siete bodas. Iba a ser particularmente difícil separarse

---
[42] Hechos 7:55-56

de los miembros de la comunidad con los que había compartido un vínculo tan especial.

Bárbara convocó a todos los chicos para proceder a pintar el chalet. "Hasta que se venda, podéis seguir viviendo aquí", dijo con nostalgia a las seis chicas que aún dormían en su casa.

Todos lloraron al despedirse de Bárbara. Habían llegado a querer de veras a esta dama, dueña del The Way Inn, que ya superaba los sesenta años, con su elegante porte y sus modales exquisitos. La comunidad siempre reconoció con gratitud la deuda que tenían con esta distinguida británica por sus años de sacrificio y servicio al Señor. Si Bárbara no hubiera abierto tan generosamente su propia casa, a hordas de extraños y jóvenes desaliñados, muchos de los miembros de la comunidad de entonces no habrían estado allí. La iban a echar muchísimo de menos.

Todo tiene su tiempo,
 y todo lo que se quiere debajo del cielo tiene su hora.
 Tiempo de nacer, y tiempo de morir;
 tiempo de plantar, y tiempo de arrancar lo plantado...[43]

---

[43] Eclesiastés 3:1-2

CAPÍTULO QUINCE
LA CASA EN LA ROCA

Mientras que un grupo de evangelización fue a Mijas, el pintoresco pueblo malagueño de montaña, otro se dirigió a la vecina población costera de Fuengirola, donde los jóvenes cristianos cantaban en la plaza principal y representaban obras de teatro de calle. En la primavera de 1979, el equipo de Fuengirola estaba tan involucrado en la evangelización que pasaba allí seis días de la semana, testificando en la calle y visitando las familias en sus casas.

El terreno, en el aspecto espiritual, estaba resultando tan fértil que Daniel tuvo la convicción de que había que crear una base en Fuengirola. Mo había visto en las afueras de la ciudad una gran propiedad abandonada, rodeada por una media hectárea de campos llenos de maleza. Ese antiguo hotel-restaurante se encontraba en un estado de deterioro extremo y requeriría una gran cantidad de trabajo para conseguir que fuera habitable. No obstante, Daniel encomendó este tremendo reto a Mo.

En la reunión de oración del martes por la tarde, del equipo de Fuengirola, Mo anunció: "Hoy no vamos a orar. Daniel y yo hemos supervisado la propiedad abandonada. Vamos a reclamarla para el Señor, vamos a limpiarla y a instalarnos allí. Aquí hay una fregona y un cubo para ti, una escoba para ti..." dijo Mo, distribuyendo diversos artículos de limpieza a los ocho miembros del equipo. "David, ten las tijeras. Puedes empezar a recortar el seto".

David, un joven inglés, ex músico de Rock, miró a Mo con asombro: "¡Mo!, ¿te refieres al hotel abandonado por donde pasa el autobús?"

"Sí, eso es", contestó Mo.

"¡Aleluya!" gritó David maravillado: "Cuando venía hacia aquí, al pasar por ese lugar, tuve la fuerte impresión de que el Señor me decía: *Esta tarde vas a recortar ese seto*. ¡Y me acabas de entregar las tijeras para hacerlo!"

Como un acto de fe, el grupo de trabajo de ocho personas bajó por la carretera con sus fregonas, cubos y escobas, hasta la propiedad en ruinas. Excepto la puerta principal, cuyo viejo candado habían reventado hacía tiempo los vándalos, puertas y ventanas estaban tapiadas. Al entrar en la casa, todos miraron a su alrededor con verdadera grima. Estaba repulsivamente sucia. Habían robado todo lo que pudiera tener valor, solo quedaban muebles rotos y un insoportable hedor a orina. En el piso superior se encontraban las habitaciones, llenas de escombros y porquería. Cualquier movimiento provocaba al instante una nube de polvo.

"Bien, empecemos", instó Mo al equipo de trabajo, cuyo entusiasmo había disminuido vertiginosamente tras entrar en el edificio abandonado. Ya en esa primera jornada, Mo mató una serpiente, pero no dijo nada para evitar espantar a las chicas.

Mientras los demás fregaban y limpiaban el interior, David fue a ver el patio. "Es una auténtica jungla", declaró con pena. "¡Haría falta una hoz para poder cortar toda esta maleza!"

Mientras el equipo se volcaba en limpiar las instalaciones abandonadas, Daniel consiguió, por fin, localizar al dueño. Le pidió permiso para utilizar la propiedad, ofreciéndole numerosas reparaciones y la consiguiente protección contra nuevos actos vandálicos. Éste le respondió que debía presentar la petición a sus cuatro hermanos, copropietarios.

"Lo siento", informó posteriormente a Daniel. "Mis hermanos se oponen a que viváis ahí. Me gustaría daros permiso, pero no quiero ponerme en contra de ellos".

Sin aceptar la derrota, Daniel reunió a toda la comunidad para orar y ayunar sobre la utilización de la villa. Tuvieron un tiempo de alabanza y oración, encomendándole todo al Señor, con sencillez, confiando en que por encima de todo Él glorificaría su nombre.

Cuando Daniel se puso en contacto de nuevo con el propietario, éste cedió: "Vale, podéis quedaros hasta finales de septiembre, pero luego tenéis que iros".

La comunidad bautizó su nuevo hogar como "*La Casa en La Roca*", inspirándose en el sabio constructor del Evangelio de Mateo 7. El edificio era realmente grande: veintiuna habitaciones, más un salón-comedor con capacidad de hasta cien personas. Aunque la comunidad sabía que sólo dispondría de las instalaciones durante un par de meses, decidieron arreglarlas e invertir el máximo esfuerzo del que eran capaces.

Los elementos para equipar la Casa en la Roca procedían de diversos orígenes. Alguien regaló una puerta, otra persona donó tres sillones y una cocina de dos fuegos. Una mujer que regentaba una charcutería les dio una nevera, una cortina de ducha, algunas toallas y fundas para las sillas, etc. Los jóvenes también buscaban en los vertederos, recogiendo camas, termos eléctricos y hasta un televisor.

Un sábado, mientras trabajaban en la casa, una señora australiana cuyos hijos asistían al colegio de la comunidad His School, entró por la puerta principal angustiada: "Por favor, por favor, ¿alguno de vosotros podría ayudarme? ¡Tengo que vaciar mi tienda de segunda mano antes de las siete de la tarde!"

David la acompañó a su tienda y le ayudó a cargar todo en una furgoneta alquilada. Con todo ello, se dirigieron a otra tienda de segunda mano en Torreblanca, donde les recibió una elegante mujer vestida de negro que, con mirada crítica, evaluó el contenido de la furgoneta mientras bebía un Martini.

"Ah, mira, pero eso está roto", decía la mujer con desprecio y luego señalaba otra pieza, " y esto está rayado. ¡No, no, no puedo poner eso en mi tienda!". Y así despreció todo lo que había en la furgoneta.

La señora australiana, enojada porque esa arrogante mujer considerara sus muebles como basura, se dirigió a David: "¡Podéis quedároslo todo! Prefiero dároslo a vosotros que vendérselo a ella. ¡Llévate todo a la Casa en la Roca!"

Antes de que terminara el día, la Casa en la Roca había adquirido tres furgonetas cargadas de muebles y electrodomésticos en lote, por 2500 pesetas. Aunque también había chatarra, la mayor parte resultó sumamente útil.

Transcurridas tres semanas de duro trabajo, la Casa en la Roca parecía por fin medio habitable, así que David y John se instalaron en ella. Eligieron una de las doce habitaciones del piso superior y la limpiaron bien. Por último, compraron una enorme cadena y un candado para encerrarse por la noche, pues no estaban dispuestos a compartir con posibles vagabundos sus habitaciones recién renovadas. Pero en una de esas noches de insomnio bajo el calor sofocante del verano, David y John tuvieron que derribar los ladrillos que tapaban la ventana de su habitación. ¡Por fin tenían una refrescante brisa y balcón con vistas!

Los jóvenes que se instalaron en la Casa en la Roca vieron cómo Dios suplía sus necesidades, a menudo, de forma milagrosa. La primera semana, David y John sólo tenían dinero para pagar el billete de tren para ir a la reunión y la cena del viernes por la noche. Después ya no les quedaría nada para comprar comida.

CAPÍTULO QUINCE: LA CASA EN LA ROCA

Entendieron que, a menos que el Señor interviniera, iban a tener que "ayunar" seguro. En cierto modo, estaban entusiasmados, ansiosos de ver cómo el Señor proveería lo necesario: ¡era una gran oportunidad para desarrollar la fe!

Una hora más tarde, llegó un inglés a La Casa en la Roca explicando: "Acabo de ir al colegio St. Anthony's", refiriéndose a la escuela inglesa privada contigua, "pero no hay nadie. Me preguntaba si aquí vive alguien del colegio". David y John, negando con la cabeza se ofrecieron: "Pero tal vez podamos ayudarle nosotros". El hombre les explicó: "Tengo una carta de un abogado español que necesito traducir al inglés".

John se ofreció: " Hablo español, yo se la traduzco".

Aquel hombre pagó trescientas pesetas por la traducción, suficiente para comprar comida. David y John alabaron al Señor celebrando su bondad. Después de eso John bajo a la playa a darse un baño. Al volver, vio algo como una bola enrollada en la cuneta: ¡eran otras trescientas pesetas! David y John[44] se alegraron grandemente de la provisión del Señor y vivieron como reyes los días siguientes.

Al principio, la Casa en la Roca no tenía agua corriente. Para ducharse, David y John llevaban una pastilla de jabón a la playa y utilizaban las duchas provisionales instaladas para la temporada turística del verano. Lamentablemente habían desvalijado las instalaciones de fontanería de la casa, antes de entrar ellos. Habían robado todo lo que se podía sustraer: inodoros, lavabos, bañeras y cisternas. Las tuberías despuntaban por los alicatados; los agujeros y ladrillos rotos mostraban dónde antes había habido bañeras.

Sintiéndose como Moisés, Mo se paseó por la casa con un palo golpeando todas las tuberías, retretes y accesorios de fontanería anhelando la posibilidad de suministro de agua. "¡Que haya agua!" oró.

---

[44] John y su futura esposa, Agnes, más tarde abrirían una comunidad cristiana en la estratégica ciudad portuaria de Algeciras.

Por suerte, un fontanero danés ofreció su ayuda para arreglar las tuberías de la Casa en la Roca. Los jóvenes de la comunidad consiguieron algunos lavabos e inodoros buscando en los vertederos. Como por entonces se estaba demoliendo un edificio al otro lado de la carretera, les dieron permiso para llevarse todo cuanto pudiera serles útil, incluida una bañera.

En septiembre, cuando la comunidad debía desalojar la Casa en la Roca, el pastor Del Vecchio regaló al propietario un estupendo jamón serrano de Granada en muestra de agradecimiento. "Estamos muy agradecidos por lo que ha hecho con nosotros", le dijo Daniel. "¿Quiere que nos vayamos ya?" El propietario sonrió: "venga, podéis quedaros hasta diciembre. Si para esa fecha no se vende el chalet, lo derribaré, para pagar impuestos sólo por el terreno y no por el edificio".

Sin embargo, al llegar diciembre, el propietario, contento, permitió que la comunidad siguiera viviendo en su gran villa. De hecho, este acuerdo tuvo vigor durante otros cinco años.

Como tarea habitual, los miembros de la Casa en la Roca acudían a los vertederos de Fuengirola, recuperando objetos que otros consideraban sin valor y transformándolos en piezas útiles. Clasificaron los vertederos desde de "una estrella" a "cinco estrellas". En una ocasión, en uno de "cinco estrellas", encontraron un cuarto de baño completo, una magnífica mesa plegable y un bonito lavabo doble. "La basura de un hombre es el tesoro de otro" se convirtió en el dicho más popular de la comunidad.

También practicaban el principio de "si nada desperdicias, nada te faltará". Sacaban el máximo rendimiento de las casas y los vehículos disponibles. Dentro de lo posible, compraban provisiones al por mayor y, compartiendo talentos o habilidades, pudieron suprimir todos los gastos innecesarios. Los vendedores del mercado local les conocían y les regalaban restos de jamón, embutidos, pescado, pan y fruta. Se convirtieron en verdaderos maestros del ahorro, maximizando todos sus recursos.

Se trataba de encontrar muebles abandonados, casas abandonadas, pero, sobre todo, personas "abandonadas". La comunidad cristiana buscó y anunció salvación a los que otros habían desechado o subestimado. A través del poder de Jesucristo, restauraban vidas humanas destruidas que, desde entonces, pudieron desarrollar todo su potencial para la gloria de Dios.

🔥

Durante mucho tiempo, los jóvenes de la Casa en la Roca habían estado orando por un piano. Un día, alguien se fijó en un gran cartel colocado junto a dos pianos en el patio del colegio St. Anthony's, que decía: "Lléveselos para leña". Tras una inspección minuciosa, los pianos eran sin lugar a dudas una auténtica ruina, pero aún así, la comunidad tuvo esperanza en poder salvarlos y los retiró.

"Vamos David, tú puedes arreglarlos", le animó otro joven.

"Estarás bromeando", respondió David, músico profesional, con desprecio hacia los patéticos instrumentos que ya se encontraban en la Casa en la Roca.

Antes de llegar a la comunidad, David había trabajado durante ocho años como pianista de varias bandas, viajando por toda Europa al teclado. En un periodo en que actuaba con su banda en la base naval americana de Rota, asistió a la iglesia y entregó su vida a Cristo. Unos meses después, el pastor de la iglesia de Rota y un evangelista que fue de visita, invitaron a David a hacer con ellos el viaje de cuatro horas y media, a Torremolinos, para ver al pastor Del Vecchio.

Aunque Daniel se encontraba en la finca de Alhaurín, los tres visitantes se quedaron a cenar en la comunidad del Coffee House. David miró con escrúpulo la comida que tenía por delante: una extraña pasta de arroz con tomate. Picoteó de su plato educadamente, pero agradeció muchísimo la parada que hicieron más tarde, de vuelta a Rota, para comer como es debido.

Ya en el coche, mientras viajaban, David dijo: "El Señor me ha hablado claramente. Tengo que volver a Torremolinos y vivir en la comunidad".

El pastor de Rota bromeó. "¡Buenoooo! ¡Entonces tendré que enviarte raciones de hamburguesas y mantequilla de cacahuete para que sobrevivas!"

David volvió a la comunidad cristiana en octubre. Lo primero que le comentó Daniel fue que tendría que cortarse el pelo. A David no le hizo ninguna gracia, pues llevaba el pelo largo desde los trece años y, especialmente, como miembro de una banda Rock, pensaba que su identidad estaba ligada a su aspecto. Pero aunque odiaba la idea de cortarse el pelo, David se aceptó la sugerencia del pastor.

Cuando Daniel vio a David frunció el ceño: "No parece suficiente, córtatelo más".

Otra área con la que el Señor trató el orgullo de David fue respecto a su talento musical. La primera vez que tocó el piano durante la velada de musical en la iglesia, Daniel llevó a David aparte y le dijo: "¿Dónde crees que estás tocando? ¿En un show?" David le miró sorprendido "Hombre... deja de exhibirte con esos movimientos cuando estás al piano", le amonestó el pastor. "Sencillamente, llamas demasiado la atención".

David estaba desconcertado. Cuando tocaba en las bandas, acostumbraba a moverse al ritmo de la música, demostrando cuánto estaba disfrutando. Él pensaba que había suavizado considerablemente sus modales cuando tocaba, pero al parecer no era suficiente.

¿Entonces tendré que quedarme ahí sentado como una momia?, pensó David, perplejo.

Después de eso, David trató conscientemente de quedarse quieto al piano, lo cual al principio le hacía sentirse muy rígido. Sin embargo, más adelante, cuando maduró, se convirtió en un hombre altamente dotado para guiar a la congregación en adoración, dirigiendo la atención de la gente a la presencia del Señor y no hacia sí mismo.

Los dos pianos "para leña" acumularon polvo en la Casa en la Roca durante años, Un día rescataron de una escuela sueca un tercer piano que estaba en bastante buen estado. David utilizó, del peor piano, algunas piezas para repararlo, y con los restos, arregló el otro. Ahora, la Casa en la Roca presumía de dos estupendos pianos. Poco después, un pianista español profesional les llevó un magnífico piano de media cola. "¿Puedo dejártelo durante un año? es que no tengo donde guardarlo", le preguntó esperanzado a David. Cuando David recorría el teclado con sus manos y se deleitaba con el tono perfecto del piano de cola, sonreía para sí pensando en el versículo bíblico: *"como no teniendo nada, pero poseyéndolo todo."*[45]

En 1981, cuando David pidió a Daniel su bendición para casarse con Ullie, el pastor le preguntó que cómo iba a mantener su casa. "Ah, el Señor proveerá", respondió David con tono "espiritual". Entonces Daniel, con su habitual estilo práctico, le aconsejó: "¿Por qué no anuncias en el periódico local tus servicios como afinador de pianos?". Esta iniciativa dio lugar a trabajos bien remunerados que permitieron a David mantener a Ullie y a su creciente familia.

🔥

En la Casa en la Roca ocurrió otro acontecimiento muy significativo. Un día, mientras Daniel estaba comiendo allí con los miembros de la comunidad, el Espíritu Santo descendió sobre él de tal manera

---

[45] 2 Corintios 6:10b

que se medio desplomó sobre la mesa. Los presentes pensaron que estaba sufriendo un amago de infarto, pero era Dios hablándole muy claramente las siguientes palabras que resonaban en él como un trueno: *"Quiero que se añada la danza a la adoración".* Después de estas instrucciones, la comunidad introdujo la danza en los cultos de adoración. No era una danza desenfrenada o sensual, sino una elegante y alegre danza de estilo hebreo.

Durante un periodo de cinco años, la comunidad de la Casa en la Roca se ramificó en muchos ministerios: una mesa de literatura cristiana, un grupo de teatro de calle y un grupo de danza. Junto con algunos micro negocios como la afinación de pianos, encuadernación de libros, una fábrica de bancos de madera, una panadería, producción de hortalizas y cerámica, que ayudaban a los jóvenes a mantenerse.

Antes de que la Casa en la Roca fuera demolida, en otoño de 1984, ésta se había convertido en el hogar de veintisiete miembros de la comunidad y de casi trescientos animales: ciento cincuenta conejos, cien pollos, dieciocho cerdos, dieciséis cabras y una vaca.

CAPÍTULO DIECISÉIS
EL HOTEL PANORAMA

"Pastor, hay un hotel abandonado justo en el centro Torremolinos", informó a Daniel Anita, una alegre australiana que vivía con la familia Del Vecchio para ayudaba a cuidar los niños. "No hay nadie viviendo ahí. Está en estado de total deterioro".

A esas alturas, la comunidad ya disfrutaba de permisos para usar varias propiedades estupendas, habiéndolas renovando gastando lo mínimo, y estaban ya instalados en ellas. Daniel le había pedido a Anita su opinión respecto a un hotel con el que estaba ilusionada toda la comunidad, pero ahora ella había fijado toda su atención en el hotel "El Panorama". A primera hora de esa tarde, mientras caminaba por delante del hotel vacío, había sentido fuertemente en su espíritu que éste era el edificio indicado para la comunidad y no el otro. "Siento intensamente en mi espíritu que el Señor está en esto. ¡Es nuestro!" dijo Anita entusiasmada.

Daniel estaba acostumbrado a que sus "hijos espirituales" desearan dar pasos de fe y reclamar esto o aquello para la obra del Señor, pues todos estaban deseosos de crecer en la fe. Pero, como pastor, se empeñaba en mantener un equilibrio entre animar a los jóvenes creyentes, por un lado y, por otro, basar cuidadosamente su crecimiento en aprender a actuar con sabiduría y buen juicio. A menudo nuevos creyentes demostraban esa falta de discernimiento que sólo se obtiene al madurar espiritualmente.

"Bueno, puede ser, pero tengo mis dudas", respondió Daniel. Era demasiado atrevido esperarse que ese magnífico hotel de seis plantas, en el corazón de Torremolinos, a tan sólo cincuenta metros de la famosa calle principal, San Miguel, estuviera disponible. "De todos modos, indagaré", prometió a Anita.

Cuando Daniel atravesó las verjas de la entrada del hotel abandonado, pasando por delante de una piscina vacía, llegó a la inmensa terraza que coronaba el acantilado. Apoyado en la barandilla de forja, contempló la playa a sus pies y a lo lejos, las imponentes montañas con nieve perenne de Sierra Nevada. Aquella terraza ofrecía la mejor vista sobre el Mediterráneo de todo Torremolinos. Le hacía honor plenamente el nombre del hotel: "El Panorama". Incluso en ese estado sucio y descuidado, cuando se acercó contra las ventanas mugrientas del que había sido su restaurante, pudo ver que el hotel tenía un potencial extraordinario. Desde luego, la ubicación era ideal, perfecta para llegar a las masas de turistas y mochileros que pasaban por allí de camino a la playa. Daniel anotó el número de teléfono del letrero descolorido expuesto en una de las ventanas.

"Lo siento, lo vendí hace ya tiempo", dijo el antiguo propietario al pastor cuando le telefoneó. Así que Daniel descartó el asunto.

"Pero yo realmente creo que este lugar es del Señor", insistía Anita con convicción incuestionable. A causa de la persistencia de la joven australiana, Daniel, a duras penas, aceptó intentar buscar al nuevo dueño del hotel. El propietario actual en realidad resultó ser una sociedad de tres hermanos. Aún sintiendo que hacía algo absurdo, se acercó a ver a uno de ellos, un próspero hombre de negocios de tiendas de ropa y pieles.

"Vamos a celebrar una conferencia nacional", explicó el pastor al propietario, que le miraba con frialdad. "Vendrá gente de toda España y necesitamos un lugar para alojarles".

El empresario le miraba impasible.

"Si pudiéramos utilizar su hotel para alojarles durante unos días, estaríamos enormemente agradecidos. A cambio, limpiaríamos el edificio hasta dejarlo en condiciones de habitabilidad", ofreció Daniel.

"No, no me interesa", dijo el hombre despectivamente, encogiéndose de hombros y comenzando a levantarse, para dar por terminada la conversación. Pero Daniel, que no era de los que se rinden sin luchar, rehusó ser despedido tan fácilmente. La indiferencia del dueño le exasperaba.

"Esto beneficiaría tanto a ustedes como a nosotros. Estamos dispuestos a pasar tres meses limpiando su hotel y sólo lo utilizaremos durante unos días. Nos dedicamos a la rehabilitación de toxicómanos y muchas de las personas que vienen a esta conferencia son ex drogadictos. Sería una gran ayuda para nuestro trabajo que nos prestasen estas instalaciones".

"Lo siento", le interrumpió el propietario, "pero la respuesta es NO".

"¿No?" repitió Daniel, repentinamente enojado con "indignación santa". "Aquí estamos, personas de diferentes países para ayudar al pueblo español, ¡su pueblo! y usted, ciudadano español, con un hotel vacío... ¡no hace nada! Déjenos repararlo para usarlo unos días y luego se lo devolveremos".

El hombre bajó la mirada abochornado. El estruendoso arrebato de Daniel debía haberle tocado la conciencia, porque murmuró: "Vaya a ver a mi hermano".

El hermano resultó ser el presidente de la compañía eléctrica de toda Andalucía. Con calma, Daniel le explicó una vez más para qué quería prestado el hotel.

"Bueno, está bien, siempre que sólo sea por tres meses", cedió el hermano con cautela. "Te daré luz temporalmente y podrás pagar una tarifa fija por la corriente. Pero asegúrate de que no se meta nadie, aparte del grupo de esos pocos días".

"Dispondré turnos de guardia que mantendrán alejados a los okupas", respondió Daniel, sabiendo que al propietario le convenía tener gente fiable que impidiera infiltrarse a los vagabundos. De hecho, ya se había colado alguno que llevaba varios meses haciendo del hotel su hogar.

Con el consentimiento del propietario, Daniel envió un equipo para limpiar y reparar la propiedad medio abandonada. "¿Por qué no os trasladáis a vivir al hotel y así lo vais arreglando?" sugirió a Gus, George y Tom.

Tras recorrer las dependencias del hotel, Gus, que se iba a encargar del cableado eléctrico y de la fontanería, se quedó atónito. "¡Cincuenta cuartos de baño!" murmuró. Para el australiano, la idea de poner en funcionamiento los cincuenta baños del Hotel Panorama era algo desorbitante. Además, Daniel le había informado de que había que arreglar todo para la conferencia de pastores que se celebraría dentro de tres meses. Gus sacudió la cabeza con incredulidad. "¡Con todo el trabajo que hay por hacer!"

Gus, era electricista profesional, pero también se había convertido en el fontanero de la comunidad, pues mientras trabajaba en la Casa en la Roca y en Ebenezer, ayudando a un fontanero danés, había adquirido experiencia muy útil. Aunque, en realidad, buena parte de su preparación la había alcanzado practicando y aprendiendo de los errores. Con conocimientos básicos en soldadura y empalme de tuberías, Gus fue de baño en baño intentando diagnosticar el problema en cada caso. Muchos inodoros, bañeras y grifos habían desaparecido por completo o tuvieron que ser sustituidos. Rebuscando por toda la ciudad para encontrar estos sanitarios y accesorios, Gus encontró muchas piezas en perfecto estado, a veces, entre montones de basura. Irónicamente, también compró grifos originales del hotel que habían sido robados y vendidos por los ladrones al chatarrero.

Mientras Gus trabajaba en la fontanería y el cableado del hotel, a veces se desanimaba. Como electricista, se sentía seguro de lo que estaba haciendo, sustituyendo el viejo cableado por uno nuevo, pero la fontanería fue una verdadera prueba de perseverancia para él. A menudo se enfrentaba a problemas que no tenía ni idea de cómo resolver, pero sabía que Daniel contaba con él y confiaba en que lograría solucionarlos.

"Estamos haciendo todo este esfuerzo y lo más probable es que nos tengamos que ir el mes que viene", refunfuñó Gus después de un día especialmente duro. "Seguro que no se puede mantener durante mucho tiempo un hotel como este en el corazón de Torremolinos. Es un inmueble de primera categoría".

A pesar de su falta de fe en que se les permitiría quedarse en el hotel, Gus perseveró tenazmente reparando las tuberías. Por fin, después de haberlas comprobado una y otra vez, Gus abrió el grifo, orando fervientemente esperando que ninguna reventara. Los tres jóvenes se apresuraron a ir de habitación en habitación para comprobar si había fugas de agua pero, sorprendentemente, apenas encontraron alguna.

"¡Gloria a Dios!", suspiraron agradecidos.

Para la cuarta conferencia anual de pastores, celebrada en septiembre de 1982, la comunidad pudo alojar a trescientas personas en las instalaciones recién renovadas. En cada habitación del hotel Panorama, de seis pisos, se montaron tantas literas triples como fue posible. Consiguieron sábanas, camas y colchones que les regalaban los hoteles, y vajillas donadas por algunos restaurantes. Reciclaron muebles y todo lo que encontraban útil en los vertederos de la zona. Gus, un maestro del reciclaje, incluso había logrado reparar la oxidada lavadora-secadora industrial del hotel usando restos de lavadoras viejas inservibles. De este modo, la comunidad reparó, acondicionó y amuebló el hotel con poco dinero y muchísimo ingenio.

Fue necesaria gran cantidad de tiempo y trabajo para la restauración del Hotel Panorama, pero incluso para los pocos días que duró la conferencia, en comparación con los desorbitantes precios de los alojamientos en Torremolinos, todo el esfuerzo mereció la pena. Durante la conferencia, la comunidad sirvió las comidas diariamente a más de seiscientas cincuenta personas bajo la magnífica sombra de un improvisado cañizo, en las mesas de la terraza panorámica del hotel. Daniel estaba tan entusiasmado con las instalaciones que, al finalizar la conferencia, volvió a citarse con el propietario: "Estamos tan contentos con el hotel que nos gustaría seguir utilizándolo. ¿Es posible?"

El propietario se había quedado impresionado por los esfuerzos de incalculable valor hechos por la comunidad cristiana: "Os daré otros tres meses", cedió.

Una vez transcurridos los tres meses, Daniel visitó al propietario, esta vez con una tarta de chocolate recién horneada como señal de aprecio y gratitud de la comunidad.

"Vale", sonrió el dueño saboreándola, "Otros tres meses".

Con cada visita y las consiguientes prórrogas, se entabló una relación afectuosa entre el pastor y el empresario. Después de tres años, el propietario finalmente le dijo a Daniel: "Mira, no está previsto que vayamos a utilizar el hotel durante los próximos dos años y medio, así que podéis quedaros hasta entonces".

La comunidad disfrutó del Hotel Panorama durante seis años de forma casi gratuita, sin tener que pagar tampoco por el agua y abonando tan sólo una mínima cuota mensual fija por la electricidad. Las instalaciones contaban con un gran comedor, una cocina totalmente equipada, una piscina, una escuela, un supermercado privado y doscientas ochenta camas. El hotel se utilizaba para celebrar conferencias nacionales, alojar miembros del equipo y discipular a nuevos cristianos. En todo esto vieron incuestionablemente la provisión milagrosa de Dios.

Como El Panorama estaba situado a dos pasos de la concurrida calle peatonal de Torremolinos, San Miguel, a diario miles de turistas pasaban por allí de camino a la playa. Para llegar a estos veraneantes, la comunidad montó una cafetería con palco escénico, donde se ofrecían refrescos, postres caseros y veladas de música en vivo. Los jóvenes cristianos cantaban y daban testimonio a quienes entraban.

En la terraza del Hotel Panorama, con vistas a la abarrotada playa en la famosa Costa del Sol, un cartel de 15 metros de largo proclamaba con atrevimiento a los adoradores del sol allá abajo: "JESÚS DIJO: ES NECESARIO NACER DE NUEVO." [46] En el corazón de ese núcleo hedonista, la comunidad evangélica se atrevió a defender el estandarte de Jesucristo. Era el último lugar donde uno se podía esperar encontrar semejante testimonio, pero " *donde abundó el pecado, sobreabundó la gracia.* "[47]

---

[46] Juan 3:7: "*No te maravilles de que te dije: "Os es necesario nacer de nuevo."*
[47] Romanos 5:20b Nueva Versión Internacional

TERCERA PARTE
GRANEROS PARA LA COSECHA

CAPÍTULO DIECISIETE
UNA MARAVILLA GEODÉSICA

Señor, ¿cómo podemos edificar una iglesia que no cueste demasiado dinero ni lleve mucho tiempo construirla? Esta era, en el corazón del pastor Del Vecchio, la constante oración no vocalizada. La obra española se estaba multiplicando tan rápidamente que la necesidad de un lugar grande para reunirse se había vuelto imperiosa.

La Iglesia de la Comunidad Evangélica de Torremolinos ahora estaba llena de españoles sentados en los poyetes de las ventanas, desbordando las puertas delanteras e incluso, ocupando la sala de oración lateral y la cocina. En Málaga, cada vez que Daniel predicaba en la iglesia de Casa Ágape, temía que el suelo pudiera ceder. Doscientas cincuenta personas se reunían en un espacio asfixiante, pues las ventanas tenían que estar cerradas porque cuando los niños del barrio las veían abiertas, se divertían tirando zapatos, pelotas y tomates.

Era obvio que la iglesia española había sobrepasado la capacidad de su cuartel general de Casa Ágape. Daniel reconoció que necesitaban unas instalaciones más grandes, pero ¿cómo conseguir un edificio? Aunque España disfrutaba ya de mayor libertad religiosa, la mentalidad todavía no era lo suficientemente abierta como para disponer de libre acceso a escuelas o salones de actos para los cultos de la iglesia. El alquiler de un local no era una opción factible. La alternativa de construir una iglesia similar a la de Torremolinos o Mijas, con tanto tiempo, dinero y trabajo como requeriría, tampoco lo era. "Necesitamos más espacio, pero no tenemos ni terreno ni dinero". Agobiado, Daniel le daba vueltas al asunto una y otra vez.

Él pensaba en alguna estructura que la pudieran montar personas no profesionales, que fuera económicamente abordable y que se considerara temporal, para no requerir honorarios de arquitectos ni permisos de construcción, siempre tan difíciles de obtener. Pensaba en una instalación sobre un terreno alquilado para que, en caso de que la congregación se viera obligada a trasladarse, se pudiera desmontar y levantar de nuevo en otro sitio. Pidió a Dios que le diera una idea para poder construir sin dinero, sin constructores, y sin permisos de construcción. ¡Un MILAGRO, con mayúsculas!

Mientras reflexionaba sobre el dilema, Daniel empezó a hacer garabatos en unas cuartillas. *¿Cómo puedo construir una estructura sin pilares?* se preguntó recurriendo a todos sus conocimientos de construcción para estudiar el reto. Hizo varios bocetos pero siempre, insatisfecho, acababa tirándolos a la papelera.

Un día tuvo una idea. Dobló dos hojas de papel para dar forma a la imagen de su dibujo, una imagen que se asimilaba a un granero alargado. Al examinar el modelo de papel, empezó a entusiasmarse. *Estos rebordes en el lateral proporcionan la resistencia estructural necesaria*, calculó mientras analizaba su modelo. La emoción aumentaba a medida que definía su descubrimiento. *Ahora, ¿cuál sería el mejor material para construir?*

Su primera idea fue la fibra de vidrio. Un miembro de su congregación tenía una fábrica de paneles de energía solar y trabajaba con este material. Cuando Daniel hizo una visita al

CAPÍTULO DIECISIETE: UNA MARAVILLA GEODÉSICA

joven empresario canadiense-holandés, éste le disuadió: "No uses fibra de vidrio. Es muy cara y poco práctica. ¿Por qué no pruebas con fibra-cemento?".

Daniel y algunos de los chicos de la comunidad construyeron un módulo y lo llevaron a una fábrica para que lo trataran con una pistola especial que roció la pieza con cemento mezclado con trozos de fibra de vidrio para recubrirlo, pero el módulo se volvió tan pesado que hacían falta seis hombres para moverlo. Al intentar levantarlo se agrietó debido al enorme peso.

Implacable, Daniel experimentó con todo tipo de mezclas: cualquier tipo de polvo, pegamento o pasta que se pudiera encontrar. Como constructor, sabía que los materiales debían tener igual elasticidad y relación de contracción-expansión o si no, la estructura se doblaría. Al final, volvió a su visión original de la fibra de vidrio pero reforzada con resina de poliéster. Después de casi un año, Daniel y sus ayudantes (sobre todo Helmut, de Alemania) habían diseñado nuevos moldes, superando, mediante extremos desmontables, el problema de ángulos que se les planteó.

En una fábrica que alquilaron en Málaga, Daniel y su equipo comunitario levantaron las dos primeras piezas moldeadas, atornillándolas en la parte superior. Daniel estaba animado con este logro. Hasta que retiraron el andamio, cuando entonces, las bridas se doblaron bajo el peso y las piezas se hundieron. Sin decir palabra, Daniel se fue. Tras casi un año de agotadores experimentos, el diseño había sido un fracaso total.

Profundamente decepcionado, el pastor regresó a su oficina de la iglesia y cayó de rodillas. No estaba orando, su corazón estaba demasiado abatido para usar palabras. Durante todo un año, había estado obsesionado con un pensamiento implacable: *¿Qué materiales puedo utilizar para construir estas iglesias?* Y ahora, justo cuando pensaba que por fin habían descubierto la combinación adecuada, el experimento había fracasado.

Mientras se arrodillaba junto al sofá, recordó de repente un saco de material, parecido al amianto en polvo, que había estado tirada en el suelo de la fábrica.

¿Qué pasaría si mezclara esta sustancia con el poliéster? se preguntaba Daniel. *¿Reforzaría las bridas?*

Al día siguiente, Daniel se apresuró a volver a la fábrica y mezcló la resina de poliéster con la misteriosa sustancia en polvo que había encontrado en el saco abandonado. Se formó una pasta muy ligera pero voluminosa. Sin dedicarle demasiado tiempo ni esmero, Daniel salpicó la mezcla sobre el módulo de cualquier manera. Al cabo de unas horas, regresó para comprobar con sorpresa que la sustancia se había endurecido como el acero.

"¡Aleluya!" exclamó, celebrando que, por fin, Dios le había guiado al componente clave que les faltaba.

En junio de 1981, se levantó en Palma del Río el primer edificio prefabricado para una iglesia, hecho con una inusual combinación de fibra de vidrio, resina de poliéster y polvo ligero. Tenía una fachada de ladrillo y suelo de baldosas y podía albergar cómodamente a doscientas cincuenta personas. Había costado tan sólo 1.600.000 pesetas. En septiembre, la segunda iglesia prefabricada fue erigida en Alhaurín El Grande en el camino hacia "Su Granja", el centro de rehabilitación de drogas para hombres. El Señor estaba añadiendo tantas personas a las iglesias españolas que la necesidad de espacios más grandes para reunirse aumentaba continuamente.

Las iglesias prefabricadas eran baratas, rápidas y fáciles de montar. Daniel calculó que, en teoría, una iglesia con capacidad para doscientas personas podría modularse en la fábrica en dos meses y luego erigirse en quince días sobre un terreno alquilado. Aunque el precio de la construcción era una pequeña fracción del coste de una iglesia normal de ladrillo y cemento, Daniel no estaba del todo satisfecho y buscaba reducir aún más los costes

CAPÍTULO DIECISIETE: UNA MARAVILLA GEODÉSICA

de construcción. Así que volvió a centrar su atención en el polvo ligero. A setecientas pesetas el kilo, era un ingrediente muy caro.

"Debe haber un material similar más barato", insistió Daniel. Solicitó a la empresa que le vendía dicho producto que consultara a sus asesores químicos si existía una sustancia equivalente.

"No", le respondieron. "No hay sustituto".

Pero en la mente de Daniel había una voz interior que no callaba: *Hay. Encuéntrala.* Daniel contactó un amigo de Barcelona que trabajaba en una empresa de química. Milagrosamente, tras una exhaustiva búsqueda, descubrió un material importado de Alemania llamado K-3, producto de desecho de una industria metalúrgica. Daniel mezcló esta nueva sustancia con poliéster y, para su asombro y alegría, comprobó que funcionaba de forma idéntica a la primera. Y costaba sólo cien pesetas, ¡una pequeña fracción del precio del otro producto!

Las aspiraciones de Daniel aumentaron. Había oído hablar de una cúpula geodésica construida por unos cristianos en China, y descubrió que eso era justo lo que le convenía a la iglesia de Málaga: una cúpula geodésica. Con su mente creativa, dibujó una cúpula con estructuras anexas alargadas que salían de ella como los radios de una rueda. Esta estructura requeriría piezas octogonales, hexagonales y pentagonales, unidas entre sí.

El único problema es, pensó Daniel, *¿quién puede resolver los complicados cálculos matemáticos imprescindibles para su ejecución?*

Daniel planteó el problema a Mo, que contaba ya con experiencia en el cálculo con ordenadores. "La idea es construir una iglesia con capacidad para mil personas, utilizando una cúpula geodésica como centro y estructuras, como las de las iglesias construidas anteriormente, extendiéndose como radios", explicó Daniel a un sorprendido Mo. "Te dejo el reto de resolver los cálculos necesarios".

Aunque desconcertado, Mo asumió con valentía y fe la tarea enormemente desafiante. Tenía dos problemas principales: el primero, elaborar el patrón de piezas sobre la superficie de la cúpula y el segundo, encontrar el método de unión de la cúpula geodésica a las estructuras radiales como las de la iglesia ya diseñada. Empezó a experimentar con varios diseños, trabajando solo en el problema. Por fin, necesitando desesperadamente ayuda e inspiración, se dirigió a un querido colega de la comunidad, Bob. Le condujo a su escritorio, cubierto de maquetas de cartón de cúpulas de todas las formas y tamaños.

"¿Para qué son?" Observó Bob con asombro. El reto fue demasiado atrayente para su curiosidad y le condujo a un compromiso de entrega a largo plazo para el "proyecto de la cúpula".

Mo y Bob, que revelaron poseer una capacidad matemática asombrosa, comenzaron a calcular seriamente la construcción de la cúpula, pasaron meses con una calculadora de bolsillo, obteniendo cifras y parámetros imprescindibles para el proyecto. Finalmente, procedieron a la elaboración del primer módulo de fibra de vidrio. Para su decepción, en la primera prueba cometieron algunos errores de cálculo determinantes. No obstante, clamaron al Señor por sabiduría y el segundo intento fue un éxito total. Levantaron la mini estructura de dos metros en el jardín trasero de La Casa en la Roca. Obviamente, el experimento causó gran revuelo entre los ciudadanos de Fuengirola.

En primavera, Paul, el carpintero de la comunidad, comenzó la importante tarea de hacer los moldes de madera para estas peculiares piezas pentagonales y hexagonales. Era la pesadilla de un carpintero: no había ni un solo ángulo recto. En poco tiempo, se enviaron a la fábrica los moldes terminados para la producción de módulos de fibra de vidrio.

Mientras en la fábrica se moldeaban las piezas para la cúpula geodésica prefabricada, Daniel buscaba el terreno idóneo para levantar la iglesia. Observó que muchos espacios de las ciudades estaban destinados a parques y zonas verdes, pero que casi siempre, por falta de fondos, se quedaban en descampados usados como vertederos.

"*Málaga debe de tener terrenos así*", razonó Daniel. Así que redactó una petición dirigida al alcalde de Málaga, solicitando 2500 metros cuadrados para una iglesia y 6.000 metros cuadrados para un parque. El Ayuntamiento de Málaga aprobó su proyecto de construir un edificio desmontable que pudiera ser destinado a la celebración de reuniones, bodas y demás actos sociales.

Para ello, el alcalde dio orden a un concejal de buscar el terreno adecuado. El concejal, sin embargo, no tenía ningún interés por el proyecto y desatendía la petición archivándola entre un montón de documentos municipales. Cada vez que Daniel le visitaba para ver si había encontrado un terreno, el concejal negaba meneando la cabeza con hastío. "Vuelva el mes que viene," decía. Después de que esta infructuosa dinámica se prolongara durante varios meses, Daniel finalmente le tomó al hombre la palabra con una fecha concreta: "Vuelva en septiembre", dijo el concejal. "Para entonces tendremos una propiedad municipal para usted".

Pero cuando Daniel se presentó a la cita señalada, el funcionario se encogió de hombros: "Lo siento, todavía no hemos encontrado nada".

Tras un año de retrasos, Daniel ya estaba indignado y expresó su frustración con un explosivo español. Paradójicamente, el concejal mostró un nuevo respeto al ver al pastor tan enfadado: "Vaya a ver a este señor", le indicó, dándole el nombre de otro funcionario del gobierno municipal.

Cuando se reunió con tal funcionario, Daniel le solicitó ver los planos de la ciudad. Málaga había sido recientemente recalificada: el color naranja indicaba las zonas destinadas a asuntos sociales, y el verde, las destinadas a parques. Cuando Daniel examinó los planos de la ciudad, supo que estaba buscando lo imposible: una sección de terreno con zonas naranjas y verdes juntas.

"¡Aquí, aquí está!" señaló Daniel un punto del mapa con su lápiz. Sorprendentemente, estaba calificado justo como él había solicitado en la petición: 2500 metros para necesidades sociales y 6000 metros para parque. También era la zona que Daniel había sentido que Dios le mostraba: a tan sólo cinco minutos a pie de la antigua iglesia, Casa Ágape. La ubicación era inmejorable.

"¡Ese es el sitio!", declaró firmemente convencido de que Dios había elegido y reservado en particular esa propiedad para la iglesia. El Ayuntamiento de Málaga aprobó la solicitud oficial que Daniel presentó para obtener estos terrenos. A la iglesia se le permitiría utilizar el terreno a condición de que creara una zona verde, que construyera un parque infantil, una pista de tenis y que se comprometiera con el mantenimiento de ello durante diez años.

Cuando se puso en marcha la construcción del Tabernáculo de Málaga, se produjo otro milagro. Desde el principio, a Daniel le era imposible conseguir permiso de construcción, porque nadie había visto nunca una estructura semejante. Pero dicho permiso era imprescindible para tener acceso al suministro eléctrico e hídrico. Sin embargo, una vez más, Dios concedió a Daniel el favor del director de la compañía eléctrica andaluza, que les permitió conectarse a la red municipal. Para ello fue necesaria una intervención con martillo neumático con el que abrieron cincuenta metros de acera. El acceso a la red municipal de agua, lo obtuvieron por medio de un concejal del Ayuntamiento de Málaga, que se mostró empático y comprensivo con el proyecto.

Entonces surgió otro obstáculo desalentador. Aquellos meses, Málaga sufrió una de las peores sequías de los últimos años; con un nivel de reserva hídrica altamente precario, el uso del agua estaba bajo régimen de racionamiento. Esto suponía un problema muy grave para los voluntarios de la comunidad, que utilizaban gran

CAPÍTULO DIECISIETE: UNA MARAVILLA GEODÉSICA

cantidad de agua al mezclar el hormigón para los forjados y las pistas de tenis. Además, bajo la dirección de John el paisajista, los jóvenes de la comunidad acababan de plantar en el parque semillas de césped, árboles y setos por valor de miles de pesetas. Si no se regaban constantemente, morirían seguro.

"¡Si usan el agua, les podemos multar hasta con un millón de pesetas!", advirtió la policía.

"¿Qué vamos a hacer?" se preguntaba Daniel angustiado. "¡Necesitamos agua desesperadamente!" Como siempre que se enfrenta a problemas imposibles, se lo presentó al Señor. Entonces, se sintió impulsado a cavar buscando aguas subterráneas en la propiedad. "Probar en ese punto de allí abajo", dijo Daniel dirigiendo a los chicos a un lugar cercano a la zanja de drenaje. A pesar de la sequía y de no tener ni idea de a qué profundidad habría algún acuífero, los jóvenes comenzaron a cavar con fe.

A un metro de profundidad, notaron que la tierra empezaba a estar húmeda. ¡A los dos metros encontraron agua! Tras cavar un poco más e instalar una bomba, tuvieron agua suficiente para regar los jardines y terminar toda la construcción. De hecho, disponían de tanta agua que también la canalizaron generosamente a un centro escolar adyacente. Los vecinos de las urbanizaciones de alrededor hacían colas con cubos para llevarse agua para lavar los platos y poder tirar de las cisternas. El hecho de compartir su abundante suministro de agua natural, se convirtió en una inmejorable publicidad para la comunidad y de su propósito de ser una bendición para los barrios circundantes.

Los vecinos observaban con asombro cómo la extraña cúpula geodésica se erigía pieza a pieza. Nunca habían visto nada igual. Cada módulo prefabricado se atornillaba a otro contiguo, habiendo dejado soltura en las piezas inferiores para volver a ajustarlas cuando todos los módulos estuvieran ubicados definitivamente.

¿Qué pasará cuando lleguemos a la cima? ¿Y si la última pieza no encaja? Daniel pasó muchas noches sin dormir, muy preocupado, dando vueltas en su cabeza a posibles resultados desastrosos. Temía que, aunque la última pieza encajara, su propio peso pudiera derribarla.

Pieza a pieza, se fue erigiendo la iglesia en forma de cúpula, hasta que por fin estuvo lista para la pieza de coronación. Con suspense, Daniel observó cómo el último módulo era elevado hasta el techo y colocado en su sitio. Milagrosamente, encajaba perfectamente en el hueco. "¡Encaja al milímetro!", exclamó con alegría.

Tras un año de experimentos y siete meses de ejecución, el grandioso edificio *"El Tabernáculo"* con capacidad para mil personas, era por fin una realidad.

Además de su inusual forma futurista, hay que destacar que el Tabernáculo de Málaga fue construido, en su gran mayoría, por ex drogadictos y personas marginadas de la sociedad estándar. Además de los problemas sufridos con las averías o robo de herramientas, Daniel se había enfrentado al reto añadido de trabajar con personas sin hábitos de trabajo ni habilidades manuales desarrolladas. A menudo, él mismo se había remangado para enseñarles cómo trabajar.

Daniel contribuyó con el trabajo, dirigiendo con su ejemplo laborioso a los obreros voluntarios. "Así ese maneja una azada" les enseñaba, "La paleta se usa así", cogía la herramienta de la mano de un ex drogadicto desorientado y le mostraba pacientemente la técnica. Cuando se sentía frustrado por la inexperiencia de los chicos, Daniel se recordaba a sí mismo: "No estoy construyendo iglesias... ¡estoy construyendo HOMBRES!".

Daniel estaba mucho más interesado en edificar verdaderos seguidores de Jesucristo, que en erigir monumentos religiosos.

CAPÍTULO DIECISIETE: UNA MARAVILLA GEODÉSICA

El 30 de agosto de 1983, el alcalde de Málaga y otros representantes oficiales acudieron a inaugurar el nuevo Tabernáculo. Cuando el alcalde trató de bajar de su limusina, una turba enfurecida trató de impedirle la entrada a las instalaciones reprochándole ferozmente haber cedido los terrenos a una iglesia protestante. Mientras Daniel le enseñaba el parque al alcalde, la multitud le gritaba y protestaba. Pero por encima de los gritos e insultos, este hombre noble, católico devoto, pronunció un excelente discurso de inauguración para darles la bienvenida a la ciudad de Málaga.

El domingo, en el recién inaugurado *Tabernáculo*, seiscientas personas participaron en la Santa Cena, dando lugar entonces al mayor culto de comunión de la historia de España. El Tabernáculo podía albergar a mil personas y era lo suficientemente grande como para celebrar conferencias nacionales. A través de estas conferencias y del eficaz ministerio de Daniel Del Vecchio con predicaciones grabadas en casetes, el avivamiento espiritual se extendió a numerosos puntos de España.

En la actualidad, el Tabernáculo de Málaga ocupa una parcela urbana de primera categoría enormemente revalorizada. Los jardines, las pistas de tenis y el parque infantil los mantiene el ayuntamiento. Además de ser sede de un centro de rehabilitación, se halla instalada una emisora de radio RKM, que difunde el Evangelio de Jesucristo.

CAPÍTULO DIECIOCHO
SOMBRAS

"Así crecía y prevalecía poderosamente la palabra del Señor".
(Hechos 19:20)

La obra entre los españoles se multiplicaba a un ritmo exponencial, superando con creces el desarrollo visto entre los internacionales. Mientras que la comunidad internacional, con su ferviente ejemplo, había supuesto el "andamiaje" necesario para la iglesia española en su periodo "infantil", los cristianos españoles habían madurado hasta llegar a la edad espiritual "adulta". Ya se habían levantado iglesias prefabricadas en Palma del Río y Alhaurín el Grande. Y se lanzaron a abrir nuevas obras en varias ciudades del país.

El objetivo de Daniel como misionero siempre había sido que la iglesia española se auto propagara, se auto gobernara y se auto financiara. Y ahora estaba viendo que esto ya ocurría. La mayoría de los líderes españoles emergentes habían sido muy bien discipulados por Benito en el sótano de Casa Ágape. De modo que Daniel animó a estos jóvenes a dar pasos de fe yendo a pastorear iglesias y a abrir centros de rehabilitación de drogas por su cuenta.

En 1981, Benito con su mujer e hija se trasladaron a la pintoresca ciudad de Granada, famosa por la Alhambra. Empezó a celebrar cultos informales en su pequeño apartamento pero pronto su casa estaba tan llena de gente que se vieron obligados a alquilar una sala para reunirse.

En base a la visión que Daniel había impartido a los pastores españoles, de abrir centros de rehabilitación de drogas en todo el país, Benito comenzó a buscar un lugar adecuado para tal empresa. Durante un año y medio buscó sin éxito, pero en ese periodo frustrante siempre se había sentido atraído hacia un lugar en particular: una fábrica de aceite de oliva abandonada, ocupada por dos ancianas y gran cantidad de gatos. Cuando las excéntricas mujeres abandonaron la propiedad, Benito y su familia se instalaron en ella, reclamando la fábrica por la fe.

Varios meses más tarde, un director de banco propietario del inmueble, se puso en contacto con Benito. Cuando el joven pastor le explicó que el propósito de su ministerio era la rehabilitación de drogadictos y marginados de Granada, el dueño de la fábrica le concedió permiso para ocupar el edificio mientras lo necesitara.

Benito llamó al nuevo centro *"El Buen Samaritano"* y al cabo de poco tiempo, tenía a su cargo a gran número de drogadictos en recuperación. Benito y su esposa dedicaron su tiempo y atención a las necesidades de estos toxicómanos, "viviendo sencillamente, para que otros, sencillamente, puedan vivir". Creían con firmeza que los cristianos están llamados a imitar a Cristo, no sólo en la actitud interior del corazón, sino también coherentes en el estilo de vida exterior.

Luis, que durante dos años y medio, se había formado en el sótano de Casa Ágape, era cada vez más consciente de su intenso deseo de predicar el Evangelio. Tenía siempre en mente los ejemplos de

CAPÍTULO DIECIOCHO: SOMBRAS

dedicación del Daniel y Benito y anhelaba seguir sus pasos para convertirse en un siervo del Señor.

Un día, en Asturias, Luis fue invitado a dar su testimonio personal en una iglesia del norte de España. Cuando regresó al sur, tenía una fuerte carga para orar, tanto por Asturias como por cierta joven cristiana de allí que le había gustado. Finalmente, habló con el Daniel sobre el asunto.

"Estoy seguro de que tu lugar está allí", le aseveró Daniel. "¿Por qué no vas?"

Luis miró fijamente a su pastor, sorprendido: "¿Cómo?"

"Pues, por la fe, claro", sonrió Daniel.

"Pero es que no tengo dinero", contestó Luis sin entusiasmo.

"Entonces pídele a tu Padre celestial que te supla".

Luis decidió que podría vivir tres meses sin ningún sueldo. "Si en tres meses Dios no me muestra nada en Asturias, me volveré a Málaga".

Luis se fue a Oviedo, la capital de Asturias, y dormía todas las noches en un banco de la iglesia. Aunque empezó a predicar en las universidades y a proyectar películas evangélicas, vio que no se manifestaba gran cosa. Además de desanimado, estaba cansando porque casi todos los días conducía treinta kilómetros para visitar a su novia en la ciudad portuaria de Gijón.

"He oído que estás durmiendo en un banco de la iglesia", le dijo un día un hermano cristiano que se le acercó.

"Sí, así es", respondió Luis.

"Escucha, yo tengo un apartamento en el que puedes vivir".

"¿Dónde está?" preguntó Luis con interés.

"En Gijón".

"¡Aleluya!" gritó Luis con entusiasmo, creyendo que la voluntad de Dios se había confirmado. Así, Luis se trasladó a Gijón, y compartió con este mismo hermano su deseo de abrir el piso a los drogadictos que deseaban liberarse de la adicción.

"Tengo algo aún mejor", le ofreció generosamente aquel hombre. "Tengo un local en un edificio comercial que podrías habilitar para abrir un centro de rehabilitación".

Aunque en este local no se consolidó el trabajo con los drogadictos, sí nació allí una iglesia saludable. Dos años más tarde, Luis y su grupo de creyentes se trasladaron a unas instalaciones mayores. Pero la visión de un centro de rehabilitación de drogas no había caído en el olvido. De hecho, estaba creciendo con fuerza. Luis sabía que la mejor ubicación para ello era en el campo y siempre estuvo en guardia en busca del lugar adecuado. Un día, mientras conducía, le llamó la atención un chalet.

Pregunta de quién es, le instó una voz interior.

Pero es una casa tan bonita y moderna, objetó Luis con el pensamiento. *Nadie me la va a dar.*

Sin embargo, Luis no tuvo paz hasta que buscó al propietario, que resultó ser un cliente de la fábrica en la que trabajaba Luis media jornada para mantener a su familia. Luis conocía a ese cliente y decidió dirigirse a él.

"Estoy interesado en esa casa de su propiedad," comenzó Luis, "quisiera prepararla para alojar a algunos drogadictos en rehabilitación. ¿Consideraría dejármela gratis?"

El hombre meneó los hombros respondiendo: "Sí, sí. De acuerdo".

Luis se quedó boquiabierto.

El sueño de Luis de tener un centro de rehabilitación de toxicómanos se hizo realidad y se volvió muy conocido en Asturias. Era el único centro de rehabilitación gratuito de todo el norte de España desde Santander hasta Galicia. En la tranquila granja, lejos de la frenética ciudad, los ex adictos se mantenían ocupados haciendo las tareas diarias y cuidando vacas, cerdos, conejos y gallinas. En dos años, el centro albergaba a once jóvenes desintoxicados, de los cuales, cuatro tenían un deseo sincero y profundo de servir a Dios.

Cuando Luis abrió el centro para toxicómanos, renunció a su trabajo en la fábrica. Comprendió que no podía llevar la carga de la actividad del centro a su máximo potencial y mantener a la vez un trabajo secular, así que lo dejó por fe. Cuando Daniel le animó a irse a Asturias, le dio un sabio consejo que Luis nunca olvidaría: "Cuando recibes un salario, estás limitado a ese salario. Pero cuando vives por fe, puedes tenerlo todo... *según tu fe*".

La obra evangelística siguió extendiéndose rápidamente por toda España. Cuando Daniel no estaba ocupado atendiendo a los pastores que buscaban consejo o con drogadictos necesitados de liberación que acudían a su despacho, viajaba por todo el país. En Sevilla, bautizó a nuevos creyentes e impulsó el trabajo en "La Puerta". En Córdoba ministró en una conferencia donde quince españoles fueron bautizados en el Espíritu Santo. Predicó también en Valencia, guiando a treinta personas a la conversión a Cristo. E hizo varios viajes a Madrid para enseñar sobre el ministerio de liberación.

El Señor estaba abriendo puertas especialmente entre los estudiantes. En Gijón, se celebraban tres reuniones en un mismo día porque la gente se mostraba hambrienta de Dios. Cuando la ONG "Cristo es la Respuesta" llegó con una carpa de dos mil plazas, las comunidades españolas colaboraron con este ministerio realizando tremendos alcances evangelísticos en Coín, Alhaurín, Mijas, Fuengirola, Marbella y Málaga. Durante todo el verano las reuniones callejeras, con teatro y danzas hebreas, atrajeron a grandes multitudes.[48]

Mientras Daniel estaba de viaje visitando las iglesias españolas, otros obreros del Evangelio cuidaron de la obra en Torremolinos y demás pueblos de la costa. Paul y Janet, padres

---
[48] Rick Medrington, "La Obra", *The Standard*, enero de 1982, 2

de Sarah, de tres meses, velaban por la comunidad internacional. Paul (de Inglaterra) y Tom trabajaban en la sala de radio hasta altas horas de la noche, enviando más de cinco mil cintas de casetes al año. Jack, el director de "Su Escuela", supervisaba a quince profesores y sesenta alumnos. En Marbella, Mark y Jeff dirigían una pequeña cafetería de la comunidad, "La Casa del Evangelio", que les prestaron milagrosamente sin pagar nada. Celebraban siete reuniones infantiles semanalmente, en la calle, con más de cien niños y padres en una sola reunión.[49]

La comunidad se hizo cargo de mansiones abandonadas y las convirtió en centros de rehabilitación para atender a drogodependientes y alcohólicos. En 1982, los miembros de la comunidad internacional habían restaurado ya siete propiedades, entre ellas el Hotel Panorama, de seis pisos, y la lujosa villa El Pinillo, de dos plantas. Siempre devolvían las casas a los propietarios en condiciones mucho mejores de como las habían encontrado.

Daniel había tratado de ponerse en contacto con los dueños de El Pinillo, que vivían en Marruecos, para informarles de que la comunidad ocupaba provisionalmente su casa abandonada, pero no respondieron. La mansión contaba con un gran jardín y piscina. En la torreta había un lugar, como un "aposento alto" donde solían orar. Bernard estaba a cargo de los veinte chicos que vivían en la "Casa del Padre", como denominaron la mansión palaciega y el enorme salón acogía cómodamente las reuniones familiares de los viernes por la noche.

Dada la preocupante escasez de plazas para alojar a tantas mujeres que habían llegado últimamente a la comunidad, Daniel sugirió a Ana Mari un día, en la oficina de la iglesia: "¿Por qué no sacamos a los chicos de El Pinillo e instalamos a las chicas?"

---

[49] Medrington, "Community News", *The Standard*: Enero, 1982, 4-5

CAPÍTULO DIECIOCHO: SOMBRAS

"Podríamos tener un grupo medio español, medio internacional", reflexionó Daniel en voz alta. "La única pregunta es: ¿quién puede liderar una casa así?"

Ana Mari dejo su teclado para mirar al pastor. Por su expresión, supo en quién estaba pensando. "Supongo que soy yo", comentó seriamente.

"Bueno, la verdad es que no veo a nadie más", sonrió Daniel. "Considerando que tú hablas francés, inglés y español".

Durante la Semana Santa, Ana Mari y su equipo de jóvenes españolas e internacionales se instalaron en las lujosas dependencias de El Pinillo, la enorme villa que antes había incluido también un elegante restaurante. Ahora en poco tiempo de preparativos, ya acogían a drogadictas y alcohólicas que ansiaban liberarse de su adicción.

Después de trabajar todo el día en la oficina de la iglesia, Ana Mari tenía que atender los problemas que habían surgido durante el día en El Pinillo. Las chicas se peleaban entre ellas y a menudo tenía que solucionar sus disputas. Por si fuera poco, también trataba de tener tiempo para estar con Paul, el inglés, con quien estaba comprometida.

Uno de los casos más difíciles que puso a prueba el liderazgo de Ana Mari fue el de María Eugenia, una alcohólica y drogadicta española de veintitantos años. Mara, una chica de Madrid, fue asignada para ser su "sombra", responsabilidad que implicaba estar con ella las veinticuatro horas del día mientras sufría el síndrome de abstinencia. Con el tiempo, María Eugenia se convirtió en una cristiana madura.

En Los Boliches, cerca de Fuengirola, la comunidad había descubierto otra gran mansión abandonada: la enorme y suntuosa villa de Torreblanca, con suelos de mármol. El chalet de Torreblanca había pertenecido a un funcionario corrupto, que había huido del país dejando todo abandonado, incluido un coche de alta gama en el garaje.[50] La mansión era increíblemente lujosa, con baños de mármol macizo. Los vándalos habían empezado a desvalijarla, quitando las puertas y las tuberías de cobre. Tras avisar a la familia del propietario en Madrid, Daniel compró puertas usadas e instaló cerraduras. Los vecinos de la urbanización, que vigilaban la propiedad, se alegraron de que los cristianos repararan, limpiaran y ocuparan el enorme chalé.

Al principio, Daniel convirtió Torreblanca en una residencia de ancianos y puso al frente a un cirujano de Cuba el Dr. Pablo y su esposa, Isabel, enfermera. Daniel invitó al matrimonio a vivir en la mansión con sus tres hijos y a cuidar de los ancianos, mientras esperaban la documentación necesaria para entrar en Estados Unidos como refugiados políticos. Con la aportación de las pensiones de los residentes, la residencia era autosuficiente. Tanto Pablo como su esposa recibieron el bautismo del Espíritu Santo y se formaron como fuertes obreros del Señor antes de viajar a Estados Unidos.

"Vamos a trasladar a los ancianos de Torreblanca al Hotel Panorama", le dijo un día Daniel a Mara. La ubicación de la residencia había resultado demasiado aislada para los ancianos que vivían en ella, ya que deseaban participar más en la vida de la comunidad. El pastor decidió que el lugar sería perfecto para las necesidades de drogadictos en recuperación.

"Vamos a poner en marcha un centro de rehabilitación de drogas para chicas en el chalet de Torreblanca", le dijo Daniel a Mara, "Quiero que estés tú al frente".

La joven española sintió el reto de semejante responsabilidad, pero habiendo adquirido ya en El Pinillo una experiencia

---

[50] Paradójicamente, el antiguo propietario de Torreblanca, había sido el Director de Información y Turismo, del que tantos directores de hoteles temían el cierre, si consentían reuniones protestantes en sus instalaciones.

CAPÍTULO DIECIOCHO: SOMBRAS

inestimable como "sombra", aceptó el encargo. Armada con una escoba, una fregona y un cubo, se instaló sola y pasó una semana limpiando el chalet recién desalojado, con sus suelos de mármol rojo, sus paredes enlucidas de blanco y sus altos techos con vigas vistas. Al final de la semana, Mara recibió a una joven de Barcelona enganchada a la heroína que se trasladó a las instalaciones recién desinfectadas para recibir ayuda mientras pasaba por el difícil proceso de desintoxicación.

Al principio, Mara era la única cristiana en la mansión, y se ocupaba de entre una y cuatro jóvenes en rehabilitación. En junio, María Eugenia y Nuri se mudaron a Torreblanca y Mara celebró recibir su compañía y apoyo. A estas alturas, María Eugenia, ya desintoxicada completamente, había madurado tanto como cristiana que estaba preparada para ser una guerrera en oración y velar por sí misma. Nuri, también ex adicta, llevaba un año viviendo en la comunidad y todo hacía pensar que se había rehabilitado, pero lamentablemente, unas semanas después, mientras visitaba a su hija, tuvo la tentación de volver a probar la heroína y falleció por sobredosis.

Transcurridos pocos meses, Torreblanca se consolidó como un centro femenino de rehabilitación de drogas y una comunidad cristiana de chicas muy unidas. Al levantarse, a las siete de la mañana, desayunaban todas juntas y luego asistían a la reunión de oración a las ocho. Este era el punto culminante del día: un momento para compartir, renovar las relaciones, orar por sanidad (física o emocional) y pedirse perdón unas a otras. Seguidamente, las jóvenes se ocupaban de las tareas domésticas, hacían cojines, cortinas y restauraban muebles. Tras el almuerzo, debían leer sus Biblias durante una hora y media, y por la tarde, terminar sus tareas.

El Centro de Rehabilitación de Torreblanca creció hasta acoger a una media de dieciocho mujeres, entre drogadictas y sus sombras. Mientras que algunas de las adictas se quedaban sólo el tiempo suficiente para superar el síndrome de abstinencia, otras se quedaban durante meses, recibiendo una base firme en el Evangelio. En el mejor de los casos, se animaba a las jóvenes rehabilitadas a permanecer en la comunidad durante, al menos, dos años.

En ese momento, Pacha, el pastor de la iglesia de Fuengirola, también pastoreaba a las mujeres de Torreblanca. Como el salón era enorme, con capacidad para ciento cincuenta personas, todos los domingos por la mañana y algunas tardes entre semana, se celebraban cultos en el chalet de Torreblanca con las residentes y toda la congregación española, que siempre fue servicial y apoyó generosamente el trabajo de rehabilitación. La comunidad tuvo a su disposición el uso libre de la villa de Torreblanca durante seis años.

🔥

Una heroinómana que acudió a la comunidad cristiana para liberarse de la esclavitud de la droga fue una joven irlandesa llamada Leslie...

En un chalet de Mijas, la joven de veinticuatro años yacía en la cama, inyectándose constantemente heroína en las venas. Los pinchazos de las agujas marcaban sus antebrazos, muñecas y tobillos. Cuando oyó que la llamaban por su nombre, se arrancó la aguja de la mano y la escondió junto con la cuchara debajo de las sábanas. "Pase" respondió con la mayor naturalidad posible.

Gene, un amigo de la familia, abrió la puerta. Con preocupación, estudió a la joven demacrada, con la maraña de pelo rubio enredado y el color de piel amarillo enfermizo a causa de la hepatitis. Su mirada se dirigió a la muñeca: viendo con horror la sangre que le brotaba de la vena.

Gene pasó el resto del día en estado de shock. *Bueno, esto no es problema mío,* pensaba, pero su conciencia le seguía

CAPÍTULO DIECIOCHO: SOMBRAS

insistiendo: *¡Tienes que hacer algo!* Muchas veces, conduciendo hacia Coín, había visto un cartel que anunciaba: "Ayuda para drogadictos", sin saber que se refería al centro de rehabilitación cristiano con sede en la finca cristiana de Alhaurín. Ahora este cartel reaparecía en su mente: *Quizás Leslie pueda recibir ayuda allí*, pensó esperanzado.

Volvió al chalet para confrontar a la madre de Leslie con la verdad sobre la adicción de su hija. "¡Pero si Leslie lleva un año sin consumir heroína!", insistió su madre airada. Ella no tenía ni idea de que su hija, a pesar de estar en cama, enferma con hepatitis, se escapaba de la casa por las noches para comprar droga a los gitanos de la periferia.

"¡Leslie, ven aquí!" la llamó Gene cuando la desaliñada muchacha salía del baño. "Todavía te estás inyectando, ¿verdad?"

"¿Qué quieres decir?" le preguntó. Leslie se quedó helada. Sabía que su engaño había terminado.

"¡Vamos Leslie, mírate la mano!" Gene suplicó. "Se ven las marcas de los pinchazos. Están frescos".

Leslie rompió a llorar y entonces su madre supo que era verdad: "¿Por qué no me lo has dicho?"

"¡Mamá, he estado clamando por poder contárselo a alguien, pero no hay nada que hacer!" Entonces Leslie repentinamente sobria, declaró: "¡No hay esperanza para mí, no hay ninguna esperanza para los heroinómanos!"

Después de que Gene les hablara del cartel que había visto junto a la carretera, Leslie se encogió objetando: "En cuanto a mí, soy un caso perdido. Sólo espero que llegue el momento de morirme de sobredosis como todo el mundo".

"Tenemos que probar ese centro", insistió su madre. "¡No puedes rendirte!"

Leslie sabía que ambos eran conocedores de las muchas veces que había intentado dejar su adicción sinceramente y había fracasado. Esa tarde Gene se puso en contacto con el pastor Del Vecchio.

"Lo siento", contestó Daniel, "pero no tenemos sitio". Cuando el hombre abatido se dio la vuelta para marcharse, el pastor cedió: "Tráigala aquí de todos modos, tendremos una charla."

"Vamos, vístete", instó Gene, algo animado, a Leslie. "Vamos a ver a ese pastor".

Aunque muy débil por la hepatitis, la joven obedeció.

Nacida en Dublín, Leslie creció en una gran finca. Era la décima de doce hijos y tras la separación de sus padres, se trasladó a vivir en España con su madre.

"A los catorce años me introdujeron en las drogas: hachís, speed y ácido", relató Leslie. "A los dieciséis años probé la cocaína y dejé el colegio. A los dieciocho, probé la heroína por primera vez. Me enamoré completamente de un traficante de drogas español y ambos nos enganchamos a la heroína. Al final me fui a vivir al Caribe donde trabajé en una empresa de diseño de ropa y bisutería. Me dieron vivienda y coche gratis, y vestuario completamente nuevo cada tres meses. Había mucho lujo, pero no tenía aquello que más anhelaba: amor".

Leslie regresó a Europa en busca de ese "amor". Sin embargo, en su lugar, volvió a encontrar la heroína. Después de vivir durante más de un año con su madre en Fuengirola, tuvo un grave accidente de coche, era uno de los seis accidentes que sufrió en dos años. Esta vez tenía la pelvis destrozada, las costillas rotas y una hemorragia interna. En la cama del hospital, se preguntaba si volvería a caminar. Por primera vez se dirigió a Dios y clamó pidiéndole que la sanara. Le prometió que si volvía a caminar, no tocaría más la heroína. Sin embargo, al salir del hospital, sus amigos heroinómanos visitaron a Leslie y le pasaron droga de nuevo.

CAPÍTULO DIECIOCHO: SOMBRAS

Ella contaba: "En cuanto pude caminar, tiré las muletas y volví a engancharme totalmente a la heroína. Sabía que había hecho una promesa a Dios, pero también sabía que con mis propias fuerzas era incapaz de cumplirla. Esta vez sí que iba de cabeza a la destrucción. Me inyectaba en las venas cinco o seis veces al día. Estaba el doble de enganchada que antes".

"Llevaba una doble vida. Por la mañana, antes incluso de lavarme la cara, me dirigía a los gitanos y les despertaba, suplicándoles que me dieran heroína para no sufrir la abstinencia. Recuerdo momentos de gran tormento y un vacío de toda consciencia excepto por la necesidad de mi dosis: una brutal desesperación por encontrar esa dosis con la búsqueda exhaustiva y despiadada de cualquier cosa que pudiera vender, empeñar o intercambiar por droga".

El hábito de Leslie era cada vez más difícil de ocultar y le resultaba imposible, incluso robando, costear la cantidad de heroína que consumía. La culpa y la vergüenza la estaban devorando.

"Mientras mi madre dormía, me escapaba de casa y me arrastraba literalmente hasta los gitanos para conseguir heroína. Me la inyectaba allí mismo con cualquier aguja que pudiera encontrar, a menudo era una rota del montón de basura. Cuando enfermé de hepatitis, supe una vez más que el final estaba cerca y lo deseaba con todo mi ser. Pero en el fondo de mi corazón suplicaba a Dios que me liberara".

Daniel accedió a recibir a Leslie en la comunidad. Miró a los ojos de la abatida heroinómana de pelo rubio enmarañado: "En tres semanas serás una persona diferente", le dijo.

Leslie llegó al Hotel Panorama, amarilla por la hepatitis y con tan poco peso que podía abrocharse la estrecha falda con tres jerséis por dentro. Compartía habitación con Jan, la joven inglesa que se encargó de ser su "sombra".

Durante los primeros siete días y siete noches, mientras sufría el síndrome de abstinencia, Leslie no dormía. Para no despertar a las demás chicas, se sentaba en el suelo del baño, fumando sin parar y escribiendo. No creía en Dios, pero veía que todo el mundo en la comunidad parecía saber muy bien lo que ella necesitaba. La joven veía que allí había algo diferente, así que empezó a hacer preguntas a la gente. Sus testimonios le fascinaron. Todos le aconsejaban lo mismo: que tenía que "abrir su corazón" a Jesús, pero ella no tenía ni idea de lo que eso significaba.

Finalmente, en la víspera de Navidad, mientras estaba sentada en el suelo del baño, gritó: "Oh Jesús, si estás ahí, abro mi corazón. Lo abro como quiera que sea que hay que hacerlo y te suplico que entres. Por favor, muéstrame que estás vivo". Leslie sintió que un inmenso amor fluía sobre ella. E instantáneamente se supo amada por Dios.

Durante las dos primeras semanas en la comunidad, Leslie había estado tomando codeína y pastillas para dormir a causa del insoportable dolor de espalda, de la cadera y la rodilla deformadas. Entonces Daniel ordenó que le quitaran toda la medicación, explicándole que era psicológicamente adicta a las pastillas. "Desde ahora deberás orar", le indicó.

Esa noche en la cama, Leslie oró en silencio: *Dios, siento que tengas que dejarme caer tan bajo para conseguir mi atención, pero ahora realmente te necesito. Estoy dispuesta a que me muestres quién eres tú realmente.*

En ese instante, Dios se reveló a Leslie. Le mostró la inmensidad de su poder y su gloria, y justo al lado tenía la insignificante pastillita blanca de la que ella había estado desesperadamente dependiente. Leslie estaba en una terrible agonía: "No pretendo amenazarte Dios, pero soy sincera: si mañana me despierto con

CAPÍTULO DIECIOCHO: SOMBRAS

dolor, tú sabes que no podré quedarme aquí. Me escaparé y buscaré droga o pastillas, porque no podré aguantar sin tomar algo".

Cuando Leslie se despertó a la mañana siguiente, notó inmediatamente que se había producido un milagro: por primera vez en tres años, no había tomado nada para dormir. Su primer pensamiento fue el dolor, pero luego se dio cuenta de que no sentía dolor alguno. Se vistió, se preparó una taza de té, y entonces se detuvo en medio de la habitación. Una sonrisa espontanea alegró su rostro. "No, no es posible". Se tocó la espalda y luego levantó la pierna en el aire. "¡No, no puede ser verdad!"

Leslie caminó de un lado a otro de la habitación, asombrada de no sentir dolor. Maravillada, subió las escaleras a la magnífica terraza del hotel con vistas al Mediterráneo y saltó de alegría. Después de dos años cojeando, la joven irlandesa de veinticinco años ahora podía caminar normalmente.

Como Daniel le había profetizado, a las tres semanas de vivir en la comunidad, Leslie era realmente una persona diferente. Jesucristo la había liberado de su necesidad de heroína y demás drogas. Había comenzado con ella un viaje muy largo pero real, un proceso de sanidad del despedazado espíritu de Leslie, liberándola de la tristeza, la vergüenza y la desesperación.

Jesucristo, de hecho, libera a los cautivos.

CAPÍTULO DIECINUEVE
ANTEQUERA

"Yo soy José vuestro hermano, el que vendisteis para Egipto. Ahora, pues, no os entristezcáis, ni os pese de haberme vendido acá; porque para preservación de vida me envió Dios delante de vosotros." (Génesis 45:4b-5)

A finales de los años 70, el Espíritu Santo mostró a Daniel que tendría en España un ministerio similar al de José, para preservación de la vida. El Señor lo había dicho muy claramente: *Preparar los graneros para el tiempo de hambre que ha de venir.* Daniel entendió esto tanto como una directriz natural como espiritual. En el ámbito natural, había fomentado las granjas y los centros de distribución de alimentos para suplir con el fruto de la tierra a los necesitados. Pero también creía que, de no difundir la Palabra de Dios, se avecinaría una hambruna espiritual.

Daniel ha sido llamado para discipular hombres y mujeres que sean fieles a la Palabra de Dios, que no se dejen engañar por falsas doctrinas e ideas humanistas. Los "graneros" son esos hombres y mujeres entrenados, capaces de retener la semilla de la Palabra para así poder instruir. Los campos están blancos y listos para la cosecha, pero hay nubes de temporal agrupándose en el horizonte.

Daniel conducía por la serpenteante carretera de El Romeral hasta encontrarse ante la panorámica vista al valle de Antequera. En el exuberante valle, podía contemplar kilómetros de fértiles tierras de cultivo y a lo lejos, la ciudad de Antequera. Desde hacía algunos años, pensaba que la comunidad debía comprar otra finca para construir un centro de rehabilitación de drogas. Ya tenían su primer centro de rehabilitación en Alhaurín el Grande, que antes había sido "His School". Allí los toxicómanos seguían una rutina disciplinada, levantándose temprano para cuidar los animales de la granja y trabajar en la huerta con sus doce especies de árboles frutales. En el apacible ambiente campestre, rodeado de onduladas colinas y fragantes arboledas en flor, los drogadictos aprendían a convivir y a conocer a Dios. Por la mañana asistían a un estudio bíblico y por la noche, o escuchaban un casete de enseñanza o asistían a un culto. Muchos se convirtieron a Cristo y a menudo, tras un periodo de tres o cuatro meses, ellos mismos ayudaban a otros jóvenes recién llegados, haciendo de "sombras". Su nueva fe, el trabajo diario y la creciente responsabilidad, contribuyeron a lograr la rehabilitación y recuperación de muchas vidas rotas.

Daniel pensó que una granja más grande conduciría a la comunidad a dar un paso más hacia el cumplimiento del objetivo de autoabastecerse y autofinanciarse. Mientras se adentraba en el valle, Daniel observó con alegría que las tierras a su alrededor parecían realmente prometedoras. Nunca había pensado en buscar en la comarca de Antequera, pero Warwick, un miembro de la comunidad internacional le había dicho que había recibido del Señor una visión de una flecha señalando de Torremolinos a Antequera.

Warwick había compartido con Daniel lo que creía que el Señor le había hablado claramente. *Tengo una finca en Antequera. Una finca con un pozo.*

CAPÍTULO DIECINUEVE ANTEQUERA

Los miembros de la comunidad internacional pasaban frecuentemente por Antequera de camino a Portugal, donde iban cada tres meses para renovar sus visados de turistas. Con fe, Daniel se dirigió a Antequera para indagar, confiando en que el Señor le llevaría a la finca que ya Él había escogido. Se detuvo en el arcén de la carretera y preguntó a un par de hombres que trabajaban enfrente, en una gran granja de ganado vacuno. "¿Por favor, saben de alguna finca en venta por aquí?"

"Sí", asintieron con la cabeza. "Hay una justo al final de la carretera. Te la enseñamos nosotros".

Los dos hombres subieron en su coche y Daniel los siguió hasta una finca situada a un par de kilómetros de distancia. Daniel estaba impactado de lo amables y simpáticos que eran los dos hombres. Se volcaban en ayudarle a él, un total desconocido, sin ganar nada con ello. Mientras conducía, el Espíritu Santo descendió poderosamente sobre Daniel que luchó por contener las lágrimas. Oyó interiormente la voz de Dios: *Mis ángeles te están guiando.* Daniel recibió una clara confirmación en su espíritu de que estaba siendo guiando con precisión a la finca que Dios había preparado para ellos.

Mientras Daniel observaba la propiedad de más de casi diecisiete hectáreas, con su gran caserío encalado y su patio interior entre muros, sintió que crecía la emoción en su espíritu. Podía imaginarse a los drogadictos trabajando con sus manos en el campo mientras pasaban por la angustiosa fase de ansiedad que causa la abstinencia de droga. Aquí, en la calma del campo, estarían lejos de las presiones y tentaciones de la ciudad, lejos de sus amigos drogadictos y de los traficantes. Daniel pensó que la finca sería perfecta para cultivar hortalizas y criar animales de granja para que el centro de rehabilitación fuera autosuficiente, autoabasteciendo alimentos para la comunidad. Antequera estaba estratégicamente situada entre las ciudades de Córdoba, Palma del

Río, Granada, Málaga y Sevilla, donde se encontraban las otras iglesias y centros de rehabilitación de drogas. Daniel observó que hasta el nombre de la finca parecía significativo: *Casería La Realenga*, es decir "perteneciente a la corona". El caserío tenía más de doscientos años y estaba en ruinas.

Decididamente, Daniel se reunió con los cuatro propietarios para comenzar a negociar el precio de compra. Sin embargo, cuando descubrió la cantidad que pedían, se sintió abrumado. "¡Veinte millones de pesetas!" se lamentó Daniel. "¿De dónde vamos a sacar ese dinero?". Suponía, hasta entonces, su mayor reto de fe en la provisión de Dios. La cifra era desorbitada para la comunidad.

Durante los siguientes cuatro años, Daniel mantuvo en su corazón la visión de esa propiedad. Para conseguir los fondos necesarios para comprar la finca de Antequera, predicó en Inglaterra, América, Alemania y Francia, recaudando ocho millones de pesetas en donaciones y ofrendas para su adquisición. Pero esa cantidad no alcanzaba ni a la mitad de la cifra necesaria.

"Rhoda, vamos a tener que vender nuestra casa", le dijo Daniel concluyente. Después de mucho orar y analizar todo en profundidad, Daniel y Rhoda estaban unánimemente de acuerdo en que la ofrenda de sacrificio para la finca sería la casa en la que vivían. Pero no fue una decisión fácil, pues la familia Del Vecchio estaba feliz con su casa en Churriana, de estilo andaluz, con el patio de arcos, su jardín y su bonita panorámica: el Mediterráneo en una dirección y las montañas en la otra. El gran terreno anexo a la propiedad lo habían dividido en cuatro zonas: en una, cultivo de árboles frutales, en otra, algunas vides. En la tercera, crianza de pollos y en la cuarta, terneros. A menudo, cuando Rhoda podía escoger entre comprar algo nuevo para su propia familia o comprar otra vaca más para la comunidad... ¡elegía comprar una vaca más!

CAPÍTULO DIECINUEVE ANTEQUERA

Para Rhoda, la decisión de vender su casa para ayudar a pagar la finca de rehabilitación de toxicómanos en Antequera, fue una lucha muy dolorosa. Daniel y ella habían vivido en esa casa durante trece años, criando a sus cuatro hijos y le tenían mucho apego. Dado que Daniel viajaba por toda España visitando las iglesias que habían surgido de su ministerio, ella encontraba reconfortante la seguridad de su hogar. La pérdida de aquel querido hogar, con sus valiosos recuerdos, supuso un sacrificio muy alto. Especialmente para Rhoda.

"Antes de vender esta casa, debemos reunirnos de nuevo como familia", determinó Rhoda.

Así que llamó por teléfono a sus dos hijos mayores, que ya vivían en Estados Unidos. Daniel Jr., de veintiún años, trabajaba en Nueva York y no había estado en España desde hacía dos años, mientras que Deborah, de veinte, cursaba el primer año en una universidad cristiana del sur. Rhoda ansiaba verles a ambos y les pidió que volvieran a casa al año siguiente. Para ella, la venta de su casa marcaba el cierre definitivo de la infancia de sus hijos.

"Sería una gran injusticia vender la casa arrebatándoles lo suyo", supuso Rhoda. "Deberían estar aquí para poder coger y embalar sus pertenencias".

A finales de mayo, Deborah sorprendió a sus padres con una visita y disfrutó de su hermana pequeña Becky, que aún vivía con los padres. Una semana más tarde, Rhoda oyó llegar un vehículo y descendiendo de un taxi una figura atravesó la puerta con una docena de rosas rojas. De pronto se vio envuelta por los brazos de su hijo, Daniel Jr. Mientras los hijos vaciaban los armarios con sus pertenencias, reían y se divertían sacando viejos recuerdos a flote.

La familia Del Vecchio vendió su casa con gran sacrificio y entregaron al fondo de la finca los ocho millones de pesetas que recibieron por ella. Una profunda paz se apoderó de ellos al mudarse al sótano de la iglesia de Mijas. Situada en lo alto de una montaña sobre un valle y vistas al mar, su nueva morada ofrecía una vista espectacular, aire fresco y la calma de la ausencia de tráfico.

En agosto de 1984, el precio de la finca de Antequera ya había bajado lo suficiente como para que Daniel pudiera comprarla al contado por unos dieciséis millones de pesetas. Los miembros de la comunidad que ya contaban con sus ahorros mínimos, también hicieron sacrificadas donaciones para la compra. Daniel había observado que no suelen ser los ricos los que más apoyan la obra de Dios, sino que la mayoría de las veces es la gente normal, incluso pobre, la que da con generosidad. Son las "moneditas de las viudas"[51] lo que suma.

Durante la primera etapa de rehabilitación, los drogadictos admitidos en el centro de Alhaurín El Grande, recibían ayuda para dejar la heroína "en seco" mediante la oración y el afecto de los cristianos "sombra" que les cuidaban. Sin embargo, antes de que un drogadicto pueda reintegrarse con éxito en la sociedad, se requiere una segunda etapa de rehabilitación destinada a adquirir alguna habilidad u oficio práctico. Pues, dado que muchos ex drogadictos carecían de formación laboral, cuando salían de la comunidad tenían dificultades para encontrar trabajo. Por experiencia, Daniel sabía que en estos casos, los jóvenes recién desintoxicados eran propensos a caer de nuevo en su vieja adicción.

Daniel imaginó que la nueva finca en Antequera proporcionaría la segunda etapa de la rehabilitación de los drogadictos, un lugar donde se podría enseñar a los heroinómanos oficios y habilidades útiles. En Antequera podrían aprender no sólo oficios agrícolas,

---

[51] Lucas 21:1-4 " *Levantando los ojos, vio a los ricos que echaban sus ofrendas en el arca de las ofrendas. Vio también a una viuda muy pobre, que echaba allí dos blancas. Y dijo: En verdad os digo, que esta viuda pobre echó más que todos. Porque todos aquellos echaron para las ofrendas de Dios de lo que les sobra; mas esta, de su pobreza echó todo el sustento que tenía.*"

sino también otros como fontanería, soldadura, carpintería, mecánica, albañilería y electricidad.

La finca de Antequera se convirtió en un próspero centro de actividad. Un profundo pozo artesiano dentro de la propiedad vertía miles de litros de agua clara y fría para regar la tierra. Los jóvenes de la comunidad construyeron un gran depósito para retener el agua, instalaron un calentador de agua solar y tendieron más de setecientos metros de tubería desde el pozo hasta la casa. Al principio se utilizó el antiguo método de inundación para regar los campos, pero más tarde pudieron equiparse con un sistema de riego moderno. Con el tiempo, se renovó la antigua granja y se construyeron nuevos edificios. En la finca vivían cincuenta personas. Varias de ellas con sus familias.

El matrimonio escocés, Gordon y Mairi, se trasladó con la pequeña Fiona a la finca de Antequera, donde Gordon supervisaba los trabajos de reconstrucción. La crianza de los hijos en España presentaba retos especiales. De hecho, el nacimiento de su hija, en una clínica de Málaga, no lo cubrió su seguro. El parto se complicó y Gordon tuvo que abonar la factura que incluía la anestesia, asistencia y todos los materiales médicos utilizados. Afortunadamente, cuando Gordon cuidaba la mini granja de la casa de Daniel, el pastor le había regalado un ternero y lo vendió para poder pagar todo.

Mairi solía recoger maíz en los campos a primera hora del día cuando su segundo hijo era aun recién nacido y para comprobar que el bebé crecía, lo pesaba en la báscula para conejos que había en la finca. A la pequeña Fiona le encantaba sentarse sobre un fardo de heno para observar los cerdos surcando el terreno, las cabritas jugando y ver a su padre ordeñando las vacas.

Con el tiempo, en la finca se montó una cúpula geodésica, para usarla como almacén de paja, igual a la construida en Málaga. Como la cúpula estaba hecha de paneles desmontables, Daniel no estudió mucho su ubicación. Entonces, apenas terminada la cúpula, un inspector de obras públicas visitó la finca y comunicó drásticamente a Daniel:

"No se puede construir nada a menos de cincuenta metros del centro de la carretera. Tendrá que quitarla", refiriéndose a un artículo específico del reglamento municipal. El inspector sacó sus aparatos de medición y midió la distancia desde el centro de la carretera hasta la cúpula. Mientras procedía a medir una densa tensión llenaba el aire. Si el resultado de la medición fuera tan solo algún centímetro menos de lo legal, tendrían que derribarla. Cuando el inspector llegó a la cúpula, se maravilló al comprobar que estaba exactamente a cincuenta metros y dos centímetros del centro de la carretera. Con un suspiro colectivo de alivio, la comunidad dio gloria a Dios por este milagro y más tarde ¡convirtieron la cúpula para paja en una iglesia!

Al principio, parte de la carga económica del centro de rehabilitación de Antequera era suplida por las pagas del gobierno a algunos de los ex drogadictos, a los que el ayuntamiento de Antequera llamaba para desempeñar ciertos trabajos fuera de la finca. Uno de estos jóvenes se encargaba de montar tarimas y sistemas de sonido para grupos de rock para el ayuntamiento. Pero un día le confió a Daniel, "No puedo más. Me obligan a hacer cosas que van contra mi conciencia".

Esta preocupación quitó el sueño a Daniel durante varias noches. Aunque era cierto que las pagas del estado ayudaban a mantener la finca, Daniel tomó una decisión firme. Visitó al alcalde para consultarle: "¿Hay otros trabajos que estos chicos puedan hacer que no vayan contra su conciencia o creencias?". La respuesta fue: "Cuando se les da trabajo, tienen que hacer todo lo que se les ordene".

Después de eso, Daniel renunció a asociarse con el sistema social estatal. La comunidad buscó a Dios anhelando alcanzar ideas creativas para la financiación de la finca.

CAPÍTULO DIECINUEVE ANTEQUERA

"Dios nos inspirará nuevas ideas si estamos dispuestos a salir de los esquemas y arriesgarnos a hacer algo diferente", aseguró Daniel a la comunidad. Estaba convencido de que en lugar de pedir dinero, debían buscar en Dios soluciones innovadoras.

Unos años antes, Daniel había traído de Estados Unidos semillas de maíz dulce para comenzar a cultivarlo. En la España de aquella época, el tipo de maíz conocido sólo se apreciaba como forraje para pollos y cerdos, impensable para el consumo humano. Pero los miembros de la comunidad habían estado vendiendo el novedoso maíz dulce en los cruces de las principales carreteras y en las fruterías, introduciéndolo poco a poco en el mercado. Con el tiempo, Dios abrió las puertas de varias cadenas de supermercados. Así que llegaban a la finca camiones frigoríficos que se iban cargados de maíz dulce para los centros de distribución nacionales. El cultivo y comercialización del maíz se convirtió en una importante fuente de ingresos para el autoabastecimiento de la finca de Antequera.

Gracias a la ofrenda de 15.000 dólares de una señora de la iglesia de Torremolinos, Daniel también compró diez espléndidas vacas lecheras de pura raza Holstein "frisona", importadas de Alemania. Con el tiempo, el ganado de la finca se multiplicó hasta alcanzar las ciento cincuenta cabezas. Se situaba entre los mejores de España porque sus vacas recibían la inseminación artificial de algunos de los toros más apreciados del mundo. Cincuenta vacas lecheras producían diariamente mil litros de leche. Los beneficios de la venta de leche costeaban parte importante del funcionamiento del centro de rehabilitación. ¡La comunidad estuvo "nadando" en leche durante los siguientes veinte años!

Daniel visitaba con frecuencia la finca de Antequera, para comprobar que todo iba bien. Un ex-alcohólico se ocupó de rehacer la vivienda principal de la finca. Cuando Daniel autorizó que este hombre se quedara a vivir en la comunidad, no tenía ni idea de que fuera un extraordinario constructor. Daniel estaba igualmente impresionado con otro joven, un ex heroinómano, que estaba siendo entrenado para hacerse cargo del funcionamiento diario de la finca. Se encargaba del ordeño, las inyecciones y la cría de las vacas. Daniel creía firmemente que una de las formas de rehabilitar a estos drogadictos, era ayudarles a adquirir autoestima depositando confianza en ellos. A medida que se les encomendaban gradualmente mayores responsabilidades, comenzaban a confiar y a creer en sí mismos.

Los jóvenes que ya se habían rehabilitado, fueron tremendos testimonios para los ciudadanos de Antequera. Tuvieron oportunidades increíbles de compartir sus testimonios en bases militares, de entrenamiento de pilotos, y en los colegios de la región, donde llegaron a dirigirse a tres mil jóvenes de entre doce y veinticinco años.

En 1985, se celebró la Conferencia de Pastores, de cinco días, en Torremolinos. El auditorio de novecientos plazas del Palacio del Congreso estaba abarrotado. Cristianos de todo el país viajaron a Torremolinos para disfrutar de un retiro de enseñanza y amistad fraterna. Daniel, ministró junto con Benito, Felipe, Luis y demás pastores españoles que habían madurado bajo su ministerio, predicando sobre la "Gloria de Dios", tema de la conferencia. Como siempre, retó a los cristianos a la consagración total y a entregar a Jesucristo, el Señor de Señores, sus vidas de todo corazón.

Casi al final de la conferencia, Daniel llamó, para que subieran a la plataforma, a las personas que habían sido liberadas de adicciones durante al menos seis meses. Casi doscientos jóvenes inundaron la parte delantera del auditorio al son de un estruendoso aplauso. La fe en Jesucristo había liberado a estos drogadictos transformando sus vidas. Y toda la gloria de esos hechos fue dada a Dios.

CAPÍTULO DIECINUEVE ANTEQUERA

A finales de la década de los 80, el trabajo en España había crecido hasta contar con cuarenta y dos iglesias, grupos misioneros y centros de rehabilitación de drogas en todo el país, con más de dos mil personas involucradas. La Comunidad de la Iglesia Evangélica inicial en Torremolinos, con su congregación internacional, se había multiplicado y ahora había iglesias en Alhaurín El Grande, Fuengirola, Riogordo, Granada, Gijón, Sevilla, Huelva, Vitoria, Palma del Río. En Algeciras, Barbate, Arroyo de la Miel y Villafranca de los Barros también había asentados grupos de evangelización y nuevas iglesias. En Barcelona y, por supuesto, en Málaga, con su excepcional cúpula geodésica.

Se establecieron fincas y centros de rehabilitación de drogas en Alhaurín El Grande, Fuengirola ("Torreblanca"), Torremolinos, Málaga, Granada ("El Buen Samaritano"), Antequera ("Asociación Remar", más tarde llamada "Asociación Real Rehabilitación de Marginados"), Gijón y Vitoria. También se abrieron centros de desintoxicación en Barcelona y Amposta.

Después de sufrir años de oposición e intimidación, Daniel y especialmente su ministerio entre los drogadictos, recibió por fin el favor del gobierno español. La adicción a la heroína se había convertido en una horrible lacra que azotaba a la juventud. Las autoridades políticas buscaban desesperadamente soluciones. Doce parlamentarios de Madrid recorrieron los centros cristianos de desintoxicación durante tres días. Daniel les hizo ver con sus propios ojos la obra sanadora de Dios entre los jóvenes que se curaban. Pero a pesar de todo, decenas de drogadictos se quedaban fuera de los centros de rehabilitación, simplemente porque faltaban plazas y obreros cristianos para atender la abrumadora demanda.

Uno de los drogadictos, que vino a rehabilitarse a la finca de Antequera, era un traficante de drogas y violento delincuente llamado Antonio. Él y su hermano habían aterrorizado a la gente de su ciudad natal, entrando en clubes nocturnos, rompiendo botellas e hiriendo a la gente con trozos de cristal rotos. Por sus crímenes, Antonio debería haber pasado ocho años en prisión, pero Daniel había escrito, en su nombre, al juez solicitando la conmutación de la pena. El tribunal había aceptado no enviarlo a prisión mientras se rehabilitaba en la comunidad. Sin embargo, después de un mes viviendo en la finca, Antonio se cansó de la estricta disciplina y quiso marcharse.

Voy a iniciar una pelea y así me echan de aquí, pensó

Antes de que pudiera llevar a cabo su plan, Daniel se dio cuenta de que los dientes delanteros del joven estaban completamente podridos. "Antonio, eres joven. Tenemos que arreglarte esos dientes", le dijo el pastor, acercándose con instinto paternal al chico de veintitrés años. "Ve al dentista. Te pagaremos lo que haya que hacerte".

El propio padre de Antonio le había abandonado cuando solo tenía cinco años. Había sobrevivido durmiendo en edificios abandonados, vendiendo drogas y robando. Daniel entendió que el joven, en la vida, no sólo necesitaba rehabilitación, sino una figura paterna, tan importante para los jóvenes que acudían a la comunidad.

Tras esta demostración de compasión paternal, Antonio empezó a cambiar. En la finca, se convirtió al Señor, fue llenó del Espíritu Santo, y tiempo después, Daniel ofició su boda con Cristina. Ahora Antonio pastorea una iglesia en Huétor, municipio de diez mil habitantes, y lidera una iglesia de rápido crecimiento afiliada a las comunidades evangélicas en España.

Lo que más anima a Daniel es ver el poder transformador de Dios en acción y los milagros que solo Él puede hacer en una vida. Los drogadictos que llegan al centro de rehabilitación de Antequera, enfermos y débiles a causa de la adicción, se fortalecen en cuerpo y espíritu viviendo en la comunidad. Aprenden nuevas habilidades y se les forma como discípulos de Jesucristo. El trabajo duro, el aire fresco, el sol y la valiosa amistad cristiana, renuevan y transforman las vidas rotas. La finca también acoge todos los años campamentos de jóvenes, retiros de oración, retiros de líderes y constituye la iglesia para la comunidad y los habitantes de de Antequera.

La visión de Daniel para la finca de Antequera (que la comunidad no solo pudiera ser autosuficiente, sino que pueda suplir alimentos en tiempos de necesidad y persecución) inspiró su revolucionaria enseñanza sobre "Las cuatro estaciones de la Iglesia".

Enseñó que las iglesias pasan por cuatro ciclos o estaciones. La primera estación es la primavera: de la evangelización; la segunda es el verano: del discipulado; y la tercera es el otoño: del trabajo social. La cuarta estación es el invierno: la del autoabastecimiento. Después de que los creyentes son discipulados, pueden desarrollar todo tipo de trabajo social imaginable, sirviendo en hospitales, escuelas, prisiones, programas de alimentación y programas de rehabilitación de drogas. Los cristianos capacitados y comprometidos forman una tremenda fuerza de trabajo unida, equipada con múltiples talentos y habilidades profesionales. Al emprender negocios en la comunidad, una iglesia puede ser autosuficiente.

Daniel considera admirablemente milagroso cómo Dios bendice una semilla (una idea) y la multiplica para alimentar a un mundo moribundo. Un mundo que necesita tanto el alimento natural, como el Pan de Vida: la Palabra de Dios.

CAPÍTULO VEINTE
LA UNCIÓN

"El Espíritu del Señor omnipotente está sobre mí, por cuanto me ha ungido para anunciar buenas nuevas a los pobres. Me ha enviado a sanar los corazones heridos, a proclamar libertad a los cautivos y la liberación de los prisioneros, a pregonar el año del favor del Señor." (Isaías 61: 1-2a, NVI)

Debido al grave aumento del consumo de drogas y alcohol en España, a lo largo de los años, la comunidad ha abierto nueve centros de rehabilitación. La mayoría de los jóvenes que llegan a ellos, provienen de un pasado dramático con conductas autodestructivas y abuso de sustancias tóxicas. Su proceso hacia la plenitud requiere dar atención a sus necesidades espirituales. Estas comunidades terapéuticas no sólo sirven para el tratamiento de las adicciones, sino también para la formación cristiana y el entrenamiento para el posible ministerio. Los centros ofrecen un hogar en el que se aprenden principios y prácticas de la vida cristiana, en un ambiente de amor donde, quienes hayan entregado su vida al Señor, pueden ser discipulados sólidamente.

Viviendo juntos en la comunidad, los miembros aprenden prácticas cristianas como la oración, la lectura de la Palabra, la sumisión a una autoridad, la autodisciplina, la gestión eficaz del tiempo con diligencia y el desarrollo de los propios talentos y vocación. Aprenden a ser respetuosos con los demás, a llevar las cargas los unos de los otros, trabajando por amor a Dios y al prójimo, sin remuneración económica. Se corrigen actitudes viciadas y se forma el carácter cristiano. En estos centros, el crecimiento espiritual progresa velozmente.

Bajo la supervisión de líderes ya probados, los ex adictos aprenden a mantener relaciones sanas con los demás. A través de la convivencia con "padres", "madres" y "hermanos" espirituales, comienzan a quererse y respetarse mutuamente. Rodeados de personas que de verdad se preocupan por ellos, la seguridad y la estabilidad emocional que descubren resultan ser poderosamente transformadoras. Dicha experiencia en la comunidad se convierte en un periodo de vital importancia en sus vidas para la reconciliación con los padres biológicos, los cónyuges, los hermanos, etc. Alcanzando también una eficaz preparación para el matrimonio y para el ministerio.

Las profundas carencias emocionales y conflictos interiores de las personas adictas, indujo a la comunidad de cristianos a desear poder atenderles en todos los aspectos, abordando la imperiosa necesidad de sanidad emocional de los recuerdos traumáticos. Muchos de los que acuden a los centros de rehabilitación en busca de ayuda, han sufrido graves traumas en la infancia, desde el maltrato físico o verbal hasta abusos sexuales.

En los primeros años de su ministerio, Daniel oraba a menudo por sanidades físicas, ya que había sido testigo de muchos milagros. Pero a raíz del mal resultado de su operación facial y del nacimiento de su hijo David, con síndrome de Down, empezó a sentir inclinación hacia una nueva forma de ministerio: la sanidad emocional. Esta dirección ministerial le llegó a Daniel de forma inesperada. Aunque en el fondo, él creía que estaba relacionado de algún modo con el dolor y el agudo trauma emocional que experimentó, tanto con la frustrante intervención quirúrgica, como con el nacimiento de su bebé Down.

Daniel reparó en que cuando Jesús explicó cuál era su misión, leyó en Isaías 61: *"Me ha enviado a sanar los quebrantados de corazón; A pregonar libertad a los cautivos, Y vista a los ciegos; A poner en libertad a los oprimidos"* (Lucas 4: 18b).

Jesús vino a sanar los corazones rotos. Para Daniel, esto hace referencia a las experiencias personales que rompen el corazón: decepciones, heridas y traumas. Como pastor, descubrió que muchas personas sufrían recuerdos de su infancia perturbadores y consecuentemente una relación negativa, en especial con su padre, arrastrando profundo dolor interior. El ministerio de Daniel para sanar las emociones parecía evolucionar de forma completamente natural. Un día, mientras Daniel oraba con un miembro de la comunidad, éste último cayó al suelo llorando y hablando con su padre igual que si fuera un niño de siete años. Estaba reviviendo, bajo el poder de Dios, el recuerdo de un episodio en que su padre le imponía que luchara contra un "matón" de su clase y se defendiera.

"¡No, papá, no puedo hacer eso!" gemía.

Daniel vio cómo el Espíritu Santo obraba en el joven, revelándole un recuerdo traumático y sanando a continuación esta área de su vida. Todo fue una obra soberana del Señor. Daniel no tenía nada que ver con lo que había sucedido.

En otra ocasión fue testigo de cómo el Espíritu Santo revelaba a una joven el terrible recuerdo de su padre sujetándola bajo un grifo de agua fría, exigiéndole que se disculpara por haber mentido.

"¡No, papá, no he mentido!" insistía ella.

"No cerraré el agua hasta que confieses que has mentido", le amenazaba su padre.

Para entonces, Daniel había aprendido a invocar el Espíritu de Dios "en el lugar del padre o de la madre" y decir en Su nombre palabras que sanan como: "Tranquila hija, yo te creo". El Espíritu Santo obró gloriosamente para sanar la herida emocional del corazón de aquella joven mujer.

Mientras estudiaba la Biblia, Daniel reparó en que Jesús, antes de sanar al paralítico en el estanque de Betesda, primero le preguntó si quería ser "sanado".[52]

Muchos pastores piensan que cuando alguien recibe a Jesucristo como su Salvador, la salvación es completa. Pero cuando una persona nace de nuevo espiritualmente, no suele producirse al instante la restauración del cuerpo y el alma simultáneamente. Ni su mente ni su corazón quedan sanados de repente de los traumas sufridos. La sanidad emocional requiere ministración específica. Daniel enseñó a los pastores en las comunidades asociadas, cómo ministrar en esta área. Quienes lo han vivido comprenden plenamente su importancia vital.

La sanidad de los recuerdos puede comenzar por experiencias en edades tan tempranas como los seis meses de gestación en el vientre materno, cuando ya el bebé en desarrollo puede percibir sentimientos de aceptación o de rechazo.

"¿Cuál es tu primer recuerdo doloroso?" solía preguntar Daniel cuando oraba con una persona. Entonces invocaba la presencia sanadora de Jesús en la escena de ese recuerdo. Cuando oraba en grupo, a veces enumeraba etapas, año por año. Al retroceder a recuerdos dolorosos vividos durante esas edades, algunas personas lloraban, gritaban o se volvían violentas.

Ministrando en el campo de la sanidad emocional, puede ser necesario lidiar con demonios que han entrado en la vida de la persona a través de algún trauma. Además de las consecuencias emocionales normales, las experiencias traumáticas extremas pueden abrir una puerta para que entren los espíritus diabólicos,

---

[52] Juan 5:6 " *Cuando Jesús lo vio acostado, y supo que llevaba ya mucho tiempo así, le dijo: ¿Quieres ser sano?*"

como por ejemplo el "espíritu de temor" o el "espíritu de ira." Cuando hay en el alma una herida sin sanar, los demonios tratan de infiltrarse como moscas atraídas por una infección. De hecho, entre los nombres del demonio está Beelzebú[53], "señor de las moscas". Daniel ha visto a cientos de personas ser liberadas de la esclavitud de espíritus malignos, en el nombre de Jesús, a través del poder del Espíritu Santo.

Jesús mismo dijo: *"Pero si yo por el Espíritu de Dios echo fuera los demonios, ciertamente ha llegado a vosotros el reino de Dios"* (Mateo 12:28). Jesús vino *"sanando a todos los oprimidos por el diablo, porque Dios estaba con él"* (Hechos 10:38b). Jesucristo vino a destruir las obras del diablo y a liberar a los cautivos.

A través de la experiencia, Daniel y sus ministros han aprendido a diferenciar entre la necesidad de sanidad emocional y la actividad diabólica. En una ocasión, en Madrid, Daniel se encontró ante cuatro hombres sujetando a otro individuo que se agitaba golpeándose la cabeza contra el suelo, como si estuviera poseído por un demonio. Mientras Daniel observaba la conmoción, discernió que el hombre no tenía un demonio, sino un problema emocional. Por encima del alboroto, Daniel susurró al oído del hombre atormentado: "declara: ¡Perdono a mi padre, perdono a mi padre!". Al hacerlo, el hombre se calmó inmediatamente.

Daniel descubrió que el perdón es de vital importancia para que se produzca la sanidad emocional. Sobre este importante tema escribió el libro *"Cómo conseguir la salud mental y emocional"*.

🔥

Daniel enseña: "El propósito de Dios en la redención no se limita a restablecer nuestra relación con Él, sino que busca restaurar también

---

[53] Lucas 11:15: *"Pero algunos de ellos decían: Por Beelzebú, príncipe de los demonios, echa fuera los demonios".*

nuestra personalidad herida." Como el buen samaritano,[54] que derramó aceite y vino sobre las heridas del viajero asaltado, Dios tiene compasión de sus hijos. El "vino" de la sangre de Jesús limpia de pecado el alma, y el "aceite" del Espíritu Santo, el bálsamo, cura y restaura las heridas. Como la posada de la parábola de Jesús, la Iglesia debe ser un lugar de protección y restauración. "El poder sanador de la cruz no se detiene en la restauración espiritual del hombre, sino que penetra en él, expulsando del cuerpo la enfermedad y del alma, los recuerdos traumatizantes causantes de heridas emocionales". [55]

"¿Es bíblica la sanidad emocional?" Al principio, Daniel tenía sus propias dudas, hasta que le llamó la atención un caso de evidente sanidad emocional, en el Evangelio de Juan. Cuando después de que Jesús hubiera sido arrestado, Pedro al ser interrogado, para protegerse, negó tres veces ser uno de los discípulos de Jesús. Traicionó a Jesús mientras se calentaba junto a una fogata en el patio del sumo sacerdote, declarando "¡No, no conozco a ese hombre!"[56]

Jesús ya le había advertido, por adelantado, de que le negaría tres veces antes de que cantase el gallo.[57] Cuando Pedro se dio cuenta de lo que había hecho, le invadió un aplastante sentimiento de culpabilidad. "Pedro estaba destrozado, llorando, angustiado con su profunda herida, y avergonzado por su propio fracaso, huyó en medio de la noche... Cada vez que oía el simple canto de un gallo o vislumbraba a la gente recogida alrededor de sus fogatas, le torturaba el eco de su propia voz negando a Jesús y maldiciendo..."[58]

Tras de la muerte de Jesús, Pedro y algunos de los otros discípulos volvieron a pescar. Mientras estaban en su barca, a

---

[54] Lucas 10:30-34
[55] "El mensaje del pastor," *The Standard*, enero de 1982, 6.
[56] Juan 18:15-27
[57] Juan 13:38
[58] "El mensaje del pastor", *The Standard*, enero de 1982, 6

orillas de Galilea, se les apareció Jesús resucitado". *"¡Es el Señor!"* gritó Juan.[59] Pedro se lanzó al mar y nadó hasta la orilla, donde Jesús estaba de pie junto a una fogata. Daniel señala que "la fogata" sólo se menciona dos veces en el Nuevo Testamento: aquí, y en otra ocasión anterior, afuera del palacio del sumo sacerdote, donde Pedro se había calentado cuando negó conocer a Jesús.

"Al mirar la fogata y percibir su calor, Pedro se sitió como transportado de nuevo a aquella imborrable escena grabada en su memoria... Ahí Jesús le preguntó, insistentemente, tres veces: "¿Me amas?" Jesús le estaba dando una oportunidad redentora. Por cada maldición y negación flagrante, a cambio, Jesús estaba sacando de él una confesión sincera de amor. Cada emoción dolorosa era borrada y sustituida por una emoción positiva profunda y poderosa. Las heridas empezaron a sanar, el horrible recuerdo fue calmado por la hermosa experiencia de la verdadera comunión con Jesús vivo".

"¿Cuántos de nosotros podemos decir que no tenemos recuerdos que vuelven a nosotros una y otra vez, trayendo consigo dolor o remordimiento? Debemos permitir que Jesús seabra paso en nuestro pasado. Debemos dejarle entrar a las zonas dolorosas de nuestros recuerdos y pedirle, en oración, que esté ahí con nosotros. Tal vez nos ayude visualizarle en esa situación, sufriendo con nosotros, o si fuimos nosotros los que causamos el dolor, verle perdonándonos con su amor. La sanidad emocional se produce experimentando, bajo el poder y la dirección del Espíritu Santo, fuertes emociones de amor y perdón borrando las heridas abiertas que de la mente y el corazón. Si, como ocurre a menudo, hemos sido azotados por el rechazo, lo que tenemos que hacer es aceptar y perdonar a la persona que nos rechazó..."[60]

"Cuando Jesús dijo que amáramos a nuestros enemigos, lo hizo más por nosotros que por ellos. Cuando estamos dispuestos

---

[59] Juan 21:7
[60] "El mensaje del pastor, *"The Standard,* enero de 1982, 6

a perdonar a los que nos han juzgado, a aceptar quienes nos han rechazado y a amar a los que nos han herido, Dios puede sanarnos emocionalmente. Uno de los sentimientos más profundamente dañinos es el de culpabilidad. Éste sólo puede ser sanado reconociendo el poder de la sangre de Cristo para limpiarnos y perdonarnos. Cuando estamos sufriendo condenación, suele ser necesario el consejo de un líder espiritual que pueda administrarnos el bálsamo del consuelo, a través de las promesas de la Palabra de Dios que nos dice: "Ni yo te condeno, vete y no peques más."

"Toda sanidad proviene de la cruz, pues fue allí donde se Jesús, sin pecado, tomó sobre sí la maldición que pesaba sobre la humanidad." [61]

Jesús proclamó: *"El ladrón no viene más que a robar, matar y destruir; yo he venido para que tengan vida y la tengan en abundancia."* [62]

---

[61] "El mensaje del pastor", *The Standard* enero 1982, 8
[62] Juan 10:10, NVI

CAPÍTULO VEINTIUNO
AMÉRICA DEL SUR

"La religión pura y sin mancha delante de Dios nuestro Padre es esta: atender a los huérfanos y a las viudas en sus aflicciones y conservarse limpio de la corrupción del mundo". (Santiago 1:27, NVI)

Muchos años atrás, Dios había hablado a Daniel diciéndole: *Te haré padre de muchas naciones.* Dios no le había dicho que ya era padre; le había dicho: *"Te haré padre."* Daniel descubrió que esto era un proceso, a veces desgarrador. De hecho, a lo largo de sus décadas de ministerio, ha sufrido numerosas experiencias dolorosas, enfrentamientos con los miembros de las comunidades que pastoreaba, e incluso con sus propios hijos.

Cuando nació David con síndrome de Down a comienzos de los años setenta, a Daniel le costó mucho aceptarlo, pero Dios lo recordó las palabras de Jesús del Evangelio de Mateo: *"y cualquiera que reciba en mi nombre a un niño como éste, a mí me recibe"* (Mateo 18:5). Esas palabras cambiaron la mentalidad de Daniel. A partir de ese momento aceptó a su hijo como un *enviado de Cristo.* Dios ayudó a Daniel haciéndole sentir amor y compasión por su propio hijo y por todos los niños. Todos son especiales.

Así Dios tocó el corazón de Daniel para que se preocupara por los niños abandonados en la calle y por los huérfanos de todo el mundo. En la década de 1960, mientras ministraba en México, había visto a miles de niños durmiendo en las calles, usando cartones como camas y periódicos como mantas. Ya en aquel momento había sentido gran compasión por ellos, pero no hasta el nivel al que empezó a verles ahora.

El Señor mostró a Daniel que el Evangelio más puro es ayudar a las viudas y a los huérfanos. El Espíritu Santo grabó en su corazón Proverbios 31: 8-9:

Abre tu boca por el mudo,
En el juicio de todos los desvalidos.
Abre tu boca, juzga con justicia,
Y defiende la causa del pobre y del menesteroso.

Defender la causa de los pobres y los necesitados se convirtió en el centro de atención de Daniel. Lo recibió como una orden de Dios para hablar en favor de los que no tienen voz, los que no pueden defenderse por sí solos. En la década de los 90, se apasionó por ayudar a los niños de la calle, y su corazón se conmovió por los menores indigentes. El Señor le abrió puertas para poder atender a estos colectivos infantiles en América Central y del Sur.

En Argentina, en las calles de Buenos Aires, vivían siete mil niños perdidos y hambrientos. Daniel se horrorizó al ver críos, de tan solo cinco años drogados, esnifando pegamento en bolsas de plástico y corriendo como dementes. Vio a niños comiendo de los cubos de basura, tratando de calmar el hambre de sus estómagos y el vacio de sus corazones. Algunos se volvían enseguida auténticos drogadictos. Entonces Daniel tuvo conocimiento de que a menudo eran violados y asesinados por depravados sexuales. Nadie se preocupaba por ellos. No le importaban a nadie.

Un grupo de pastores de Buenos Aires invitó a Daniel a predicar en un culto que él jamás olvidaría. Con 1.200 líderes reunidos de toda Centro América y América del Sur, Daniel compartió su extrema preocupación por los niños abandonados en la calle. Clamó a Dios con una de las oraciones más desgarradoras de su vida:

"¡Oh Dios nuestro, haz que escuchen el grito angustiado de estos millones de niños que viven en constante peligro!"

Entonces, el Espíritu del Señor visitó con poder a aquellos líderes. Se unieron en oración. Se levantó primero un lamento general y luego sollozos. Aquel lamento alcanzó el cielo. El Señor tocó los corazones de estos pastores, y muchos regresaron a sus propios países listos para abrir obras de misericordia. Como consecuencia de ese encuentro, nacieron nuevos ministerios de ayuda a los niños de la calle, especialmente en Brasil.

Unos pastores de Buenos Aires prestaron a Daniel una finca donde poder atender a los niños de la calle. Trajo a dos jóvenes de España para que le ayudaran en el ministerio y empezaron a acoger niños abandonados. No se les podía llevar directamente de la calle a la finca sin superar primero el correspondiente proceso legal. A menudo, los abogados necesitaban un mes para cerciorarse de que esos niños de veras no tenían hogar. Daniel pidió a los pastores que buscaran en sus iglesias familias dispuestas a acoger a uno de esos niños durante los trámites burocráticos. Uno de aquellos pastores visitó a Daniel en España y le contó que haber recibido a los niños sin hogar había producido una auténtica transformación en su iglesia.

En una ocasión, Daniel llevó a un chico de la calle a comer a un restaurante. El muchacho, sin saber que Daniel era pastor, le preguntó: "¿Crees en Dios?"

Daniel sorprendido respondió: "Claro; claro que sí".

El chico declaró muy serio: "Si no hubiera sido por Dios, yo ya estaría muerto".

Daniel era muy consciente de que los niños de la calle estaban expuestos a una muerte prematura. Muy pocos vivían más allá de los quince años. Por la noche, para sentirse seguros, dormían en espacios públicos como estaciones de autobús o tren, pues allí les atrapan los depredadores sexuales, no la policía.

Con el tiempo, Daniel compró en Argentina una finca de dieciséis hectáreas y construyó un hogar para niños de la calle. Durante ese periodo, él y Rhoda pasaban seis meses en España y otros seis en Estados Unidos. Entonces, desde allí, Daniel iba siempre a Argentina a pasar un tiempo, dejando a Rhoda al cuidado de la casa en Georgia. Esta colaboración duró unos cinco años hasta que Daniel cedió el trabajo misionero a las iglesias nacionales de Argentina.

En Colombia, la situación de los niños de la calle era aún peor. Daniel se enteró de que en Bogotá había hasta críos de ocho años viviendo en el subsuelo de la ciudad, en las alcantarillas. Cuando se producían inundaciones, estas se saturaban de agua y los niños se ahogaban como ratas. Un día leyó un artículo acerca de un hombre católico que bajaba a las cloacas para ayudar a esos desdichados niños que vivían sin ver el sol.

¿Y qué hacen los cristianos evangélicos? se preguntó Daniel.

Intentó fervientemente despertar a las iglesias para que asumieran su deber hacia los pobres. Pero descubrió que, en general, faltaba interés por los desechados de la sociedad. Los "despreciados" en Colombia fumaban "*bazuco*", un derivado de la cocaína. También esnifaban pegamento, para drogarse, porque era más barato que los estupefacientes. Daniel entendió que el drama de los niños abandonados era el consumo de sustancias que les alteran la mente para no sentir el hambre y el dolor. Leyendo Proverbios 31: 6-7, comprendió bien esa necesidad y la forma en que la sociedad les daba de lado: *"Dad la sidra al desfallecido, y el vino a los de amargado ánimo. Beban y olvídense de su necesidad, y de su miseria no se acuerden más".*

Daniel reflexionó sobre esas palabras: "bebida fuerte", que podrían ser sustituidas por "bazuco", cocaína o heroína. "Dad *bazuco* a los que perecen y droga a los que están angustiados. Que *esnifen pegamento* y olviden su pobreza y no recuerden más su miseria". Daniel, por supuesto, aborrecía ese remedio desesperado.

Entre Daniel y algunos pastores españoles, recaudaron 20.000 dólares de donaciones para colaborar con los que atendían a estos niños clandestinos. En Bogotá, fue a visitar una organización benéfica, de renombre mundial, que recauda fondos para la infancia marginada. La secretaria del director le acompañó recorriendo el edificio de cuatro pisos, llenos de personal de oficina y ordenadores por todas partes.

"¿Pero dónde están los niños?" preguntó Daniel.

La secretaria le explicó que no gestionaban ni centros de acogida, ni orfanatos. Daniel descubrió que esta organización benéfica funcionaba más bien como una agencia de financiación, que prestaba dinero a pequeñas empresas a tipos de interés más bajos que los bancos comerciales. Enormemente decepcionado, Daniel visitó otra organización benéfica muy conocida, para averiguar cómo cubrían las necesidades de los niños de la calle. El director le dijo que distribuían semillas por valor de millones de dólares a los agricultores.

Daniel le confrontó: "¿Pero qué hacéis por los niños?"

"Les damos una taza de chocolate caliente una vez a la semana", contestó el director, "Este reparto se realiza en la calle más peligrosa de Bogotá".

Daniel y su hija Deborah se ofrecieron a contribuir con el reparto de chocolate caliente. Pero Daniel, profundamente conmovido por la realidad, determinó: "Tenemos que hacer algo para ayudar a estos niños".

Daniel salió a la calle para hablar con los sin techo.

"Mire, me disparó la policía", le confió un hombre mientras mostraba al pastor las heridas en su mano.

"La policía viene por las noches con ametralladoras", le dijo otro. "Nos matan mientras dormimos".

Trágicamente, le contaron a Daniel que los policías fuera de servicio persiguen deliberadamente a los niños de la calle porque les pagan por cabeza. Los niños abandonados, que mendigan o roban para vivir, son considerados "alimañas". Durante el día, arrastran carretas para recoger latas, botellas, chatarra, o cualquier cosa que se pueda vender. Por la noche, se les ve en descampados, durmiendo en sus carros cubiertos con lonas.

Daniel localizó una casa estupenda, en la ciudad de Bogotá, que parecía perfecta para albergar a niños indigentes. La propietaria, cristiana, exigió que el pastor presentara cuatro avalistas para garantizarle el pago del alquiler.

No sabiendo, como extranjero, dónde encontraría tales avalistas, ofreció: "Pagaré el alquiler de todo un año por adelantado". Pero no fue suficiente. Afortunadamente, Daniel, invitado a predicar en algunas de las grandes iglesias de Bogotá, encontró cuatro avalistas. Así que alquiló un par de locales en la bonita casa.

En una ocasión, Daniel y algunos pastores españoles que le visitaban, estaban predicando en un parque, cuando encontraron a una niña de doce años que había sido apuñalada en una pierna. Sin familia alguna, vivía en la calle. Así que la llevaron al nuevo refugio de acogida. La niña, que desconfiaba de los extranjeros, había insistido en que otro muchacho, su amigo, les acompañara para protegerla. Cuando los llevaron a la casa recién alquilada, la dueña formó un escándalo advirtiendo: "¡Aquí no queremos niños callejeros!"

Daniel estaba perplejo. Se suponía que esta mujer era una de las más destacadas intercesoras cristianas en Bogotá. Le asombró que se negara a dejar entrar a estos dos niños de la calle, pues él, en cambio, consideraba que esos niños eran los más cercanos al corazón de Dios.

Cuando Daniel predicó en otra gran iglesia de Bogotá, él y su hija Deborah acudieron con esta niña y el joven, que ahora vivían con ellos. Antes de levantarse para dirigirse a la congregación de mil personas, Daniel notó revuelo en la entrada de la iglesia y se preguntó qué estaría ocurriendo. Al final del culto, Deborah, que había sido testigo de lo ocurrido, le explicó que un pobre hombre harapiento había entrado en la iglesia y se había sentado. No estaba borracho, ni mendigando, ni haciendo nada que perturbara el orden. Su "defecto" era ser un desahuciado, un "desechado". Dos ujieres habían agarrado a este pobre hombre por los brazos y piernas soltándole en la acera.

Paradójicamente, esa mañana Daniel predicó sobre el pasaje bíblico del libro de Santiago que exhorta a los cristianos a no diferenciar su trato entre ricos y pobres. Daniel, que había sido bien recibido por los ricos de aquella congregación, se cuestionó: *¿Qué pasaría si me dejara crecer la barba y durmiera en la calle durante un par de semanas? Cuando volviera a esta iglesia, donde me respetan y honran, ¿me echarían?*

En Colombia, la guerra de las FARC[63] y los militares, duraba ya más de treinta años. Los narcotraficantes obligaban a los

---

[63] Las FARC, o Fuerzas Armadas Revolucionarias de Colombia--Ejército del Pueblo, fue un grupo guerrillero que participó en el conflicto de Colombia a partir de 1964. Empleaban tácticas militares y terrorismo, y se financiaban mediante el secuestro y la extorsión, y la producción y distribución de drogas. Para más información, véase: Wikipedia.org/ Fuerzas Armadas Revolucionarias de Colombia

agricultores a cultivar cocaína. Si se negaban, podían ser asesinados, y si cooperaban, podían detenerles los soldados del gobierno. Atrapados entre dos fuerzas opuestas, muchos agricultores huyeron a la ciudad. Vivían en chozas de cartón en las afueras de Bogotá, la zona conocida como el "*cinturón*". Sin formación alguna, a menudo acababan prostituyéndose para sobrevivir.

Daniel se hizo amigo de un antiguo comandante de la guerrilla, que ahora era cristiano. Movidos por el amor y compasión hacia las almas, se aventuraron juntos en esas peligrosas zonas de prostitución, arriesgando la vida.

"¡No vayáis por esa calle!", les advirtió un policía. "Puede que no salgáis vivos".

Daniel, acompañado por este antiguo combatiente, no tenía miedo, porque el ex guerrillero era astuto y no llevaba armas. Tras entrar en una casa de prostitución, vieron a un par de chicas merodeando. Una de ellas, de diecisiete años tenía un bebé en sus brazos. La joven confesó que había sido cristiana.

"¡Debes arrepentirte!" le decía el ex guerrillero.

Daniel le interrumpió, "no puedes pedirle que se arrepienta cuando tiene que ganarse la vida. Tiene un bebé que cuidar. Busquémosle trabajo".

Daniel encontró trabajo para dos de aquellas jóvenes. Sabía que no podían limitarse a decir a las prostitutas que se arrepintieran. Había que ofrecerles una alternativa. Afortunadamente, más tarde pudieron establecer una pequeña iglesia en la región. Una pareja volcada en la obra de Dios, comenzó a enseñar a las madres solteras a coser y a desarrollar diversas habilidades útiles para ganarse la vida.

Con el tiempo, Daniel y sus compañeros de ministerio abrieron en Colombia un maravilloso hogar para niños de la calle. Inspeccionando conocidas zonas de prostitución, trataban de convencer a las mujeres de que llevaran a sus hijos al nuevo hogar cristiano. En el centro de Bogotá, numerosos edificios de apartamentos estaban ocupados por mujeres que entre las rejas se ofrecían al primer hombre que aparecía. Daniel trabajó con ahínco, tratando de ayudar a los hijos de estas mujeres como si fueran los suyos propios.

En una ocasión, acogió a tres niños de la misma familia: un chico de trece años con su hermano y hermana menores, todos ellos consecuencia del incesto (el padre era también el abuelo de ellos). Su madre se convirtió y fue llena del Espíritu Santo. Así, Dios la liberó de semejante pervertido. Hace poco, Daniel supo que el mayor de los tres hermanos, a la edad de veinticinco años, había puesto en marcha un programa de comidas para vagabundos.

Un día, Daniel habló de Jesús a una prostituta, de trece años, que estaba embarazada y vivía en la calle a causa de la situación insoportable en su casa. Daniel la invitó a ella y a los dos chicos que la protegían a acudir a la iglesia en la que estaba predicando por aquel entonces. Antes de que llegaran ellos, Daniel predicó sobre María Magdalena, que había sido una mujer de la calle a quien Cristo, con gran compasión, ayudó y liberó de siete demonios.

Exhortó a la iglesia a tener la actitud de Cristo y a seguir su ejemplo: perdonando, liberando y restaurando cada vida destrozada. Daniel les habló de la joven que esperaba unirse a ellos como invitada de honor y dijo que *quienes reciben a un niño necesitado reciben al propio Cristo.*

En ese momento, aparecieron la chica y los dos muchachos. "Han llegado mis invitados de honor," anunció el pastor Daniel con una sonrisa, reconociéndolos públicamente.

Toda la gente de la iglesia se giró para ver a esos niños. Algunos rompieron a llorar; otros reaccionaron con indignación. Como a esta joven adolescente soltera, Daniel veía a las prostitutas como víctimas del gobierno corrupto y de la sociedad depravada, vidas atrapadas en una pobreza extrema, en la miseria y esclavitud sexual. Millones de hijos de prostitutas en todo el mundo, carecen de cualquier tipo de atención.

"Cuando recibís a uno de estos niños, a mí me recibís". Estas palabras de Jesús se grabaron a fuego en el corazón de Daniel al nacer su hijo David, con síndrome de Down. forjando una de las áreas más fuertes de su vida y ministerio. Daniel agradece a Dios la fuerza que le ha dado para luchar por otros niños durante años, niños cuyas necesidades no eran menos importantes que las de su hijo David. Gracias a Dios, los ministerios de Argentina, Colombia y Paraguay han atendido a innumerables niños abandonados, dándoles amor y atención. De ese modo, otras iglesias han captado la visión y ampliado la dedicación.

Se calcula que en la actualidad hay en el mundo cien millones de niños vagabundos abandonados, todo un campo de cosecha sin tocar.[64] A menudo, cuando la gente se cruza por las calles con estos pobres desechados, ni los ve. Como si los niños se hubieran vuelto invisibles, pero son preciosos a los ojos de Dios, que les ama profundamente.

---

[64] Informe de UNICEF, 2002, consultado el 29 de marzo de 2022, en.m.wikipedia.org/wiki/Street children. El número exacto es difícil de cuantificar.

CAPÍTULO VEINTIDÓS
SÓLO HACE FALTA UNA CHISPA

"Porque no tenemos lucha contra sangre y carne, sino contra principados, contra potestades, contra los gobernadores de las tinieblas de este siglo, contra huestes espirituales de maldad en las regiones celestes." (Efesios 6:12)

De las batallas espirituales que el pastor Del Vecchio ha librado a lo largo de su vida, ha ganado la mayoría pero ha perdido algunas. A una de esas batallas perdidas muy significativa, él la llama la "Batalla del Trabuco".

Tal vez el ministerio más eficaz en el que han participado su esposa, Rhoda, y su hija Deborah, durante las dos últimas décadas es el de los campamentos de verano para niños que se celebran en la finca de Antequera, al que acuden doscientos jóvenes y cuarenta monitores adultos. Durante la primera semana de agosto, asisten niños de ocho a doce años, edad de gran apertura para conocer el Evangelio. Y la segunda semana, llegan adolescentes de trece a dieciocho años. Se trata de una actividad de valor espiritual decisivo.

Hace varios años, Daniel quiso trasladar los campamentos infantiles al pueblo de Villanueva del Trabuco. A su parecer, no era lo ideal tener a todos esos niños correteando por la finca de Antequera, ya que eran portadores de gérmenes que en ocasiones infectaban el ganado. De hecho, durante seis años la finca tuvo un verdadero problema, pues cada vaca enferma tuvo que ser sacrificada.

La crisis en la finca tocó techo cuando se incendiaron tres mil fardos de paja de cebada seca, un incidente de extremo peligro. Aunque nunca se descubrió la causa de este incendio, se sospecha que lo originaron niños jugando con cerillas o con una lupa. El viento empezó a dirigir las chispas hacia el edificio del discipulado y Daniel temió que se incendiara completamente. Luego las chispas volaron hacia las vaquerizas. Para colmos, cuando llegaron a la caótica escena los camiones de bomberos, ¡no tenían agua! Los chicos de la comunidad se apresuraron a llenar la acequia con agua del pozo. Daniel estaba a punto de darse por vencido cuando el incendio por fin fue controlado. Aunque se habían abrasado todos los fardos de paja, afortunadamente los daños eran mínimos.

"No vamos a tener más campamentos de verano aquí", determinó Daniel con firmeza. "¡Hay demasiado peligro con todos estos niños corriendo por la finca!"

Daniel descubrió un lugar idílico para los campamentos de verano, cerca del pueblo de Villanueva del Trabuco. Aquel terreno al pie de una montaña le parecía un oasis en el desierto. En la cima se encontraba una cuenca natural que almacenaba abundante agua. Cincuenta tuberías, conducían el agua por el interior de la montaña desde la cuenca, formando más abajo un precioso arroyo. La propiedad que atraía a Daniel estaba justo al borde del arroyo. Se imaginaba a los niños paseando por el bosque y sentándose bajo las higueras junto al arroyo.

"¿Qué le parece mi idea de celebrar ahí campamentos infantiles?" preguntó Daniel al alcalde del municipio.

"Es un lugar muy bonito", corroboró el alcalde animando a Daniel a seguir adelante con sus propósitos, sin mencionar los problemas con los que el pastor se podría encontrar.

Daniel compró la propiedad sin saber que, durante años, ese terreno se había utilizado como merendero público. Con su mentalidad norteamericana, pensó que una vez se es dueño de una propiedad, uno es libre de hacer con ella lo que se desee... Pero juzgaba mal la cultura local. Encargó a un arquitecto el diseño de amplias instalaciones dotadas de dormitorios para niños, un restaurante y un teatro para proyectar películas cristianas. La hermosa propiedad, de más de veinte hectáreas, contaba con cincuenta olivos.

Daniel compró el terreno de un lado del arroyo sin saber que, desde hacía tiempo, el vecino del otro lado codiciaba esta propiedad de su cuñado, que había tratado de vendérsela por seis millones de pesetas. Pero sin acuerdo porque él sólo le ofrecía un tercio de esa cantidad. El vecino, por rabia, reunió a un grupo de hombres, "ociosos y malos",[65] como se describe en Hechos 17, a la turba que se opuso al apóstol Pablo.

"Este hombre va a traer aquí a drogadictos con sida", aseguraba el vecino a los habitantes del pueblo. "¡Va a bautizarles en el arroyo y contaminará el agua!"

El vecino armó un tumulto tal que una multitud enfurecida asaltó el ayuntamiento en señal de protesta. El alcalde, que había animado a Daniel para comprar la propiedad, había sido sustituido por uno nuevo. Este, influido e intimidado por los vecinos, se negó a dar al pastor el permiso de construcción. Cuando Daniel trató tan solo de podar los árboles, el alcalde envió a un agente de la policía para detenerle.

Durante seis años, Daniel luchó por su caso en los tribunales de Andalucía, lo que supuso un importante desgaste económi-

---

[65] Hechos 17: 5a "...*ociosos, hombres malos...*"

co. Pero, aunque ganó todas las batallas legales, el alcalde siguió boicoteándole y continuaron las manifestaciones ante el ayuntamiento del pueblo. Así que después de seis años, Daniel finalmente cedió y dejó la propiedad de Villanueva del Trabuco.

Volvió a centrar toda su atención en la finca de Antequera. La comunidad construyó un edificio de dos plantas de dormitorios con veinticuatro habitaciones y seis literas en cada una. E instalaron un sistema especial de depuración de las aguas residuales. Más tarde Daniel comprendió que Dios había estado en todo ello. Que en la propiedad de Villanueva del Trabuco habría tenido problemas constantemente.

Daniel se ha encontrado una y otra vez en su ministerio, con esta clase de provocación del diablo alterando a alguna multitud furiosa. Siempre que entra en territorio "hostil", el diablo fomenta oposición. Daniel cree que esta es la *"espina en la carne"*[66] de la que habla el apóstol Pablo: Satanás trabajando a través de personas *"ociosas y malas"*.

Perdió la batalla de Villanueva del Trabuco, pero no perdió la guerra de sus otros ministerios por el avance del Evangelio en España, especialmente entre de los niños.

Durante más de veinte años, las conferencias de jóvenes y los campamentos de verano celebrados en Antequera han sido una gran bendición para miles de niños. Muchos de los líderes de las iglesias actuales afiliadas a Daniel, decidieron en estos campamentos de verano seguir el Evangelio. Ellos son ahora, a su vez, padres de los niños que asisten a los campamentos, muchos de los cuales también ayudan como monitores. Los campamentos han demostrado ser un campo de entrenamiento valiosísimo para instruir a los niños en esa edad en que sus corazones están más receptivos al Evangelio. Dios también ha prosperado y bendecido

---

[66] 2 Corintios 12: 7a: *" Y para que la grandeza de las revelaciones no me exaltase desmedidamente, me fue dado un aguijón en mi carne, un mensajero de Satanás…"*

las reuniones de mujeres y de hombres que se celebran anualmente en la finca de Antequera, que también cumple una función como centro cristiano internacional.

"Dondequiera que vayamos como siervos de Jesucristo, tenemos que entender que estamos luchando contra fuerzas sobrenaturales cuyo objetivo es destruir la obra de Dios", dice Daniel. "Debemos tener mentalidad de guerreros. Con mentalidad de simples espectadores, estaremos siempre a merced de estas fuerzas demoníacas que ya cuentan con un plan. Tenemos que tener claro nuestro propósito: estamos aquí para establecer el Reino de Dios. Que '*venga tu reino. Hágase tu voluntad, como en el cielo, así también en la tierra*'" (Mateo 6:10).

Otra de las grandes batallas con las que se encontró Daniel fue la del trazado del ferrocarril nacional cruzando la finca de Antequera. Cuando España entró en la Unión Europea, el país se volcó en mejorar sus redes de carreteras y ferrocarriles. El proyecto del gobierno contemplaba que un trayecto ferroviario pasara por medio de la finca de Antequera, lo que habría cortado el acceso a su pozo. Podrían habérselas arreglado con la expropiación de algunas hectáreas de su propiedad, pero impedirles el acceso al pozo habría anulado por completo todas las posibilidades que ofrecía la finca. Los miembros de la comunidad protestaron contra el proyecto, pero sin éxito. Cuando Daniel vio la situación extremadamente crítica, llamó al alcalde y le llevó a la finca.

"Por aquí quieren que pase el ferrocarril", le indicó Daniel. Y explicó al alcalde todo el trabajo de rehabilitación de drogadictos que allí se llevaba a cabo: "Aquí hemos ayudado a cientos de jóvenes". Le habló también de todos los eventos y retiros que se organizaban en la comunidad. Ese nuevo trayecto ferroviario amenazaba la continuidad de toda la obra social.

"¡Bueno, por algún lado tiene que pasar el tren!" replicó el alcalde.

"¡Sí, claro, pero no va a pasar por nuestra finca!" declaró Daniel.

La decisión estaba fuera de la jurisdicción local, pero debido a la misericordia de Dios, a las oraciones y ayunos de la gente de la finca y de varias iglesias, finalmente el gobierno modificó el trazado de las vías del tren. La finca de Antequera se salvó milagrosamente de la expropiación.

La finca lleva ya casi cuatro décadas de funcionamiento, y en ella se sigue dando prioridad al trabajo social, la rehabilitación de drogas y la formación de discípulos de Jesucristo. Los jóvenes, rehabilitados y preparados para el ministerio, sirven en hospitales, residencias de ancianos, programas de evangelización en la calle y programas de distribución de alimentos para los necesitados. La finca planea abrir pronto una sede para seminarios sobre Avivamiento Cristiano.

El cuidado de casi setenta personas que viven y trabajan juntos en la finca ha sido un reto constante. Se sigue criando ganado vacuno y exportando maíz dulce, pero los beneficios de la ganadería y del cultivo de dieciséis hectáreas de tierra no son suficientes para cubrir los enormes gastos de mantenimiento del centro de rehabilitación. La finca ha estado experimentando con ocra, pero su cultivo requiere demasiada dedicación. Los que viven y trabajan en la comunidad cristiana son personas realmente consagradas. Algunos de ellos llevan allí veinte o treinta años, son guerreros espirituales comprometidos con el señorío de Jesucristo. Muchos de los que se han convertido, entrenado y discipulado en la finca de Antequera han pasado a ejercer sus propios ministerios emprendiendo nuevas iglesias locales.

España ha cambiado profundamente a lo largo de los años. Cuando la familia Del Vecchio llegó por primera vez en 1964, la nación estaba gobernada por la dictadura del General Franco, sin libertad religiosa. En 1978, se instauró la democracia y posteriormente, España se integró a la Unión Europea. Con el tiempo, Daniel influyó en muchos funcionarios del gobierno, como alcaldes y gobernadores. En una ocasión verdaderamente histórica, fue invitado a hablar en la catedral de Málaga ante varios obispos. Pudiendo descubrir con sorpresa, que su libro sobre el Espíritu Santo había circulado durante veinticinco años entre un colectivo de sacerdotes.

En los pueblos de los alrededores de Antequera, apenas se ha difundido la luz del Evangelio. En España hay siete mil municipios con población entre ocho y diez mil habitantes sin ningún testimonio cristiano activo. Gran parte del país sigue persuadido más bien por la idolatría. Y la religión tradicional se ha convertido en poco más que un ritual vacío. Por ese motivo, el pastor Del Vecchio sigue trabajando por El Evangelio de Jesucristo en su programa de radio *"Palabra de Vida"*, que se transmite cinco días a la semana en cuarenta y siete ciudades.

Daniel ha escrito diecisiete poderosos libros en español, todos disponibles en Amazon. Entre ellos, *"El Espíritu Santo y su obra"*, actualmente en su quinta edición, que provocó un avivamiento en España. Ha predicado en radio y televisión, llegando a emitir en once canales, incluyendo el canal español TBN *"Enlace"*. Con Miguel Díez, y transmitió en las estaciones de REMAR con sede en Madrid. Daniel sigue predicando en casi cincuenta emisoras de radio, emitiendo 150 programas al mes.

"España es un país carente del Evangelio, con menos del 1%[67] de creyentes evangélicos", especifica Daniel. "Nos queda mucho por hacer antes de que llegue el final. No miréis al cielo como meta", insta a los cristianos. "Mirad a las naciones del mundo sin evangelizar. Id donde aún ni se nombra a Jesucristo".

---

[67] "Pray for Spain", Operación Mundo consultado el 18 de abril de 2022, operationworld.org/locations/spain.

Durante sesenta y cinco años Daniel ha predicado el Evangelio en veintiocho países, incluyendo los cincuenta y siete años que él y su familia han estado dedicados a España. Ha compartido e invertido en las vidas de otros lo que Dios le ha dado: su tiempo, sus recursos y su propia vida. En todas estas naciones, puede dar testimonio de que "la Palabra de Dios es poderosa y de que Dios siempre da una estrategia para vencer el poder de las tinieblas y establecer su Reino".[68] Predicando en las calles, en las iglesias y en las reuniones en casa, a través de discos, casetes, radio, televisión e Internet, Daniel ha sembrado fielmente la Palabra de Dios y declara apasionadamente: "Nadie puede apagar el fuego de la Palabra de Dios, avivado por las llamas del Espíritu Santo en los corazones receptivos. ¡La magnitud del fuego que una sola chispa puede encender es inimaginable! El fuego del Espíritu Santo puede arder en millones de corazones, si no permitimos que el amor a lo mundano lo apague".[69]

"Ahora tengo ochenta y nueve años, pero voy a seguir luchando por el avance del Reino de Dios. Aunque perdamos una batalla aquí y allá, sabemos que, gracias a Dios, somos más que vencedores. Tenemos a Dios de nuestro lado y vamos a vencer".

---

[68] Del Vecchio, *El Manto de José*, 113
[69] Ibíd., 127

EPÍLOGO
GLORIA A DIOS

Conforme a la gracia de Dios que me ha sido dada, yo como perito arquitecto puse el fundamento, y otro edifica encima; pero cada uno mire cómo sobreedifica. Porque nadie puede poner otro fundamento que el que está puesto, el cual es Jesucristo. Y si sobre este fundamento alguno edificare oro, plata, piedras preciosas, madera, heno, hojarasca, la obra de cada uno se hará manifiesta; porque el día la declarará, pues por el fuego será revelada; y la obra de cada uno cuál sea, el fuego la probará. Si permaneciere la obra de alguno que sobreedificó, recibirá recompensa. (1 Corintios 3:10-14)

Como sabio constructor, el pastor Del Vecchio predicó el Evangelio en Cuba, México, España y Sudamérica, poniendo el fundamento de la salvación segura a través de Jesucristo. Los principios del "verdadero ayuno según Dios" de Isaías 58, inspiraron el nacimiento de una comunidad cristiana internacional en Torremolinos, alcanzando a jóvenes sin rumbo, a drogadictos, delincuentes y alcohólicos. Además de dar a luz a múltiples ministerios, iglesias y centros de rehabilitación en España, su ministerio alcanzó también diversas zonas de Sudamérica.

A un cierto punto, Daniel se sintió profundamente angustiado por la realidad de los niños abandonados por las calles de todo el mundo. Él y sus compañeros de ministerio, anhelaban demostrar de forma práctica el amor de Dios por quienes viven míseramente sumidos en la pobreza, traumatizados por abusos, violaciones y sufrimiento extremo.

A finales de la década de 1980, Daniel dio rienda suelta a los españoles para que dirigieran por sí mismos sus iglesias y campañas de evangelización. "¡Y volaron!" afirmaba Daniel. La mayoría de los centros de rehabilitación de drogas continúan hasta el día de hoy cambiando radicalmente las vidas a través de la obra del Espíritu Santo. Daniel instruyó a los pastores para liberar mediante el poderoso nombre de Jesucristo a aquellos que han sido esclavizados por Satanás bajo la influencia del ocultismo, las falsas religiones, la inmoralidad sexual y otras muchas más obras de las tinieblas. Además de visitar a los que están cautivos entre los muros de alguna cárcel o en hospitales, las iglesias asociadas luchan a favor de los que viven prisioneros de la injusticia social, económica y religiosa.

El trabajo misionero entre los pueblos de Sudamérica, de habla hispana, floreció. En la actualidad, los misioneros David y Diana, que trabajan con los indios Quechua en Ecuador, están construyendo un centro de formación de líderes; Rafa y Raquel están ayudando a las madres solteras en Colombia. Marion y Jamie desarrollan en Paraguay un ministerio a nivel nacional que sirve a los niños en edad escolar. En España, la Asociación Rehabilitación de Marginados reparte, literalmente, toneladas de alimentos a personas clasificadas por el gobierno como en umbral de pobreza o de escasos ingresos. Casi todas sus iglesias asociadas distribuyen alimentos a los necesitados.

Un Director Gerente de un hospital de Vitoria, inspirado por las enseñanzas de Daniel sobre el papel de la iglesia en el trabajo social y las empresas autosuficientes, atesoró esta visión y la desarrolló ampliamente. Miguel Díez, presidente de REMAR Internacional, sólo en España ha abierto 1.500 centros de rehabilitación. Su ONG está presente en cincuenta y siete países de todo el mundo. REMAR Internacional proporciona diariamente alojamiento y sustento a sesenta mil personas. Está involucrado con todo tipo de comunidades cristianas, sirviendo a los marginados y llevando el Evangelio a los más necesitados. Con un presupuesto de más de un millón de dólares, la financiación procede principalmente del autoabastecimiento a través de sus propias cooperativas. Daniel predicó recientemente en la conferencia internacional de REMAR ante 2.500 participantes.

Utilizando este tipo de estructura, también Elías Tepper abrió eficazmente numerosos centros de ayuda a toxicómanos en más de veinte países bajo el nombre de "Betel".

En 1988 fue demolido el Hotel Panorama de Torremolinos, en el cual vivían entonces más de sesenta miembros de la comunidad. Esta pérdida resultó ser durante los años siguientes el detonante de un éxodo progresivo y la mayoría de los internacionales se dispersaron de vuelta a sus países de origen. La adaptación a la "vida normal" no fue fácil, especialmente para algunos, que habían pasado una década, o más, en la comunidad. Muchos se sintieron como extranjeros en su propio país. La transición hasta adaptarse de nuevo a la propia tierra natal supuso un importante reto. En España, la comunidad les había proporcionado un entorno tipo invernadero, donde podían nutrirse y crecer espiritualmente. Adaptarse al "mundo real" y encontrar ese grado de compañerismo cristiano en casa no era fácil.

Mientras vivían en la finca de Antequera, el matrimonio escocés formado por Gordon y Mairi había estado orando por el futuro de su familia. En diciembre de 1988, se sintieron horrorizados por la explosión mortal, en Escocia, del avión de Pan Am, sobre Lockerbie, la ciudad natal de ambos[70] a la cual, regresaron con sus hijos poco tiempo después. Habían estado viviendo diez años en España y se sentían como "forasteros" en su país natal.

Gordon y Mairi fundaron en Lockerbie una iglesia, de la que fueron pastores durante ocho años. Con el tiempo, Gordon pasó a trabajar con drogadictos, dirigiendo un centro de rehabilitación en la cercana Dumfries, y Mairi volvió a ejercer la enseñanza.

Durante este periodo en el que tantos miembros de la comunidad internacional regresaron a su propio país, André e Irene sintieron que debían quedarse en España, donde habían nacido sus cuatro hijos. El matrimonio suizo-alemán continuó sirviendo en el ministerio de los niños, la adoración, la oración y la evangelización. Con su gran ingenio y habilidad, a André no le faltó trabajo haciendo reparaciones. En 1996, después de vivir en comunidad durante dieciséis años, se trasladaron a Suiza, donde André se hizo cargo de un taller para desempleados. Su transición fue más fácil porque durante el primer año de vuelta a Suiza, vivieron en un entorno comunitario con personas que buscaban a Dios.

El año 1988 fue una época de crisis para David y Ullie, y sus dos hijos, ya que se preguntaban hacia dónde dirigirse. En esta coyuntura crítica, David se puso en contacto con algunos de sus anteriores clientes de mantenimiento para pianos. El cercano Peñón de Gibraltar ofrecía ricas oportunidades de negocio, ya que estaba lleno de pianos dañados por afinar. Con fe, David y Ullie compraron una casa cerca de Mijas que pagaron en cinco años, en

---

[70] El vuelo 103 de Pan Am, que se dirigía de Frankfurt a Detroit, con escala en Londres, explotó sobre Lockerbie, Escocia, el 21 de diciembre de 1988. Murieron todos los pasajeros y la tripulación (259 víctimas mortales), así como once personas en tierra. Sigue siendo el acto terrorista más mortífero de la historia del Reino Unido (es.m. wikipedia.org/wiki/Pan_Am_103).

la que viven desde entonces y sirven en el equipo pastoral de una iglesia de habla inglesa en Los Boliches, Fuengirola.

Gus, el electricista de la comunidad, fue el último en abandonar el Hotel Panorama. Tras pasar nueve años en la comunidad, Gus regresó a Australia en 1989 y se casó con Daniela, entonces responsable del hogar de rehabilitación de chicas. Ya en Australia, se convirtieron en padres de acogida de cincuenta niños. Adoptaron un hijo originario de Corea del Sur y recientemente se han convertido en abuelos.

"¡Me lo he pasado increíblemente bien en la comunidad!" comenta Gus. "Fue emocionante ver cómo el Señor traía gente de todo el mundo a su Reino. Creo que pasé y trabajé en todas las casas e iglesias de la comunidad. Soy sólo uno de los muchos que crecieron a partir del ministerio de Daniel y Rhoda. ¡Qué gran privilegio haber sido parte de ese movimiento del Señor y de su Espíritu!"

A través de los diversos esfuerzos ministeriales de Daniel y el impacto de las iglesias evangélicas en España, se ha producido un gran avivamiento que ha cambiado la nación. Se ha extendido a más de setenta países a través de aquellos que han captado la visión. Estos fervientes emisarios han ido a servir a Cristo en Gran Bretaña, Noruega, Suecia, Finlandia, Bélgica, Alemania, Suiza, Francia, Estados Unidos, Canadá, Australia, México, Israel, África, Corea, Indonesia, China, Sudamérica, entre otras naciones. Miles de vidas han sido tocadas y transformadas por el Evangelio.

De la comunidad en España han salido líderes maravillosos. El Dr. Dennis Lindsay, que hace más de cuatro décadas dormía con un colchón en el suelo del despacho de Daniel, es ahora el presidente y director del consejo de Christ For The Nations, Inc., organización misionera e instituto bíblico de rango mundial. Desde su campus de Dallas, Texas, Cristo Para Las Naciones ha formado a más de cincuenta mil estudiantes de cincuenta países para que lleven las

Buenas Nuevas de Jesucristo por todo el planeta, y cuentan con otros noventa campus en todo el mundo.

Wayne Hilsden, uno de los primeros jóvenes que se instaló en el garaje de Bárbara a principios de los años 70, recibió en la Iglesia de Torremolinos un incuestionable llamado al ministerio. El Dr. Wayne Hilsden y su esposa, Ann, se asociaron con otra pareja llegando a ser los pioneros de la mayor comunidad cristiana de Jerusalén, la Comunidad Rey de Reyes.

"A menudo recibimos jóvenes viajeros que pasan por Jerusalén y que terminan en uno de nuestros cultos en King of Kings", comenta el Dr. Hilsden. "Y me encanta ver que como yo fui impactado poderosamente en Torremolinos, a veces ocurren encuentros similares con los jóvenes que vienen a King of Kings. Estoy profundamente agradecido a Daniel por el importante papel que desempeñó y cómo influyó en la trayectoria de mi vida y mi ministerio".

El Dr. Daniel Lucero (Ingeniero Agrónomo) y su esposa, Martine, se conocieron en la comunidad en la década de los 80, donde ayudaban a comenzar la comunidad en la finca de Antequera. En la actualidad, son co-pastores de una iglesia en Niza, Francia. Daniel Lucero es el Presidente de la Iglesia Cuadrangular en Francia y Director Global para África y Naciones Francófonas de dicha Iglesia. Supervisa diez mil Iglesias Cuadrangulares en África y el resto del mundo de habla francesa.

"El pastor Del Vecchio y su ministerio apostólico han sido la influencia más profunda en mi camino espiritual. Sus doce palabras de lema para vivir: *"Toma siempre el lado de Dios, espera un milagro y nunca abandones,* son los cimientos sobre los cuales he construido mi fe", afirma Daniel Lucero.

El pastor Del Vecchio está muy agradecido por la expansión de este testimonio. Aunque a través de su ministerio ha visto miles de personas entregarse a Cristo, milagros de sanidad divina

EPÍLOGO: GLORIA A DIOS

y liberación de la esclavitud de demonios, lo más importante en su balance son "los discípulos que, como resultado de estas cosas, ahora están al frente del ministerio en gran cantidad de países. Esta es la parte más gratificante de mi ministerio. Pero lo que está claro, es que yo no soy especial, Dios no tiene favoritos, sus promesas son para todo aquel que cree".

"Cada uno de nosotros es una piedra viva colocada por Dios en lugares estratégicos", dice Daniel Del Vecchio. "Cada miembro del cuerpo de Cristo, por insignificante que parezca, ejerce una función indispensable para la salud del cuerpo y para la obra del ministerio.[71] Cada uno de nosotros es un eslabón en la cadena de acontecimientos que puede llegar a millones de personas..."[72]

En 2014, casi un centenar de antiguos miembros de la comunidad de todo el mundose reunieron en la finca de Antequera, en celebración del 50 aniversario del trabajo del matrimonio Del Vecchio en España. Fue un tiempo de gratitud, alegría y mucha risa compartiendo recuerdos estupendos. En 2019, ICEA[73], la asociación de las Iglesias Evangélicas Apostólicas Españolas, celebró el Cincuentenario de la primera iglesia evangélica plantada por Daniel Del Vecchio, en Torremolinos. Las iglesias de ICEA se encuentran actualmente en Amposta, Antequera, Cartagena, Fuengirola, Granada, Guadalajara, Málaga, Torremolinos y Vinaròs.

En la actualidad, la Iglesia de la Comunidad Evangélica de Torremolinos sigue recibiendo a cientos de turistas. Bernard Grandjean y su esposa Danielle, que residen en Torremolinos desde hace cuarenta años, atienden fielmente a las congregaciones española e internacional que se reúnen en la iglesia, donde recientemente también se ha formado una comunidad india.

---

[71] Del Vecchio, *El Manto de José*, 37.
[72] Ibíd., 129.
[73] Iglesia Cristiana Evangélica Apostólica

El pastor Del Vecchio realiza regularmente videoconferencias con las catorce iglesias apostólicas asociadas en España, manteniéndose en contacto con sus compañeros de ministerio y con los "licenciados" de la comunidad repartidos por todo el mundo. "Acabo de enviar un mensaje a nuestras iglesias en España animando a creer en un nuevo movimiento del Espíritu Santo. La obra que comenzamos con la ayuda de Dios en Málaga en 1964, se extendió por todo el país y se convirtió en el primer gran avivamiento del movimiento pentecostal en España".

Daniel está agradecido por Internet y su potencial para llegar a cientos de miles de personas, audiencia mucho mayor de la que podría alcanzar en persona. Participa activamente en las redes sociales, manteniendo los contactos internacionales y con las jóvenes generaciones. Aprovechando esta gran oportunidad de dar a conocer el Evangelio, sin limitaciones físicas que se lo impidan, prosigue con énfasis el ministerio a través de las plataformas digitales.

Ahora, casi con noventa años, Daniel y Rhoda viven la mayor parte del tiempo en su finca de arándanos en Albany, Georgia, y algunos meses al año en España. En 2020, celebraron su sexagésimo aniversario de boda. Hace unos años, su hija Deborah contrajo matrimonio con el pastor australiano Barry (que había vivido en la comunidad en los años 70) y ambos ejercen su ministerio en una iglesia cercana afiliada a las Iglesias Evangélicas Apostólicas de España.

En 2021, tras la pandemia, Daniel, Rhoda y Deborah regresaron a España para pasar unos meses de fructífera labor. Daniel predicó, en ocasiones, hasta tres sermones seguidos. Junto con un equipo de líderes de varias iglesias, Deborah ayudó a organizar dos retiros de jóvenes, llamados "La Llamada", con la asistencia de jóvenes españoles de diversas provincias. Daniel se siente alentado por el hecho de que sus sermones, transmitidos por Internet y a través del las emisoras de REMAR en diecinueve países, han recibido más de un millón de visitas en los últimos seis meses. Ahora le resulta altamente gratificante poder conectar en un instante con cientos de miles de personas, predicando desde su propia casa.

Durante el confinamiento a causa del Covid-19, me uní a varias sesiones de Zoom con antiguos miembros de la comunidad, organizadas por Irene. Fue muy inspirador descubrir lo que ha ocurrido en la vida de la gente. Muchos han servido o están sirviendo en diversos ministerios e iglesias de varios continentes. Como Warwick y Eeva (Bélgica, Alemania, Reino Unido), Dory y Anna (Indonesia, Alemania, Canadá), Margaretha (Bolivia), y Carter y Mirella (Corea, España). Otros han ido "por todo el mundo" trabajando en profesiones como la enseñanza, el derecho, el trabajo social y la medicina. Algunos se han doctorado. Los antiguos miembros de la comunidad han trabajado en campos tan diversos como la aeronáutica, diversas especialidades tecnológicas, operaciones en alta mar para la industria petrolera, las finanzas, el arte, los medios de comunicación y las telecomunicaciones.

Varios son padres y también abuelos. (Hemos intercedido por estas segundas y terceras generaciones.) Algunos han enviudado. Otros están luchando contra enfermedades graves. Algunos, como Ana Mari y Barbara, ya han partido para estar con el Señor. Mientras orábamos y compartíamos juntos a través de la conexión de Internet en diferentes zonas horarias, se estaba formando de nuevo una "comunidad" significativa. En el momento de escribir este artículo, la comunidad Zoom se ha reunido semanalmente durante más de un año. Han participado más de sesenta personas de cuatro continentes.

Me llama la atención ver cómo nuestras vidas siguen unidas por las experiencias compartidas en la comunidad y nuestra fe en Cristo, ¡incluso pasadas ya más de cuatro décadas! Mi propia vida habría sido muy diferente si Marc no hubiera estado testificando fielmente en la calle en Torremolinos. Si Bárbara no hubiera abierto su chalet a los mochileros, tal vez no se hubiera comenzado la comunidad internacional. Y si Daniel y Rhoda y su familia no hubieran sido obedientes a la llamada de Dios en sus vidas, y hubieran estado dispuestos a hacer tantos sacrificios, innumerables almas de muchas naciones no habrían sido impactadas así para la eternidad. Todos tenemos un papel que desempeñar en el extraordinario plan de Dios para alcanzar a otros, la Gran Comisión de Jesús: discipular a las naciones. En estos tiempos, inestables, ciertamente necesitamos un nuevo derramamiento del Espíritu Santo para seguir adelante.

El tiempo se acorta. Debemos restablecer las amistades que se han enfriado y conectar de nuevo formando redes para el ministerio. Oro para que el Espíritu Santo sople, como el fuelle del herrero, sobre las brasas de nuestro amor por Jesús y que se encienda de nuevo la llama. Oro para que el fuego del Espíritu Santo arda intensamente en nuestros corazones, consumiendo la pasividad, e irradiando Su Amor por los perdidos.

Daniel Del Vecchio ha tenido el privilegio de participar en movimientos de Dios en muchas naciones, ¡incluyendo veinte diversos avivamientos!

Dios le dio una visión de lo que quería hacer en España y esta "se extendió como lo hace el fuego". A través del poder desbordante del Espíritu Santo, miles de vidas han sido radicalmente cambiadas, sanadas y restauradas. No hay suficientes páginas para relatar todos estos testimonios increíbles. Sólo el cielo revelará el poderoso alcance del ministerio de la familia Del Vecchio dirigido por el Espíritu Santo.

El fuego del Espíritu Santo, *la llama de Dios,* sigue recorriendo España y otros países más allá, encendiendo los corazones con un celo ardiente por conocer y servir a Jesucristo vivo, Señor de Señores y Rey de Reyes.

EPÍLOGO: GLORIA A DIOS

Por la obra que Él está haciendo por las naciones, toda la gloria, el honor y la alabanza sean dados a Dios. Como proclaman de corazón los cristianos españoles: "¡Gloria a Dios!" ¡Gloria a Dios!

UN MENSAJE DE DANIEL

Las experiencias y testimonios relatados en este libro se presentan con la esperanza de que cada milagro ilustre el correspondiente mensaje, de que en la prueba se adquiera buena medida de comprensión y de que en dolor haya esperanza. No presumo de que mis experiencias sean únicas o superiores a las de los demás. Cada uno de nosotros tiene experiencias propias y una historia que contar. Dios guía a sus hijos por caminos distintos: a unos por las aguas y a otros por el fuego, pero todos hacia la victoria final de heredar sus promesas.

Ahora, después de más de sesenta y cinco años de ministerio en más de veinte países, me maravilla la bondad, la fidelidad y la misericordia de Dios que me han sostenido a mí y a mi familia. Dios me ha concedido el favor de numerosos funcionarios y me ha abierto puertas, mucho más allá de mis sueños. Puedo decir como el apóstol Pablo:

A Aquel que es poderoso para hacer todas las cosas mucho más abundantemente de lo que pedimos o entendemos, según el poder que actúa en nosotros, a Él sea gloria en la iglesia en

Cristo Jesús, por todas las edades, por los siglos de los siglos. Amén. (Efesios 3:20-21)

En la actualidad, a través de Internet y la radio, podemos llegar a más de treinta países y más de un millón de personas que ven nuestros programas. ¡Nuestro ministerio ha sido explosivo! Algunos mensajes reciben más de 250.000 visitas en pocas semanas, especialmente aquellos que hacen referencia al final de los tiempos y a profecías sobre ese tema. Desde la pandemia del COVID-19, la gente está muy preocupada, incluso atemorizada, por el futuro.

Es evidente que estamos viviendo los últimos días antes del fin. Cuando los discípulos preguntaron a Jesús cuál sería la señal de su venida y del fin del mundo, Jesús respondió: *"Mirad que nadie os engañe"* (Mateo 24:4b).

El apóstol Pablo escribió: *"Mas los malos hombres y los engañadores irán de mal en peor, engañando y siendo engañados"* (2 Timoteo 3:13).

El miedo y la inseguridad se han apoderado del corazón de multitudes. Luchas raciales y guerras, el hambre y las epidemias son problemas mundiales. Muchos se alejan de la fe y el amor de muchos cristianos se ha enfriado. Sin embargo, un remanente se mantiene firme en la fe, a pesar de la persecución generalizada. La Iglesia triunfante está viva, luchando. La promesa de Cristo nunca fallará: *"... edificaré mi iglesia, y las puertas del Hades no prevalecerán contra ella"* (Mateo 16: 18b).

La última señal que Cristo predijo que anunciaría su venida fue el derramamiento de su Espíritu sobre toda la carne:

Y en los postreros días, dice Dios, derramaré de mi Espíritu sobre toda carne; y vuestros hijos y vuestras hijas profetizarán; Vuestros jóvenes verán visiones, y vuestros ancianos soñarán sueños. (Hechos 2:17)

Dijo: *"Y será predicado este Evangelio del Reino en todo el mundo para testimonio a todas las naciones; y entonces vendrá el fin"* (Mateo 24: 14).

Nunca antes en la historia del cristianismo se ha visto la posibilidad de que esta profecía pudiera cumplirse. Ahora, a través de las modernas plataformas digitales, es posible predicar el Evangelio, literalmente, a todo el mundo. Sin embargo, una iglesia tibia, autocomplaciente y satisfecha, nunca lo hará. Jesús dijo que se predicaría "este Evangelio del Reino". No un evangelio humanista sin poder que promete mucho y requiere poco. Será el Evangelio del Señorío de Cristo, confirmado con maravillas y señales prodigiosas, el que convencerá a las personas.

El apóstol Pablo escribió:

Y ni mi palabra ni mi predicación fue con palabras persuasivas de humana sabiduría, sino con demostración del Espíritu y de poder, para que vuestra fe no se esté fundada en la sabiduría de los hombres, sino en el poder de Dios. (1 Corintios 2:4-5)

Cuando el amor de Dios es derramado en tu corazón, buscará salidas para llegar a los necesitados, los oprimidos, los enfermos y los que sufren. Se suele decir que no podemos curar las heridas que no sentimos. Ser utilizado por Dios tiene un alto precio. No hay ganancia sin dolor y no hay corona sin sufrimiento. Pero todo habrá valido la pena cuando veamos a Jesús. Las pruebas de la vida parecerán insignificantes cuando veamos cara a cara a Cristo. Bastará un instante contemplando su radiante rostro y todas las penas se borrarán. Recuerda: *"Sé fiel hasta la muerte, y yo te daré la corona de la vida"* (Apocalipsis 2:10b).

La gran comisión sigue vigente. Las obras de los apóstoles y los discípulos de Cristo se siguen escribiendo allí donde haya cristianos dispuestos a pagar el precio. *"La gloria postrera de la casa será mayor que la primera*" (Hageo 2:9). Si Dios pudo y puede utilizarme a mí, también puede utilizar a cualquiera que se atreva a salir de la barca para caminar sobre las aguas. Vendrán tormentas inesperadas, pero el Señor sigue controlando los vientos y el mar. La cosecha es grande, pero los obreros pocos. Atrévete a vivir por fe, mirando sólo al Autor y Consumador de nuestra fe. Él suplirá tus necesidades según sus riquezas en gloria.

Fíate de Jehová de todo tu corazón, y no te apoyes en tu propia prudencia; reconócelo en todos tus caminos, y él enderezará tus veredas. No seas sabio en tu propia opinión; teme a Jehová, y apártate del mal. (Proverbios 3:5-7)

Mi gran deseo sobre este libro, que describe los milagros y hechos de Dios, con los testimonios de aquellos cuyas vidas fueron transformadas completamente, es que os inspire a otros a dar pasos de fe y obediencia. Que tu fe aumente para creer en lo imposible y tengas confianza en que Dios cuida de ti... incluso de los detalles más pequeños de tu vida. Medita en Su Palabra, escucha atentamente la voz del Espíritu Santo. Seguro que Él te hablará y te llamará.

Mi oración es que este libro encienda un fuego en tu corazón, que te haga creer más allá de todos los límites y obstáculos que se presenten, para cumplir todo lo que Dios te ha llamado a realizar. Mi sincera esperanza es que estas experiencias sirvan como lecciones de ayuda en tu caminar con Dios. ¡Tu futuro comienza ahora, obedece la llamada de Dios! Porque el mundo está esperando la manifestación de los hijos de Dios. Si persistes, si perseveras, si estás lleno del Espíritu Santo, si sabes que Dios te ha llamado, no hay nada imposible para Dios.

Estoy agradecido a Dios por todo lo que Él ha hecho. Cualquiera que sea el manto que tengo, deseo que caiga sobre esta próxima generación para que puedan llevar la visión adelante. Pues todavía arde mi corazón con pasión para ir a todo el mundo y predicar el Evangelio:

> *Y Jesús se acercó y les habló diciendo: Toda potestad me es dada en el cielo y en la tierra. Por tanto, id, y haced discípulos a todas las naciones, bautizándolos en el nombre del Padre, y del Hijo, y del Espíritu Santo; enseñándoles que guarden todas las cosas que os he mandado; y he aquí yo estoy con vosotros todos los días, hasta el fin del mundo.* (Mateo 28:18-20)

Daniel Del Vecchio,
Albany, Georgia, Estados Unidos

Para más información y acceso a los recursos,
visite esta página web:
www.delvecchio.org

APÉNDICE A
APÓSTOL PARA ESPAÑA

"¿No soy apóstol? ¿No soy libre? ¿No he visto a Jesús el Señor nuestro? ¿No sois vosotros mi obra en el Señor? Si para otros no soy apóstol, para vosotros ciertamente lo soy; porque el sello de mi apostolado sois vosotros en el Señor" (I Corintios. 9:1, 2).

MINISTERIO APOSTÓLICO PIONERO

Daniel Del Vecchio fue enviado por Dios para ser apóstol en España. *Apostolos* significa "mensajero, enviado". Un verdadero apóstol es un mensajero del Señor, enviado como embajador de Dios para establecer iglesias en regiones donde no se nombra a Cristo. Como afirma el apóstol Pablo en Romanos 15:20: *"Y de esta manera me esforcé a predicar el evangelio, no donde Cristo ya hubiese sido nombrado, para no edificar sobre fundamento ajeno"*. La autoridad de un apóstol se limita a las áreas implicadas en el establecimiento de la iglesia, fijando el fundamento doctrinal, y edificándola, formando y preparando a los seguidores de Cristo.

EL BAUTISMO DEL ESPÍRITU SANTO

"Pero recibiréis poder, cuando haya venido sobre vosotros el Espíritu Santo, y me seréis testigos en Jerusalén, en toda Judea, en Samaria, y hasta lo último de la tierra". (Hechos 1:8)

Daniel explica: "Jesús dijo a sus seguidores que esperaran en Jerusalén hasta que recibieran poder de lo alto. Ya habían nacido de nuevo cuando Dios sopló sobre ellos para que recibiesen el Espíritu Santo. Recibieron el Espíritu de Cristo y sus almas fueron regeneradas. Nadie puede ser salvo sin la influencia, la convicción del Espíritu Santo y la revelación de Cristo. El bautismo del Espíritu Santo es plenitud, capacitación e impartición".

Cuando la familia Del Vecchio llegó a España por primera vez, el bautismo del Espíritu Santo era prácticamente desconocido. Había apenas en todo el país veinticinco personas que lo hubieran experimentado. En ciudades importantes como Madrid, Sevilla y Málaga, no había iglesias pentecostales. Predicando el Evangelio con el poder del Espíritu Santo, el pastor Del Vecchio fue pionero del movimiento pentecostal en España. Empezó iglesias en Marbella, Córdoba, Torremolinos, Fuengirola, Torreblanca, Barcelona, Madrid, Sevilla, Asturias y demás poblaciones. Hoy en día sigue apoyando y animando a los pastores afiliados a ICEA, las Iglesias Cristianas Evangélicas Apostólicas de España.

LOS CINCO MINISTERIOS

> *Él mismo constituyó a unos, apóstoles; a otros, profetas; a otros, evangelistas; y a otros, pastores y maestros, a fin de capacitar al pueblo de Dios para la obra de servicio, para edificar el cuerpo de Cristo. De este modo, todos llegaremos a la unidad de la fe y del conocimiento del Hijo de Dios, a una humanidad perfecta que se conforme a la plena estatura de Cristo.* (Efesios 4:11-13, NVI)

Daniel comenzó como evangelista, predicando el Evangelio, curando a los enfermos y llevando las Buenas Nuevas a los pobres.

Con el tiempo, su ministerio evolucionó, y sintió deseo de convertirse en padre espiritualmente, "generando hijos y discípulos espirituales". Hasta hoy su más profundo deseo sigue siendo "ganar almas, hacer discípulos y pastorear a pastores". En Madrid, el pastor Del Vecchio instruyó sobre los dones del Espíritu y los cinco ministerios, a un centenar de pastores que formaban parte de la "Renovación". En aquel momento, en España no se entendían ni el papel ni la importancia de los apóstoles y profetas en el cuerpo de Cristo. Aclaró la necesidad de estructura de gobierno para el crecimiento de la iglesia. Como un sabio constructor, Daniel puso el fundamento doctrinal del ministerio apostólico, que incorpora estos cinco dones ministeriales. Esta enseñanza histórica influyó notoriamente a muchos pastores, estructurando sus ministerios y bendiciendo el destino espiritual de la nación.

LA PRIMERA COMUNIDAD EVANGÉLICA

La primera comunidad de internacionales comenzó en Torremolinos. En aquel momento, ni la familia Del Vecchio ni los jóvenes creyentes tenían experiencia en vivir juntos o en la formación de comunidades cristianas para el discipulado y la verdadera transformación personal. Los primeros meses y años de la vida de un cristiano, son de vital importancia para establecer hábitos y prioridades que se practicarán más adelante en la vida.

Hoy en día, a través de este modelo de "comunidad", miles de cristianos llenos del Espíritu Santo han sido formados y preparados como discípulos, para ser líderes, pastores y misioneros. La segunda generación de estos jóvenes rescatados de los peligros del mundo está ahora sirviendo a Dios en diversos países.

CENTROS DE REHABILITACIÓN TERAPÉUTICA

Debido al aumento de la drogodependencia y el alcoholismo en España, la comunidad evangélica abrió nueve centros de rehabilitación terapéutica para atender esta necesidad. La vida en comunidad sentó una sólida base para ayudar a los que luchaban contra adicciones. Con el trabajo conjunto de internacionales y españoles, las comunidades comenzaron a acoger y cuidar a los miembros más necesitados de la sociedad, muchos de ellos procedentes de la periferia de grandes ciudades. En lugar de un entorno institucional, las comunidades ofrecían un ambiente más íntimo y familiar para lograr la rehabilitación del individuo.

SANIDAD INTERIOR

En España, Daniel fue uno de los primeros pastores en enseñar sobre la sanidad de las emociones y los recuerdos. Tema aún relativamente desconocido en el país. La comunidad adquirió experiencia práctica y visión espiritual mientras trabajaba con personas que lidiaban con la dependencia del alcohol, las drogas, víctimas de traumas y abusos verbales, físicos o sexuales.

LIBERACIÓN Y EXPULSIÓN DE ESPÍRITUS MALIGNOS

> "He aquí os doy potestad de hollar serpientes y escorpiones, y sobre toda fuerza del enemigo, y nada os dañará" (Lucas 10:19).

Sin haber sido bautizado con el Espíritu Santo, un cristiano nunca tendrá la unción y el discernimiento de espíritus necesarios para echar fuera demonios. Poco después de que Daniel fuera bautizado con el Espíritu Santo, Dios le dio el don de discernimiento de espíritus. Aunque en ocasiones ha expulsado espíritus malignos colectivamente, la mayoría de las veces ha ministrado de forma individual con el apoyo de uno o dos intercesores presentes. "Cristo vino a destruir las obras del diablo y ahora ha dado a su iglesia este mandato. Es el poder del Espíritu Santo, el dedo de Dios, que echa fuera tanto los demonios como las enfermedades".[74]

RESTAURACIÓN DE LA DANZA EN EL CULTO

A través de la instrucción del Espíritu Santo, Daniel restauró la danza como una expresión de reverente adoración a Dios. La comunidad se convirtió en pionera en España al introducir la danza de estilo hebreo en los cultos de adoración. Ahora la danza se incluye en el culto a Dios en las iglesias de todo el país. En la boda de Deborah y Barry, hace unos años, fue muy emocionante para Dan y Rhoda ver a las jóvenes adorar al Señor con una danza durante la ceremonia.

LAS CUATRO ESTACIONES DE LA IGLESIA

Esta es la revolucionaria enseñanza de Daniel sobre los cuatro periodos o estaciones que atraviesan las iglesias. La primera estación es la primavera: del evangelismo. Con la poderosa semilla de la Palabra de Dios y la unción del Espíritu Santo se puede iniciar una iglesia en cualquier lugar. Daniel agradece a Dios haber sido un sembrador del Evangelio, un libro lleno de "semillas". Y estas semillas siguen multiplicándose.

La segunda estación es el verano: del discipulado. Daniel cree que no hay mejor manera de discipular a los creyentes que compartiendo todo en la vida en comunidad. El discipulado lleva tiempo; puede llevar años. Los hombres y mujeres necesitan ser entrenados, preparados y enviados con el poder del Espíritu Santo. "Toda nuestra vida está siendo conformada a su imagen, a su semejanza mientras dejamos que la Palabra nos forme, nos reforme y nos transforme", enseña Daniel. Tres parámetros básicos son: a) cómo respondemos a Dios, b) cómo reaccionamos a las circunstancias, y c) cómo nos relacionamos con los demás.

---

[74] Del Vecchio, *El Manto de José*, 211

La tercera estación es el otoño: del trabajo social. Jesús recompensará a sus seguidores que se involucren con las necesidades humanitarias:

Venid, benditos de mi Padre, a heredar el reino preparado para vosotros desde la fundación del mundo. Porque tuve hambre, y me disteis de comer; tuve sed, y me disteis de beber; fui forastero, y me recogisteis; estuve desnudo, y me cubristeis; enfermo, y me visitasteis; en la cárcel, y vinisteis a mí. (Mateo 25: 34-36)

La iglesia primitiva se dedicaba a atender a las viudas, los huérfanos, los esclavos, los ancianos y los pobres. El trabajo social puede ser agotador y estresante. A menos que los cristianos sean capacitados con los dones que operan por el Espíritu Santo, se agotarán y no lograrán llevar a cabo adecuadamente el ministerio social.

La cuarta estación es el invierno: del volverse autosuficientes. Mediante la formación profesional y la creación de empresas comunitarias, las iglesias pueden ser autosuficientes y ayudar a los necesitados. Una demostración práctica de fe y compasión.

APÉNDICE B
FUEGO DE AVIVAMIENTO

Foto de la portada: Mientras se actualizaba este libro en 2021, en España, el volcán de La Palma entró en erupción en las Islas Canarias. La portada presenta la explosión del volcán, mostrando la poderosa fuerza de la naturaleza, pero también simbolizando una explosión de poder del Espíritu Santo.

Visión del volcán: Durante la Reunión de 2014, Barry Butters tuvo la siguiente experiencia, que relató a Daniel Del Vecchio, su futuro suegro:

> *Mientras estaba con vosotros en España para nuestra Reunión del Jubileo, una gran carga de oración se apoderó de mí, y me encontré como ante un gran esfuerzo para que el plan Dios naciera. Hacía mucho tiempo que no sentía tal intensidad en la oración.*
>
> *Una mañana, mientras oraba en la cúpula de la finca, fui impactado por el Espíritu Santo y pude ver lo que parecía un volcán con el fuego de avivamiento de Dios a punto de ser liberado. Vi en el Espíritu cómo España es el centro de Europa, Asia y África. Pude ver el fuego de Dios siendo llevado y transferido a diferentes áreas, fluyendo*

todo desde la obra en España. Pude ver equipos apostólicos siendo encendidos y enviados en pequeños grupos para ministrar fuego de avivamiento y luego regresar a España para descansar y volver a alumbrar. Pude ver un centro de oración donde adoraríamos a Dios juntos y enseñaríamos entrenando para la intercesión.

Pude ver que esto sería como una enorme dinamo de poder espiritual, construyendo, creciendo y ganando fuerza en el Espíritu.

¿Se está encendiendo de nuevo el fuego del avivamiento de Dios? ¿Será este el tiempo para la escuela de avivamiento?